한손에 잡히는

일본어 첫걸음

송 상 엽 편저

제일어학

한손에 잡히는 일본어 첫걸음

초판 1쇄 발행 2005년 9월 15일
초판 4쇄 발행 2009년 1월 10일

지은이   송상엽
펴낸이   이순희
펴낸곳   제일어학

주소   서울시 서초구 서초동 1512-5
전화   (02) 523-1657, 597-1088
팩스   (02) 597-6464
대체   국민 084-25-0012-739
등록   1993년 4월 1일 제21-429
홈페이지 www.jeilbnl.com

ISBN 89-5621-044-6 13730
값 13,500원 (히어링CD 3매 포함)

※ 잘못 만들어진 책은 바꾸어드립니다.

책머리에

  일본어는 우리말과 같은 계통의 언어로서 문법 구조가 비슷하고, 어휘 측면에서는 한자어 (漢字語)를 쓰기 때문에 다른 계통의 언어에 비해 배우기가 쉽다고 할 수 있다. 그러나 우리에게 비교적 배우기 쉬운 언어라고 하더라도 외국어인 이상 어려움은 정도의 차이일 뿐 마찬가지이고, 특히 초보자에게 있어서는 학습 방법의 제시에 따라 영어보다 오히려 더 어려울 수도 있다. 일본어를 배우기 시작한 지 얼마 안 되어 중도에 포기하는 학습자가 많은 이유는 비능률적인 학습 방법뿐만 아니라 교재 선택의 잘못에서 기인한 경우가 많다고 할 수 있다.
  따라서 필자는 일선 강단과 일본어 교재 연구의 풍부한 경험을 바탕으로 하여 휴대하고 다니면서 쉽고 빠르게 익힐 수 있도록 다음과 같은 특징으로 꾸몄다.

▶ **문자와 발음**

  현재 일본어에서 쓰이고 있는 청음, 탁음, 반탁음, 요음, 발음(撥音), 촉음, 장음에 모두 단어의 예를 두어 정확하게 문자와 발음을 충분히 습득하고 본문으로 들어갈 수 있도록 하였다. 학습자의 편의를 위해 우리말로 발음 표기를 두었으나 이것은 원음에 가까울 뿐이지 정확한 발음은 될 수 없으므로, 이 책에서 무료로 제공하는 히어링 테이프를 들어면서 완전히 숙지될 때까지 반복하여 연습하기 바란다.

▶ **초급에서 중급까지의 어법**

회화표현 초보 학습자의 체계적인 학습을 위해 어법의 순서에 맞춰 일상생활에서 많이 부딪칠 수 있는 장면으로 구성하였다.
문법해설 기초어법부터 차근차근 실력을 쌓을 수 있도록 품사별로 구분하지 않고 각과의 본문 회화에서 나오는 어법을 자세하게 설명하여 학습자가 혼자서도 충분히 이해가 되도록 하였다.
문형연습 본문의 대화에 나오는 어법을 모형을 통해 충분히 활용할 수 있도록 하였다.
문형회화 각 문형이 실제 회화에 응용할 수 있도록 하였다.
필수회화 각과에서 다루지 못한 필수회화를 정리하여 일상회화에 도움이 되도록 하였다.
연습문제 반드시 익혀야 할 어법을 혼자서 테스트하면서 점검할 수 있도록 하였다.

  끝으로 이 책은 단 한권으로 일본어 초급 수준의 어법에서 중급 수준의 어법에 이르기까지 충분히 익힐 수 있도록 꾸며져 있으므로 충실하게 몇번이고 반복해서 학습하길 부탁한다.

저자 씀

차 례

PART 1

문자와 발음

히라가나(ひらがな)는 한자의 초서체가 변형되어 만들어진 문자로 헤이안(9
세기경)시대 궁정귀족의 여성들에 의해 쓰여진 문자로 지금은 인쇄·필기
등의 모든 표기에 쓰이는 기본 문자이다.

▶ 별색으로 된 한자는 각 ひらがな의 자원(字源)으로 추정된 글자이다.

段 行	あ 段	い 段	う 段	え 段	お 段
あ行	あ 安 아 (a)	い 以 이 (i)	う 宇 우 (u)	え 衣 에 (e)	お 於 오 (o)
か行	か 加 카 (ka)	き 幾 키 (ki)	く 久 쿠 (ku)	け 計 케 (ke)	こ 己 코 (ko)
さ行	さ 左 사 (sa)	し 之 시 (si)	す 寸 스 (su)	せ 世 세 (se)	そ 曾 소 (so)
た行	た 太 타 (ta)	ち 知 치 (chi)	つ 川 츠 (tsu)	て 天 테 (te)	と 止 토 (to)
な行	な 奈 나 (na)	に 仁 니 (ni)	ぬ 奴 누 (nu)	ね 称 네 (ne)	の 乃 노 (no)
は行	は 波 하 (ha)	ひ 比 히 (hi)	ふ 不 후 (hu)	へ 部 헤 (he)	ほ 保 호 (ho)
ま行	ま 末 마 (ma)	み 美 미 (mi)	む 武 무 (mu)	め 女 메 (me)	も 毛 모 (mo)
や行	や 也 아 (ya)		ゆ 由 유 (yu)		よ 与 요 (yo)
ら行	ら 良 라 (ra)	り 利 리 (ri)	る 留 루 (ru)	れ 礼 레 (re)	ろ 呂 로 (ro)
わ行	わ 和 와 (wa)				を 袁 오 (o)
	ん 无 응 (n,m,ng)				

가타카나(カタカナ)는 한자의 일부분을 따거나 획을 간단히 한 문자로 외래어를 표기할 때 주로 쓰이며, 전보문, 의성어 등, 어려운 한자로 표기해야 할 동식물의 명칭 등에 사용한다.

▶ 별색으로 된 한자는 각 カタカナ의 자원(字源)으로 추정된 글자이다.

段 行	ア 段	イ 段	ウ 段	エ 段	オ 段
ア行	ア 阿 아 (a)	イ 伊 이 (i)	ウ 宇 우 (u)	エ 江 에 (e)	オ 於 오 (o)
カ行	カ 加 카 (ka)	キ 幾 키 (ki)	ク 久 쿠 (ku)	ケ 介 케 (ke)	コ 己 코 (ko)
サ行	サ 散 사 (sa)	シ 之 시 (si)	ス 須 스 (su)	セ 世 세 (se)	ソ 曾 소 (so)
タ行	タ 多 타 (ta)	チ 千 치 (chi)	ツ 川 츠 (tsu)	テ 天 테 (te)	ト 止 토 (to)
ナ行	ナ 奈 나 (na)	ニ 二 니 (ni)	ヌ 奴 누 (nu)	ネ 称 네 (ne)	ノ 乃 노 (no)
ハ行	ハ 八 하 (ha)	ヒ 比 히 (hi)	フ 不 후 (hu)	ヘ 部 헤 (he)	ホ 保 호 (ho)
マ行	マ 末 마 (ma)	ミ 三 미 (mi)	ム 牟 무 (mu)	メ 女 메 (me)	モ 毛 모 (mo)
ヤ行	ヤ 也 야 (ya)		ユ 由 유 (yu)		ヨ 与 요 (yo)
ラ行	ラ 良 라 (ra)	リ 利 리 (ri)	ル 留 루 (ru)	レ 礼 레 (re)	ロ 呂 로 (ro)
ワ行	ワ 和 와 (wa)				ヲ 乎 오 (o)
	ン 称 응 (n,m,ng)				

(ア)行은 우리말의 「아・이・우・에・오」와 발음이 같다. 단, う(ウ)는 「우」와 「으」의 중간음으로 입술을 내밀지도 당기지도 않는 자연스런 상태에서 발음한다.

あ	い	う	え	お
아(a)	이(i)	우(u)	에(e)	오(o)
あ	い	う	え	お

あ い (愛) 〔아이〕		사랑
う え (上) 〔우에〕		위
い え (家) 〔이에〕		집
あ お (青) 〔아오〕		파랑
お い (甥) 〔오이〕		남자 조카

ア	イ	ウ	エ	オ
아(a)	이(i)	우(u)	에(e)	오(o)
ア	イ	ウ	エ	オ

アイス 〔아이스〕		얼음
エア 〔에아〕		공기
オイル 〔오이루〕		기름
ウイスキー 〔우이스끼ー〕		위스키
エアコン 〔에아꽁〕		에어컨

か行은 단어의 첫머리에 올 때는 입천장에서 나오는 강한 「가·기·구·게·고」와 비슷하며, 단어의 중간이나 끝에 올 때는 「까·끼·꾸·께·꼬」로 발음한다.

か	き	く	け	こ
카(ka)	키(ki)	쿠(ku)	케(ke)	코(ko)
が	き	く	け	こ

かき	(柿)	〔가께〕	감
きく	(菊)	〔기꾸〕	국화
くき	(茎)	〔구께〕	나무 줄기
いけ	(池)	〔이께〕	연못
こえ	(声)	〔고에〕	목소리

カ	キ	ク	ケ	コ
카(ka)	키(ki)	쿠(ku)	케(ke)	코(ko)
カ	キ	ク	ケ	コ

カメラ	〔카메라〕	카메라
ケーキ	〔케ー끼〕	케이크
コース	〔코ー스〕	코스
クーラー	〔쿠ー라ー〕	쿨러(냉방장치)
カラオケ	〔가라오께〕	가라오케

(サ)行은 우리말의 「사·시·스·세·소」와 발음이 같다. 단 す(ス)는 「수」와 「스」의
중간음으로 입술을 내밀지도 당기지도 않는 자연스런 상태에서 발음한다.

さ	し	す	せ	そ
사(sa)	시(si)	스(su)	세(se)	소(so)
さ	し	す	せ	そ

あ さ (朝) 〔아사〕	아침
し お (塩) 〔시오〕	소금
す し (寿司) 〔스시〕	초밥
あ せ (汗) 〔아세〕	땀
う そ (嘘) 〔우소〕	거짓말

サ	シ	ス	セ	ソ
사(sa)	시(si)	스(su)	세(se)	소(so)
サ	シ	ス	セ	ソ

サ ー カ ス 〔사ー까스〕	서커스
シ ス テ ム 〔시스떼무〕	시스템
ス コ ア 〔스꼬아〕	스코어
セ ー タ ー 〔세ー따ー〕	스웨터
ソ ー ス 〔소ー스〕	소스

(タ)・て(テ)・と(ト)는 단어의 첫머리에 올 때는 「ㅌ」에 가깝게 「다・데・도」로 발음하고, 중간이나 끝에 올 때는 「따・떼・또」로 발음한다. ち(チ)・つ(ツ)는 「찌・쯔」와 「치・츠」의 중간음으로 발음한다.

た	ち	つ	て	と
타(ta)	치(chi)	츠(tsu)	테(te)	토(to)
た	ち	つ	て	と

た き (滝)	〔다끼〕	폭포
ち ち (父)	〔치찌〕	아버지
つ く え (机)	〔쓰꾸에〕	책상
て つ (鉄)	〔데쯔〕	철
い と (糸)	〔이또〕	실

タ	チ	ツ	テ	ト
타(ta)	치(chi)	츠(tsu)	테(te)	토(to)
タ	チ	ツ	テ	ト

タ イ ム	〔타이무〕	시간
チ ー ズ	〔치ー즈〕	치즈
ツ イ ス ト	〔쓰이스또〕	트위스트
テ レ ビ	〔테레비〕	텔레비전
ト イ レ	〔토이레〕	화장실

(ナ)行은 우리말의 「나・니・누・네・노」와 발음이 같다. 단, ぬ(ヌ)는 「누」와 「느」의 중간음처럼 발음한다.

な	に	ぬ	ね	の
나(na)	니(ni)	누(nu)	네(ne)	노(no)
な	に	ぬ	ね	の

なつ (夏)	〔나쯔〕	여름
にく (肉)	〔니꾸〕	고기
いぬ (犬)	〔이누〕	개
ねこ (猫)	〔네꼬〕	고양이
のき (軒)	〔노끼〕	처마

ナ	ニ	ヌ	ネ	ノ
나(na)	니(ni)	누(nu)	네(ne)	노(no)
ナ	ニ	ヌ	ネ	ノ

ナース	〔나―스〕	간호원
テニス	〔데니스〕	테니스
ヌード	〔누―도〕	누드
ネクタイ	〔네꾸따이〕	넥타이
ノート	〔노―또〕	노트

は (ハ)行은 우리말의 「하·히·후·헤·호」와 발음이 같다. 단, ふ(フ)는 「후」와 「흐」의 중간음으로 입술을 내밀지도 당기지도 않는 자연스런 상태에서 발음한다.

は	ひ	ふ	へ	ほ
하(ha)	히(hi)	후(hu)	헤(he)	호(ho)
は	ひ	ふ	へ	ほ

は な (花) 〔하나〕	꽃
ひ と (人) 〔히또〕	사람
ふ え (笛) 〔후에〕	피리
へ そ (臍) 〔헤소〕	배꼽
ほ し (星) 〔호시〕	별

ハ	ヒ	フ	ヘ	ホ
하(ha)	히(hi)	후(hu)	헤(he)	호(ho)
ハ	ヒ	フ	ヘ	ホ

ハ ウ ス 〔하우스〕	집
コ ー ヒ ー 〔코ー히ー〕	커피
フ ラ ン ス 〔후란스〕	프랑스
ヘ ア 〔헤아〕	머리(털)
ホ テ ル 〔호떼루〕	호텔

ま

(マ)行은 우리말의 「마·미·무·메·모」와 발음이 같다. 단, む(ム)는 「무」와 「므」의 중간음처럼 발음한다.

ま	み	む	め	も
마(ma)	미(mi)	무(mu)	메(me)	모(mo)

まえ(前) 〔마에〕	앞
みみ(耳) 〔미미〕	귀
むし(虫) 〔무시〕	벌레
あめ(雨) 〔아메〕	비
もち(餅) 〔모찌〕	떡

マ	ミ	ム	メ	モ
마(ma)	미(mi)	무(mu)	메(me)	모(mo)

マイク 〔마이꾸〕	마이크
ミス 〔미스〕	미스, 실패
ムード 〔무―도〕	무드
メモ 〔메모〕	메모
モーター 〔모―따―〕	모터

(ヤ)行은 우리말의 「야・유・요」와 발음이 같으며, ゆ(ユ)는 입술이 둥글게 되지 않도록 발음한다. や(ヤ)・ゆ(ユ)・よ(ヨ)는 일본어에서 반모음이다.

야(ya)

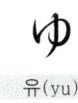
유(yu)

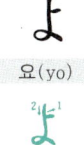
요(yo)

やさい(野菜) 〔야사이〕		야채
ゆき(雪) 〔유끼〕		눈
よこ(横) 〔요꼬〕		옆, 가로

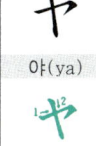
야(ya)

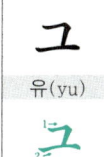
유(yu)

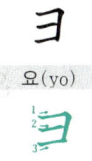
요(yo)

ヤクルト 〔야꾸루또〕		야쿠르트
ユーモア 〔유―모아〕		유머
ヨガ 〔요가〕		요가

(ラ)行은 우리말의 「라·리·루·레·로」와 발음이 같으며, る(ル)는 입술을 둥글게 발음하지 않는다.

ら	り	る	れ	ろ
라(ra)	리(ri)	루(ru)	레(re)	로(ro)

さ ら (皿) 〔사라〕 　　　　접시
と り (鳥) 〔도리〕 　　　　새
る す (留守) 〔루스〕 　　집을 비움
れ つ (列) 〔레쯔〕 　　　열, 줄
ろ く (六) 〔로꾸〕 　　　6, 육

ラ	リ	ル	レ	ロ
라(ra)	리(ri)	루(ru)	레(re)	로(ro)

ラ リ ー 〔라라ー〕 　　랠리
リ レ ー 〔리레ー〕 　　릴레이
タ オ ル 〔타오루〕 　　타월
レ モ ン 〔레몽〕 　　　레몬
ロ シ ア 〔로시아〕 　　러시아

(ワ)行의 わ(ワ)・を(ヲ)는 우리말의 「와・오」와 발음이 같다. 단, を는 あ행의 お와 발음이 같아 단어에는 쓰이지 않고 조사 「~을, 를」의 뜻으로만 쓰이며, ん은 단어의 첫머리에는 쓰이지 않는다. 자세한 것은 발음(撥音)을 참조할 것.

와(wa)

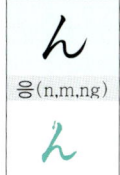

응(n,m,ng)

오(o)

いわ(岩) 〔이와〕　　　　　　　　　　바위

わたしを みる 〔와따시오 미루〕　　나를 보다

えん(円) 〔엥〕　　　　　　　　　　　엔

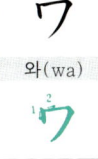

와(wa)

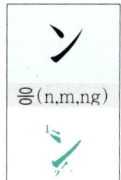

응(n,m,ng)

오(o)

ワルツ 〔와루쯔〕　　　　　　왈츠

ワイフ 〔와이후〕　　　　　　와이프 아내

センス 〔센스〕　　　　　　　센스 감각

濁音・半濁音

탁음이란 청음에 비해 탁한 소리를 말하며, か(カ) さ(サ) た(タ) は(ハ)행의 글자 오른쪽 윗부분에 탁점 「 ゛」을 붙인 음을 말한다. だ(ダ)행의 ぢ(ヂ) づ(ヅ)는 ざ(ザ)행의 じ(ジ) ず(ズ)와 발음이 동일하여 현대어에는 특별한 경우 이외는 별로 쓰이지 않는다.

반탁음은 は행의 오른쪽 윗부분에 반탁점 「゜」을 붙인 것을 말한다. 반탁음은 우리말의 「ㅍ」과 「ㅃ」의 중간음으로 단어의 첫머리에 올 경우에는 「ㅍ」에 가깝게 발음하고, 단어의 중간이나 끝에 올 때는 「ㅃ」에 가깝게 발음한다.

行＼段	あ 段	い 段	う 段	え 段	お 段
が行	が	ぎ	ぐ	げ	ご
	가 (ga)	기 (gi)	구 (gu)	게 (ge)	고 (go)
ざ行	ざ	じ	ず	ぜ	ぞ
	자 (za)	지 (zi)	즈 (zu)	제 (ze)	조 (zo)
だ行	だ	ぢ	づ	で	ど
	다 (da)	지 (zi)	즈 (zu)	데 (de)	도 (do)
ば行	ば	び	ぶ	べ	ぼ
	바 (ba)	비 (bi)	부 (bu)	베 (be)	보 (bo)

行＼段	あ 段	い 段	う 段	え 段	お 段
ぱ行	ぱ	ぴ	ぷ	ぺ	ぽ
	파 (pa)	피 (pi)	푸 (pu)	페 (pe)	포 (po)

行＼段	ア 段	イ 段	ウ 段	エ 段	オ 段
ガ行	ガ	ギ	グ	ゲ	ゴ
	가 (ga)	기 (gi)	구 (gu)	게 (ge)	고 (go)
ザ行	ザ	ジ	ズ	ゼ	ゾ
	자 (za)	지 (zi)	즈 (zu)	제 (ze)	조 (zo)
ダ行	ダ	ヂ	ヅ	デ	ド
	다 (da)	지 (zi)	즈 (zu)	데 (de)	도 (do)
バ行	バ	ビ	ブ	ベ	ボ
	바 (ba)	비 (bi)	부 (bu)	베 (be)	보 (bo)

行＼段	ア 段	イ 段	ウ 段	エ 段	オ 段
パ行	パ	ピ	プ	ペ	ポ
	파 (pa)	피 (pi)	푸 (pu)	페 (pe)	포 (po)

が (カ行の発音は カ(カ)行과는 달리 어두나 어미, 또는 어중에 올 때도 마찬가지로 「가·기·구·게·고」로 발음하며, 동경지방에서는 비음(鼻音)으로 발음한다.

が	ぎ	ぐ	げ	ご
가(ga)	기(gi)	구(gu)	게(ge)	고(go)
が	ぎ	ぐ	げ	ご

がか (画家) 〔가까〕 　　　　　화가
かぎ (鍵) 〔가기〕 　　　　　열쇠
かぐ (家具) 〔가구〕 　　　　가구
ひげ (髭) 〔히게〕 　　　　　수염
ごご (午後) 〔고고〕 　　　　오후

ガ	ギ	グ	ゲ	ゴ
가(ga)	기(gi)	구(gu)	게(ge)	고(go)
ガ	ギ	グ	ゲ	ゴ

ガス 〔가스〕 　　　　　　가스
ギター 〔기따ー〕 　　　　기타
グラム 〔구라무〕 　　　　그램
ゲーム 〔게ー무〕 　　　　게임
ゴール 〔고ー루〕 　　　　골

ざ (ザ)行의 발음은 우리말에 없어서 정확히 발음하기 어렵지만 대체적으로 「자·지·즈·제·조」로 발음하면 된다. 입모양은 さ(サ)행과 동일하다.

ざ	じ	ず	ぜ	ぞ
자(za)	지(zi)	즈(zu)	제(ze)	조(zo)
ざ	じ	ず	ぜ	ぞ

ざ せ き (座席) 〔자세끼〕   좌석, 자리
に じ (虹) 〔니지〕   무지개
き ず (傷) 〔기즈〕   상처, 흠집
か ぜ (風) 〔가제〕   바람
な ぞ (謎) 〔나조〕   수수께끼

ザ	ジ	ズ	ゼ	ゾ
자(za)	지(zi)	즈(zu)	제(ze)	조(zo)
ザ	ジ	ズ	ゼ	ゾ

ザ イ ル 〔자이루〕   자일, 밧줄
ジ グ ザ グ 〔지구자구〕   지그재그
サ イ ズ 〔사이즈〕   사이즈
ゼ ロ 〔제로〕   제로, 영
ゾ ラ イ ズ ム 〔조라이즈무〕   졸라이즘

だ (ダ) で(デ) ど(ド)의 발음은 영어의 「d」와 동일하며, ぢ(ヂ) づ(ヅ)는 ざ(ザ)행의 じ(ジ) ず(ズ)와 발음이 동일하다.

だ	ぢ	づ	で	ど
다(da)	지(zi)	즈(zu)	데(de)	도(do)
だ	ぢ	づ	で	ど

だ れ(誰)	〔다레〕		누구
は な ぢ(鼻血)	〔하나지〕		코피
つ づ み(鼓)	〔쓰즈미〕		북
そ で(袖)	〔소데〕		소매
ま ど(窓)	〔마도〕		창, 창문

ダ	ヂ	ヅ	デ	ド
다(da)	지(zi)	즈(zu)	데(de)	도(do)
ダ	ヂ	ヅ	デ	ド

ダ ウ ン	〔다운〕		다운
デ ー ト	〔데―또〕		데이트
ド ア	〔도아〕		도어, 문
ダ イ ア リ ー	〔다이아라―〕		다이어리
デ ー タ	〔데―따〕		데이터

(バ)행은 우리말의 「바・비・부・베・보」와 발음이 거의 비슷하다. 단, ぶ(ブ)는 입술을 둥글게 하여 발음하지 않도록 한다.

ば	び	ぶ	べ	ぼ
바(ba)	비(bi)	부(bu)	베(be)	보(bo)
ば	び	ぶ	べ	ぼ

ばか(馬鹿) 〔바까〕		바보
へび(蛇) 〔헤비〕		뱀
ぶた(豚) 〔부따〕		돼지
かべ(壁) 〔가베〕		벽
ぼく(僕) 〔보꾸〕		나

バ	ビ	ブ	ベ	ボ
바(ba)	비(bi)	부(bu)	베(be)	보(bo)
バ	ビ	ブ	ベ	ボ

アルバイト 〔아루바이또〕		아르바이트
ビデオ 〔비데오〕		비디오
ブレーキ 〔부레―끼〕		브레이크
ベビー 〔베비―〕		베이비, 아기
ボート 〔보―또〕		보트

반탁음은 우리말의 「ㅍ」과 「ㅃ」의 중간음으로 단어의 첫머리에 올 경우에는 「ㅍ」에 가깝게 발음하고, 단어의 중간이나 끝에 올 때는 「ㅃ」에 가깝게 발음한다.

ぱ	ぴ	ぷ	ぺ	ぽ
파(pa)	피(pi)	푸(pu)	페(pe)	포(po)
ぱ	ぴ	ぷ	ぺ	ぽ

ぱらぱら 〔파라빠라〕 뿔뿔이, 후두둑
ぴりぴり 〔피리삐리〕 (매워서) 얼얼한 모양
ぷかぷか 〔푸까뿌까〕 뻐끔뻐끔, 둥실둥실
ぺこぺこ 〔페꼬뻬꼬〕 꼬르륵, 배고픈 모양
ぽかぽか 〔포까뽀까〕 따끈따끈

パ	ピ	プ	ペ	ポ
파(pa)	피(pi)	푸(pu)	페(pe)	포(po)
パ	ピ	プ	ペ	ポ

パン 〔팡〕 빵
ピアノ 〔피아노〕 피아노
プライド 〔푸라이도〕 프라이드, 자존심
ペダル 〔페다루〕 페달
ポスト 〔포스또〕 포스트, 우체통

요음(拗音)이란 い단 글자중 자음인 き し ち に ひ み り ぎ じ び ぴ에 반모음의 작은 글자 ゃ ゅ ょ를 붙인 음을 말한다. 따라서 ゃ ゅ ょ는 우리말의「ㅑ・ㅠ・ㅛ」같은 역할을 한다.

	~ゃ ャ	~ゅ ュ	~ょ ョ
きゃ行	きゃ キャ kya / 캬(꺄)	きゅ キュ kyu / 큐(뀨)	きょ キョ kyo / 쿄(꾜)
しゃ行	しゃ シャ sha(sya) / 샤	しゅ シュ shu(syu) / 슈	しょ ショ sho(syo) / 쇼
ちゃ行	ちゃ チャ cha(tya) / 챠(짜)	ちゅ チュ chu(tyu) / 츄(쭈)	ちょ チョ cho(tyo) / 쵸(쬬)
にゃ行	にゃ ニャ nya / 냐	にゅ ニュ nyu / 뉴	にょ ニョ nyo / 뇨
ひゃ行	ひゃ ヒャ hya / 햐	ひゅ ヒュ hyu / 휴	ひょ ヒョ hyo / 효
みゃ行	みゃ ミャ mya / 먀	みゅ ミュ myu / 뮤	みょ ミョ myo / 묘
りゃ行	りゃ リャ rya / 랴	りゅ リュ ryu / 류	りょ リョ ryo / 료
ぎゃ行	ぎゃ ギャ gya / 갸	ぎゅ ギュ gyu / 규	ぎょ ギョ gyo / 교
じゃ行	じゃ ジャ zya(ja) / 쟈(자)	じゅ ジュ zyu(ju) / 쥬(주)	じょ ジョ zyo(jo) / 죠(조)
びゃ行	びゃ ビャ bya / 뱌	びゅ ビュ byu / 뷰	びょ ビョ byo / 뵤
ぴゃ行	ぴゃ ピャ pya / 퍄(뺘)	ぴゅ ピュ pyu / 퓨(쀼)	ぴょ ピョ pyo / 표(뾰)

きゃ (キャ)행은 어두에서는 강한 「갸 규 교」로 발음한다. 그러나 어중·어미에서는 「꺄 뀨 꾜」로 발음한다.

카(kya)
キャ

큐(kyu)
キュ

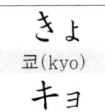
쿄(kyo)
キョ

きゃく(客) 〔갸꾸〕	손님	
やきゅう(野球) 〔야뀨ー〕	야구	
きょり(距離) 〔교리〕	거리	
キャリア 〔카리아〕	캐리어, 경력	
キューバ 〔큐ー바〕	쿠바	
キャスト 〔카스또〕	캐스트, 배역	

しゃ (シャ)행은 우리말의 「샤 슈 쇼」와 거의 같은 음(音)이다. 로마자 표기에서는 「sya·syu·syo」와 「sha·shu·sho」가 있다.

샤(sya)
シャ

슈(syu)
シュ

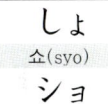
쇼(syo)
ショ

しゃこ(車庫) 〔샤꼬〕	차고	
しゅみ(趣味) 〔슈미〕	취미	
しょるい(書類) 〔쇼루이〕	서류	
シャープ 〔샤ー뿌〕	샤프	
シュガー 〔슈가ー〕	슈거, 설탕	
ショー 〔쇼ー〕	쇼, 구경거리	

ちゃ (チャ)행은 어두에서는 「챠 츄 쵸」로 발음하지만, 어중·어미에서는 강한 소리인 「쨔 쮸 쬬」로 발음한다.

ちゃ 챠(cha) チャ	ちゅ 츄(chu) チュ	ちょ 쵸(cho) チョ

ちゃいろ (茶色) 〔차이로〕 갈색
ちゅうしゃ (駐車) 〔츄―샤〕 주차
ちょうさ (調査) 〔쵸―사〕 조사
チャイナ 〔차이나〕 차이나, 중국
チューブ 〔츄―부〕 튜브
チョイス 〔쵸이스〕 초이스 선택

にゃ (ニャ)행은 우리말의 「냐 뉴 뇨」와 거의 비슷하다. 우리말에서는 어두에 오면 「야 유 요」로 발음하지만 일본어에서는 그렇지 않다.

にゃ 냐(nya) ニャ	にゅ 뉴(nyu) ニュ	にょ 뇨(nyo) ニョ

にゅうこ (入庫) 〔뉴―꼬〕 입고
きにゅう (記入) 〔기뉴―〕 기입
にょうぼう (女房) 〔뇨―보―〕 아내, 처
ニュース 〔뉴―스〕 뉴스
ニューヨーク 〔뉴―요―꾸〕 뉴욕
ニョロニョロ 〔뇨로뇨로〕 꿈틀꿈틀

ひゃ (ヒャ)행은 우리말의 「햐 휴 효」와 거의 비슷하다. 「하 후 호」로 발음하지 않도록 주의한다.

ひゃ	ひゅ	ひょ
햐(hya)	휴(hyu)	효(hyo)
ヒャ	ヒュ	ヒョ

ひゃく(百) 〔햐꾸〕	백, 100
ひょうか(評価) 〔효―까〕	평가
だいひょう(代表) 〔다이효―〕	대표
ヒューズ 〔휴―즈〕	퓨즈
ヒューマン 〔휴―망〕	휴먼
ヒューマニスト 〔휴―마니스또〕	휴머니스트

みゃ (ミャ)행은 우리말의 「먀 뮤 묘」에 해당한다. 「마 무 모」로 발음하지 않도록 주의한다.

みゃ	みゅ	みょ
먀(mya)	뮤(myu)	묘(myo)
ミャ	ミュ	ミョ

さんみゃく(山脈) 〔삼먀꾸〕	산맥
みょうみ(妙味) 〔묘―미〕	묘미
みょうにち(明日) 〔묘―니찌〕	명일, 내일
ミャンマー 〔먐마―〕	미얀마
ミュージカル 〔뮤―지까루〕	뮤지컬
ミュージアム 〔뮤―지아무〕	박물관

拗音(ようおん) 요음

りゃ (リャ)행은 우리말의 「랴 류 료」에 해당하는 음으로, 우리말처럼 어두에 오더라도 「야 유 요」로 발음하지 않도록 한다.

りゃ 랴(rya) リャ	りゅ 류(ryu) リュ	りょ 료(ryo) リョ

りゃくず(略図) 〔랴꾸즈〕 약도
りゅういき(流域) 〔류—이끼〕 유역
りょこう(旅行) 〔료꼬—〕 여행
リューマチ 〔류—마찌〕 루머티즘
リュックサック 〔룩꾸삭꾸〕 룩색
リュージュ 〔류—쥬〕 루지

ぎゃ (ギャ)행은 きゃ(キャ)에 탁음이 붙은 음으로 우리말의 「갸 규 교」에 해당한다. 어두에서는 유성음으로 발음한다.

ぎゃ 갸(gya) ギャ	ぎゅ 규(gyu) ギュ	ぎょ 교(gyo) ギョ

ぎゃくしゅう(逆襲) 〔갸꾸슈—〕 역습
ぎゅうにく(牛肉) 〔규—니꾸〕 쇠고기
ぎょるい(魚類) 〔교루이〕 어류
ギャグ 〔갸그〕 개그
ギャラリー 〔갸라리—〕 갤러리
ギョーザ 〔교—자〕 중국식 만두

じゃ (ジャ)행은 우리말의 「쟈 쥬 죠」에 해당한다. 참고로 ぢゃ(ヂャ)행은 じゃ(ジャ)행과 발음이 동일하여 현대어에서는 거의 쓰이지 않는다.

じゃ 쟈(zya) ジャ	じゅ 쥬(zyu) ジュ	じょ 죠(zyo) ジョ

じゃぐち(蛇口) 〔쟈구찌〕　　수도꼭지
のじゅく(野宿) 〔노쥬꾸〕　　노숙
じょせい(女性) 〔죠세이〕　　여성, 여자
ジャズ 〔쟈즈〕　　재즈
ジュース 〔쥬ー스〕　　주스
ジョーク 〔죠ー꾸〕　　조크, 농담

びゃ (ビャ)은 ひゃ(ヒャ)에 탁음이 붙은 음으로 우리말의 「뱌 뷰 뵤」에 해당한다. 「바 부 보」로 발음하지 않도록 한다.

びゃ 뱌(bya) ビャ	びゅ 뷰(byu) ビュ	びょ 뵤(byo) ビョ

さんびゃく(三百) 〔삼뱌꾸〕　　삼백, 300
ごびゅう(誤謬) 〔고뷰ー〕　　오류
びょうき(病気) 〔뵤ー끼〕　　병, 아픔
ビューティー 〔뷰ー띠ー〕　　뷰티, 아름다움
ビューフォン 〔뷰ー횐〕　　뷰폰
インタビュー 〔인따뷰ー〕　　인터뷰

ぴゃ (ピャ)행은 어두에서는 「파 퓨 표」로 발음하지만, 어중·어미에서는 「빠 쀼 뾰」로 발음한다.

ぴゃ	ぴゅ	ぴょ
파(pya)	퓨(pyu)	표(pyo)
ピャ	ピュ	ピョ

ろっぴゃく(六百)　〔롭빠꾸〕　　육백, 600
はっぴゃく(八百)　〔합빠꾸〕　　팔백, 800
すんぴょう(寸評)　〔슴뾰ー〕　　촌평, 단평
ピュア　〔퓨아〕　　퓨어, 순수함
ピューマ　〔퓨ー마〕　　퓨마
ピョンピョン　〔푱뾩〕　　깡충깡충

▼ 撥音(はつおん) ———————————————————— 발음

발음(撥音)인 ん(ン)은 단어의 첫머리에 올 수 없으며, 항상 다른 글자 뒤에 쓰여 우리말의 받침과 같은 구실을 한다. 따라서 ん(ン) 다음에 오는 글자의 영향에 따라 우리말의 「ㄴ·ㅁ·ㅇ」으로 소리가 난다. (이것은 발음의 편의를 위한 자연스런 변화이므로 특별히 신경쓰지 않아도 된다.)

ㅇ ん(ン) 다음에 か が행의 글자가 이어지면 「ㅇ」으로 발음한다.

えんき (延期) 〔엥끼〕		연기
おんがく (音楽) 〔옹가꾸〕		음악
ミンク 〔밍꾸〕		밍크
カンガルー 〔캉가루―〕		캥거루

ㄴ ん(ン) 다음에 さ ざ た だ な ら행의 글자가 이어지면 「ㄴ」으로 발음한다.

かんし (監視) 〔간시〕		감시
なんじ (何時) 〔난지〕		몇 시
はんたい (反対) 〔한따이〕		반대
ねんだい (年代) 〔넨다이〕		연대
こんにち (今日) 〔곤니찌〕		오늘(날)
しんらい (信頼) 〔신라이〕		신뢰
ナンセンス 〔난센스〕		넌센스
ジンジャー 〔진쟈―〕		진저, 생강
ヒント 〔힌또〕		힌트
パンダ 〔판다〕		팬더
シンナー 〔신나―〕		신나
サンライズ 〔산라이즈〕		선라이즈

| ロ | ん(ン) 다음에 ま ば ぱ행의 글자가 이어지면「ロ」으로 발음한다. |

あんま(按摩) 〔암마〕　　　　　안마

けんぶつ(見物) 〔겜부쯔〕　　　　구경

さんぽ(散歩) 〔삼뽀〕　　　　　　신책

ハンバーグ 〔함바ー구〕　　　　햄버그

アンバランス 〔암바란스〕　　　언밸런스

テンポ 〔템뽀〕　　　　　　　　템포

| ㅇ | ん(ン) 다음에 あ は や わ행의 글자가 이어지면「ㄴ」과「ㅇ」의 중간음으로 발음한다. 또한 단어 끝에 ん이 와도 마찬가지이다. |

れんあい(恋愛) 〔렝아이〕　　　　연애

ほんや(本屋) 〔홍야〕　　　　　　책방

でんわ(電話) 〔뎅와〕　　　　　　전화

にほん(日本) 〔니홍〕　　　　　　일본

オンエア 〔옹에아〕　　　　　　온에어, 방송중

シャンハイ(上海) 〔상하이〕　　상하이

オンワード 〔옹와ー도〕　　　　온워드, 전진

デザイン 〔데자잉〕　　　　　　디자인

촉음(促音)이란 막힌 소리의 하나로 우리말의 받침과 같은 역할을 하는 것을 말한다. 즉, 촉음은 つ(ツ)를 작을 글자 つ(ッ)로 표기하여 다른 글자 밑에서 받침으로만 쓰인다. 이 촉음은 하나의 음절을 갖고 있으며, 뒤에 오는 글자의 영향에 따라 우리말 받침의 「ㄱ·ㅅ·ㄷ·ㅂ」으로 발음한다.

ㄱ   촉음인 つ(ッ) 다음에 か행의 글자가 이어지면 「ㄱ」으로 발음한다.
- -

けっか(結果)〔겍까〕   결과

いっき(一気)〔익끼〕   단숨

クッキング〔쿡낑구〕   쿠킹, 요리

サッカー〔삭까ー〕   사커, 축구

ㅅ   촉음인 つ(ッ) 다음에 さ행의 글자가 이어지면 「ㅅ」으로 발음한다.
- -

さっそく(早速)〔삿소꾸〕   속히, 재빨리

ざっし(雑誌)〔잣시〕   잡지

メッセージ〔멧세ー지〕   메시지

クッション〔쿳숑〕   쿠션

ㅂ   촉음인 つ(ッ) 다음에 ぱ행의 글자가 이어지면 「ㅂ」으로 발음한다.
- -

いっぱい(一杯)〔입빠이〕   가득

しっぽ(尻尾)〔십뽀〕   꼬리

アップル〔압뿌루〕   애플, 사과

ヨーロッパ〔요ー롭빠〕   유럽

촉음인 っ(ッ) 다음에 た행의 글자가 이어지면 「ㄷ」으로 발음한다.

きって(切手) 〔깅떼〕   우표

おっと(夫) 〔옫또〕   남편

ヒット 〔힏또〕   히트

タッチ 〔탇찌〕   터치

※ 이 책에서는 편의상 「ㄷ」받침인 경우는 「ㅅ」받침으로 표기하였다.

장음(長音)이란 같은 모음이 중복될 때 앞의 발음을 길게 발음하는 것을 말한다. 우리말에서는 장음의 구별이 어렵지만 일본어에서는 이것을 확실히 구분하여 쓴다. 음의 장단(長短)에 따라 그 의미가 달라지는 경우가 있으므로 주의해야 한다. 또, カタカナ에서는 장음부호를 「ー」로 표기한다. 이 책의 우리말 장음 표기에서도 편의상 「ー」로 처리하였다.

あ あ단에 모음 あ가 이어질 경우

おかあさん	〔오까ー상〕	어머니
おばあさん	〔오바ー상〕	할머니
ばあい(場合)	〔바ー이〕	경우
スカート	〔스까ー또〕	스커트

い い단에 모음 い가 이어질 경우

おじいさん	〔오지ー상〕	할아버지
おにいさん	〔오니ー상〕	형님
きいろい	〔기ー로이〕	노랗다
タクシー	〔타꾸시ー〕	택시

う う단에 모음 う가 이어질 경우

くうき(空気)	〔구ー끼〕	공기
しゅうい(周囲)	〔슈ー이〕	주위
ふうふ(夫婦)	〔후ー후〕	부부
スーパー	〔수ー빠ー〕	슈퍼

え え단에 모음 え나 い가 이어질 경우

 - おねえさん 〔오네—상〕   누님, 누나
- えいが(映画) 〔에—가〕   영화
- セーター 〔세—따—〕   스웨터
- ケーキ 〔케—끼〕   케이크

お お단에 모음 お나 う가 이어질 경우

- こおり(氷) 〔고—리〕   얼음
- とうふ(豆腐) 〔도—후〕   두부
- おとうさん 〔오또—상〕   아버지
- コーヒー 〔코—히—〕   커피

PART 2

일본어 첫걸음
제일 쉽게 배우기

これは なんですか

第1課

1. ~は ~です　　　~은(는) ~입니다
2. ~は ~ですか　　~은(는) ~입니까?
3. ~は ~では ありません　~은(는) ~이(가) 아닙니다

会話 1

先生 : **これは なんですか。**
고 레 와　난 데스까
(이것은 무엇입니까?)

学生 : **それは ほんです。**
소 레 와　혼 데스
(그것은 책입니다.)

先生 : **それは なんですか。**
소 레 와　난 데스까
(그것은 무엇입니까?)

学生 : **これは ノートです。**
고 레 와　노 ― 또데스
(이것은 노트입니다.)

先生 : **あれは なんですか。**
아 레 와　난 데스 까
(저것은 무엇입니까?)

学生 : **あれは えんぴつです。**
아 레 와　엠 삐쓰데스
(저것은 연필입니다.)

先生 : **これは ほんですか。**
고 레 와   혼 데 스 까
(이것은 책입니까?)

学生 : **はい、それは ほんです。**
하 이   소 레 와   혼 데 스
(네, 그것은 책입니다.)

先生 : **それは ノートですか。**
소 레 와   노 ― 또 데 스 까
(그것은 노트입니까?)

学生 : **いいえ、これは ノートでは ありません。**
이 ― 에   고 레 와   노 ― 또 데 와   아 리 마 셍
(아니오, 이것은 노트가 아닙니다.)

先生 : **あれは えんぴつですか。**
아 레 와   엠 삐 쓰 데 스 까
(저것은 연필입니까?)

学生 : **いいえ、あれは えんぴつでは ありません。**
이 ― 에   아 레 와   엠 삐 쓰 데 와   아 리 마 셍
(아니오, 저것은 연필이 아닙니다.)

単語

- これ 이것
- ～は ～은(는)
- なん(何) 무엇
- ～ですか ～입니까?
- それ 그것
- ほん(本) 책
- ～です ～입니다

- ノート 노트, 공책
- あれ 저것
- えんぴつ(鉛筆) 연필
- はい 네, 예
- いいえ 아니오
- ～では ありません
  ～이(가) 아닙니다

1 これは (이것은)

は는 우리말의 「~은(는)」에 해당하는 조사로 말하는 사람이 특별히 어느 것을 꼬집어 다른 것과 구별을 할 때 쓰이며, 본래의 발음은 「ha(하)」이지만, 조사로 쓰일 경우에는 반드시 「wa(와)」로 발음해야 한다.

예 これは (이것은)

koreha (×)   korewa (○)

2 ほんです (책입니다)

です는 체언 및 그에 준하는 말에 접속하여 말하는 사람의 정중한 단정을 나타내며, 우리말의 「~입니다」에 해당한다.

예 これは とけいです。(이것은 시계입니다.)
それは しんぶんです。(그것은 신문입니다.)

3 なんですか (무엇입니까?)

か는 문장 끝에 쓰이는 종조사로 의문이나 질문을 나타낼 때 쓰이며, 우리말의 「~까」에 해당한다. 따라서 ですか는 정중한 단정을 나타내는 です에 조사 か가 접속된 형태로 우리말의 「~입니까」라는 뜻이 된다.
何은 독립해서 쓰일 때는 なに(무엇)로 읽지만, です 앞에서는 모음 「i」의 탈락으로 なんですか(무엇입니까)가 된다.

예 これは なんですか。(이것은 무엇입니까?)
それは りんごですか。(그것은 사과입니까?)

4 ノートでは ありません (노트가 아닙니다)

では ありません은 정중한 단정을 나타내는 です의 부정형으로 우리말의 「~이(가) 아닙니다」에 해당한다. 또한 회화체에서는 では를 じゃ로 줄여서 じゃ ありません으로 쓰이기도 한다.

예 これは ボールペンでは ありません。
これは ボールペンじゃ ありません。
(이것은 볼펜이 아닙니다.)

5 **はい・いいえ** *(네 · 아니오)*

일본어에 있어서 정중한 대답은 はい를 쓰며, 반대로 정중하게 부정할 때는 いいえ를 사용한다.

㉠ これは ほんですか。はい、それは ほんです。
　　(이것은 책입니까? 네, 그것은 책입니다.)

6 **사물을 가리키는 지시대명사**

근　칭	중　칭	원　칭	부정칭
こ れ	**そ れ**	**あ れ**	**ど れ**
(이것)	(그것)	(저것)	(어느 것)

구체적으로 보이는 곳에 있는 사물을 지적하는 지시대명사에는 위의 도표처럼 これ, それ, あれ, どれ가 있다. 그 구체적인 용법을 보면 다음과 같다.
これ는 말하는 사람에 가까운 것을 나타내며, 대답은 それ로 한다.
それ는 상대방에 가까운 것을 가리킬 때는 これ로 대답하고, 거리상으로 말하는 사람으로부터 약간 떨어진 것을 가리킬 때는 それ로 대답한다.
あれ는 말하는 사람과 듣는 사람의 양쪽으로부터 멀리 떨어진 사물을 가리킬 때 쓰이며, 대답은 あれ로 한다.
どれ는 확실하지 않은 것을 지적할 때 쓰인다.

㉠ これは ほんですか。/ それは ほんです。
　　(이것은 책입니까? / 그것은 책입니다.)

　これは はなですか。/ これは はなです。
　　(그것은 꽃입니까? / 이것은 꽃입니다.)

　あれは なんですか。/ あれは とけいです。
　　(저것은 무엇입니까? / 저것은 시계입니다.)

　ばらの はなは どれですか。
　　(장미꽃은 어느 것입니까?)

문형 연습

① これ は えんぴつ です。 ➡ 이것 은 연필 입니다.
　それ　　ざっし　　　　　　　그것　　잡지
　あれ　　しんぶん　　　　　　저것　　신문
　　　　　ノート　　　　　　　　　　노트
　　　　　とけい　　　　　　　　　　시계

② これ は なん　　ですか。 ➡ 이것 은 무엇 입니까?
　それ　　ほん　　　　　　　　그것　　책
　あれ　　カメラ　　　　　　　저것　　카메라
　　　　　みかん　　　　　　　　　　귤
　　　　　りんご　　　　　　　　　　사과

③ これ は まんが では ありません。 ➡ 이것 은 만화 가(이) 아닙니다.
　それ　　えいご　　　　　　　　　　그것　　영어
　あれ　　なし　（じゃ ありません）　저것　　배
　　　　　いす　　　　　　　　　　　　　　의자
　　　　　つくえ　　　　　　　　　　　　　책상

한자읽기

えんぴつ(鉛筆)　ざっし(雑誌)　しんぶん(新聞)　とけい(時計)　なん(何)　ほん(本)
まんが(漫画)　えいご(英語)　いす(椅子)　つくえ(机)

① Q : これは ペンですか。
(이것은 펜입니까?)

A : はい、それは ペンです。
(네. 그것은 펜입니다.)

Q : それは たばこですか。
(그것은 담배입니까?)

A : はい、これは たばこです。
(네. 이것은 담배입니다.)

Q : あれは なんですか。
(저것은 무엇입니까?) *なん(何)

A : あれは タクシーです。
(저것은 택시입니다.)

② Q : これは えんぴつですか。
(이것은 연필입니까?) *えんぴつ(鉛筆)

A : いいえ、それは えんぴつでは ありません。
(아니오. 그것은 연필이 아닙니다.)

Q : それは でんわですか。
(그것은 전화입니까?) *でんわ(電話)

A : いいえ、これは でんわじゃ ありません。
(아니오. 이것은 전화가 아닙니다.)

Q : あれは じてんしゃですか。
(저것은 자전거입니까?) *じてんしゃ(自転車)

A : いいえ、あれは じてんしゃでは ありません。
(아니오. 저것은 자전거가 아닙니다.)

▶ 만났을 때의 인사 표현

① **おはよう ございます。**
오 하 요 – 고 자 이 마 스

(안녕하세요?)

* 아침에 만났을 때 정중하게 쓰이는 인사말이다.

② **おはよう。**
오 하 요 –

(안녕?)

* 동료나 친분이 있는 아랫사람을 만났을 때는 ございます를 생략해서 쓴다.

③ **こんにちは。**
곤 니 찌 와

(안녕하세요?)

* 낮에 만났을 때 쓰이는 인사말이다.

④ **こんばんは。**
곰 방 와

(안녕하세요.)

* 해질 무렵에 만났을 때 쓰이는 인사말이다.

⑤ **おやすみなさい。**
오 야 스 미 나 사 이

(안녕히 주무세요.)

* 「편히 쉬세요.」의 뜻으로 밤에 헤어질 때 쓰이는 인사말이다.

⑥ **では、また あした。**
데 와 마 따 아 시 따

(자, 내일 또 만나요.)

* 헤어질 때 가볍게 쓰이는 인사말로 뒤에 会(あ)いましょう(만납시다)가 생략된 표현이다.

⑦ **さようなら。**
사 요 – 나 라

(안녕히 가세요./안녕히 계세요.)

* 오랫동안 또는 잠깐 동안 작별을 할 때 쓰이는 인사말이다.

① 다음 예처럼 질문에 답하시오.

> 예) これは えんぴつですか。
>   ⇨ はい、それは えんぴつです。

1) これは ノートですか。
   ⇨ はい、
   _____

2) それは えんぴつですか。
   ⇨ はい、
   _____

3) あれは りんごですか。
   ⇨ はい、
   _____

② 다음 예처럼 질문에 답하시오.

> 예) これは えんぴつですか。
>   ⇨ いいえ、それは えんぴつでは ありません。

1) これは ノートですか。
   ⇨ いいえ、
   _____

2) それは えんぴつですか。
   ⇨ いいえ、
   _____

3) あれは りんごですか。
   ⇨ いいえ、
   _____

---

① 1) はい、それは ノートです。　　　② 1) いいえ、それは ノートでは ありません。
　 2) はい、これは えんぴつです。　　　　 2) いいえ、これは えんぴつでは ありません。
　 3) はい、あれは りんごです。　　　　　 3) いいえ、あれは りんごでは ありません。

これは あなたの かばんですか

第2課

基本文型

1. ～の ～です　～의 ～입니다
2. ～のです　～것입니다
3. ～のでは ありません　～것이 아닙니다

会話 1

田中 : あなたは キムさんですか。
아나따와　김　 산　데스까
(당신은 김씨입니까?)

キム : はい、わたしは キムです。
하이　와따시와　김　데스
(네, 저는 김입니다.)

田中 : キムさんは かんこくの かたですか。
김　상　와　캉꼬꾸노　가따데스까
(김씨는 한국 분입니까?)

キム : はい、そうです。
하이　소ー데스
(네, 그렇습니다.)

田中 : キムさんは せんせいですか。
김　상　와　센세ー데스까
(김씨는 선생님입니까?)

キム : いいえ、そうでは ありません。がくせいです。
이ー에　소ー데와 아리마 셍　가꾸세ー데스
(아니오, 그렇지 않습니다. 학생입니다.)

吉田 : **これは あなたの かばんですか。**
고 레 와 아나따노 가 반 데스까
(이것은 당신의 가방입니까?)

パク : **はい、そうです。わたしの かばんです。**
하 이 소 — 데 스 와따시노 가 반 데 스
(네, 그렇습니다. 제 가방입니다.)

吉田 : **それは だれの ぼうしですか。**
소 레 와 다 레 노 보 — 시 데 스 까
(그것은 누구 모자입니까?)

パク : **これは やまださんの ぼうしです。**
고 레 와 야 마 다 산 노 보 — 시 데 스
(이것은 야마다 씨의 모자입니다.)

吉田 : **あれは パクさんの かさですか。**
아 레 와 박 산 노 가 사 데 스 까
(저것은 박씨의 우산입니까?)

パク : **いいえ、あれは わたしのでは ありません。**
이 — 에 아 레 와 와따시노데와 아리마 셍
(아니오, 저것은 제 것이 아닙니다.)

やまださんのです。
야 마 다 산 노데스
(야마다 씨 것입니다.)

単語

·**あなた** 당신	·**がくせい(学生)** 학생
·**~さん** ~씨, 양, 님	·**~の** ~의
·**わたし(私)** 나, 저	·**かばん** 가방
·**かんこく(韓国)** 한국	·**だれ** 누구
·**そうです** 그렇습니다	·**ぼうし(帽子)** 모자
·**せんせい(先生)** 선생님	·**かさ(傘)** 우산

1 かんこくの かた (한국 분)

の는 우리말의 「~의」에 해당하는 조사로, 「명사＋の＋명사」의 형태로 뒤의 명사가 어떤 것인가를 나타낸다. 즉, の는 소유나 소속을 나타내는 용법과, 앞의 명사가 뒤의 명사의 성질이나 상태를 나타내는 역할을 한다.

또, 우리말의 경우는 명사와 명사 사이의 조사 「~의」가 생략되는 경우가 많지만, 일본어에서는 생략되지 않는다.

> 예 わたしの えんぴつ (내 연필)
> にほんごの せんせい (일본어 선생님)

2 やまださんのです (야마다 씨 것입니다)

일본어의 の의 용법은 여러 가지가 있는데, 그 중에 명사나 대명사에 접속하여 「~의 것」의 뜻으로 소유를 나타내기도 한다.

> 예 あれは やまださんの(＝の もの)です。
> (저것은 야마다 씨 것입니다.)
>
> あれは よしむらさんの(＝のもの)では ありません。
> (저것은 요시무라 씨 것이 아닙니다.)

3 인칭대명사

1인칭	2인칭	3인칭	부정칭
わたし (나・저)	あなた (당신)	この ひと/かた (이 사람/분)	どの ひと/かた (어느 사람/분)
ぼく (나)	きみ (자네・너)	その ひと/かた (그 사람/분)	だれ (누구)
おれ (나)	おまえ (너)	あの ひと/かた (저 사람/분)	どなた (어느 분)

➣ ぼく, おれ, きみ, おまえ 등은 친근한 사이나 손아랫사람에게 쓰이는 말이다. 또한 여성은 쓰지 않는 것이 원칙이다. かた(方)는 ひと(人)의 정중한 말로 우리말의 「~분」에 해당한다. 그밖에 문장어에 쓰이는 3인칭대명사로는 かれ(그)와 かのじょ(그녀)가 있다.

4 **わたし** *(나·저)*

わたし는 가장 일반적으로 쓰이는 1인칭대명사이다. 우리말의 「나」보다 쓰이는
범위가 넓어서 손윗사람 앞에서도 쓴다. 또, 격식을 차려 말할 때는 わたくし(私)
라고도 하는데, 이는 딱딱한 느낌을 주므로 보통 때는 わたし를 쓰면 된다.

예 わたしは がくせいです。
　　(나는 학생입니다.)

　　わたくしは がくせいでは ありません。
　　(저는 학생이 아닙니다.)

5 **あなた** *(당신)*

あなた는 2인칭대명사로 친한 사이나, 손아랫사람에게 쓴다. 그러나 본 교재에서
처럼 학습자를 위해 わたし의 대립어로 あなた를 친근이나 상하에 관계없이 쓰기
도 한다. 우리말의 「당신」과 마찬가지의 뜻으로 부부 사이에서는 「여보」라는 뜻이
된다.

예 あなたは がくせいですか。
　　(당신은 학생입니까?)

　　あなたは がくせいでは ありませんか。
　　(당신은 학생이 아닙니까?)

6 **そうです・そうでは ありません** *(그렇습니다·그렇지 않습니다)*

そうです는 다른 사람의 말을 긍정할 때 쓰이는 표현으로 우리말의 「그렇습니다」
에 해당한다. 반대로 そうでは (じゃ)ありません은 구체적으로 지적해서 부정할
때 쓰이는 표현으로 우리말의 「그렇지 않습니다」에 해당한다.

7 **キムさん** *(김씨)*

일본어에서는 상대방을 부를 때 보통 손윗사람이나 손아랫사람이나 관계없이 성
(姓)에 존경의 접미어 さん을 붙여 부른다. 우리말에서는 직함 뒤에도 「님」을 붙
여 부르지만, 일본어에서는 직함 뒤에는 さん을 붙여 부르지 않는다.

예 これは せんせいの かばんです。(○)
　　これは せんせいさんの かばんです。(×)
　　(이것은 선생님의 가방입니다.)

① これは ［ あなた / あの ひと / あの かた / きむらさん / だれ ］ の かばんです。 ➡ 이것은 ［ 당신 / 저 사람 / 저 분 / 기무라 씨 / 누구 ］ (의) 가방입니다.

..................か。 가방입니까?

② それは ［ せんせい / キムさん / わたし / ぼく / だれ ］ のです。 ➡ 그것은 ［ 선생님 / 김씨 / 제 / 내 / 누구 ］ 것입니다.

.........か。 것입니까?

③ この ［ ペン / じしょ / かばん / かさ / ノート ］ は わたしのです。 ➡ 이 ［ 펜 / 사전 / 가방 / 우산 / 노트 ］ 은(는) 제 것입니다.

한자읽기

ひと(人)　かた(方)　きむら(木村)　だれ(誰)　せんせい(先生)　わたし(私)　ぼく(僕)
じしょ(辞書)　かさ(傘)

문형 회화

① Q : それは だれの かばんですか。
　　　　(그것은 누구 가방입니까?)

　　A : これは きむらさんの かばんです。
　　　　(이것은 기무라 씨 가방입니다.) *きむら(木村)

　　Q : これは あなたの ノートですか。
　　　　(이것은 당신 노트입니까?)

　　A : はい、それは わたしの ノートです。
　　　　(네. 그것은 제 노트입니다.)

　　Q : それは あなたの ライターですか。
　　　　(그것은 당신 라이터입니까?)

　　A : いいえ、これは わたしの ライターでは ありません。
　　　　(아니오. 이것은 제 라이터가 아닙니다.)

② Q : この じしょは あなたのですか。
　　　　(이 사전은 당신 것입니까?) *じしょ(辞書)

　　A : はい、わたしのです。
　　　　(네, 제 것입니다.)

　　Q : この ボールペンは だれのですか。
　　　　(이 볼펜은 누구 것입니까?)

　　A : その ボールペンは たなかさんのです。
　　　　(그 볼펜은 다나카 씨 것입니다.) *たなか(田中)

　　Q : この かさは あなたのですか。
　　　　(이 우산은 당신 것입니까?)

　　A : いいえ、わたしのじゃ ありません。
　　　　(아니오, 제 것이 아닙니다.)

제 2 과　이것은 당신의 가방입니까?　55

▶ 오랜만에 만나고 헤어질 때의 인사 표현

① お久しぶりですね。
_{오 히사시 부리 데 스 네}

（오래간만이군요.）

＊ 상당히 오랫동안 헤어져 있다가 만났을 때 쓰이는 인사말이다.

② しばらくですね。
_{시 바 라 꾸 데 스 네}

（오래간만이군요.）

＊ おくしぶりですね의 응답으로 「한동안 못 뵈었습니다」라는 의미를 가지고 있다.

③ お元気ですか。
_{오 겡 끼 데 스 까}

（잘 지내십니까?）

＊ 오랜만에 만났을 때 상대의 건강이나 안녕을 묻는 인사말이다.

④ お変りありませんか。
_{오 까와 리 아 리 마 셍 까}

（별고 없으십니까?）

＊ 오랜만에 만났을 때 상대의 안부를 묻는 의례적인 인사말이다.

⑤ お陰さまで 相変わらずです。
_{오 까게 사 마 데 아이까와 라 즈 데 스}

（덕분에 여전합니다.）

＊ 상대의 안부를 묻는 인사말에 대한 응답 표현이다.

⑥ ごきげんよう。
_{고 끼 겡 요 ー}

（안녕히 가세요. / 안녕히 계세요.）

＊ 상대와 오랫동안 헤어질 때 쓰이는 인사말이다.

⑦ 皆さまに よろしく。
_{미나 사 마 니 요 로 시 꾸}

（모든 분께 안부 좀 전해 주세요.）

＊ 헤어질 때 안부를 전하는 인사말로 뒤에 お伝(つた)えください가 생략된 표현이다.

① 다음 예처럼 질문에 답하시오

> 예) これは だれの えんぴつですか。/ わたしの えんぴつ
> ⇨ それは わたしの えんぴつです。

1. これは だれの ノートですか。/ わたしの ノート
   ⇨ それは _____ です。

2. それは だれの かさですか。/ みうらさんの かさ
   ⇨ これは _____ です。

3. あれは だれの りんごですか。/ せんせいの りんご
   ⇨ あれは _____ です。

② 다음 예처럼 질문에 답하시오

> 예) これは あなたの えんぴつですか。
> ⇨ はい、それは わたしのです。

1. これは あなたの ノートですか。
   ⇨ はい、_____

2. それは きむらさんの えんぴつですか。
   ⇨ はい、_____

3. あれは せんせいの りんごですか。
   ⇨ いいえ、_____

---

① 1. それは わたしの ノートです。   ② 1. はい、それは わたしのです。
   2. これは みうらさんの かさです。   2. はい、これは きむらさんのです。
   3. あれは せんせいの りんごです。   3. いいえ、あれは せんせいのでは ありません。

デパートも あちらですか

基 本 文 型

1. 장소·방향을 나타내는 지시대명사
2. ~も ~も ~です ~도 ~도 ~입니다
3. ~は ~で、~は ~です ~은 ~이고, ~은 ~입니다

会話 1

キム : **ここは なんですか。**
고 꼬 와　난 데 스 까
(여기는 무엇입니까?)

先生 : **ここは がっこうです。**
고 꼬 와　각 꼬 ― 데 스
(여기는 학교입니다.)

キム : **あそこは なんですか。**
아 소 꼬 와　난 데 스 까
(저기는 무엇입니까?)

先生 : **あそこは きょうしつです。**
아 소 꼬 와　교 ― 시 쓰 데 스
(저기는 교실입니다.)

キム : **しょくどうは どこですか。**
쇼 꾸 도 ― 와 도 꼬 데 스 까
(식당은 어디입니까?)

先生 : **しょくどうは あそこです。**
쇼 꾸 도 ― 와 아 소 꼬 데 스
(식당은 저기입니다.)

パク： **えきは　どちらですか。**
에 기 와　도 찌 라 데 스 까
(역은 어느 쪽입니까?)

吉田： **えきは　あちらです。**
에 끼 와　아 찌 라 데 스
(역은 저쪽입니다.)

パク： **デパートも　あちらですか。**
데 빠 ー 또 모　아 찌 라 데 스 까
(백화점도 저쪽입니까?)

吉田： **いいえ、デパートは　こちらです。**
이 ー 에　데 빠 ー 또 와　고 찌 라 데 스
(아니오, 백화점은 이쪽입니다.)

パク： **では、ぎんこうも　こうえんも　こちらですか。**
데 와　깅 꼬 ー 모　고 ー 엠 모　고 찌 라 데 스 까
(그럼, 은행도 공원도 이쪽입니까?)

吉田： **ぎんこうは　こちらで、こうえんは　あちらです。**
깅 꼬 ー 와　고 찌 라 데　고 ー 엔 와　아 찌 라 데 스
(은행은 이쪽이고, 공원은 저쪽입니다.)

単語

- ここ 여기
- がっこう(学校) 학교
- きょうしつ(教室) 교실
- しょくどう(食堂) 식당
- どこ 어디
- えき(駅) 역
- どちら 어느 쪽

- デパート 백화점
- ～も ～도
- では 그럼
- ぎんこう(銀行) 은행
- ～で ～이고, ～이며
- こうえん(公園) 공원
- あちら 저쪽

① 장소를 나타내는 지시대명사

근 칭	중 칭	원 칭	부정칭
ここ	そこ	あそこ	どこ
(여기)	(거기)	(저기)	(어디)

장소를 나타내는 지시대명사 원칭의 경우는 あこ가 아니라 あそこ이므로 주의해야 한다. 또한, 일본어의 지시대명사는 우리말의 지시대명사와 마찬가지로 일관되게 「こ(이) そ(그) あ(저) ど(어느)」의 체계를 갖고 있다. 따라서 일본어에서는 이것을 일명 「こそあど용법」이라고 한다.

예 ここは わたしの がっこうです。
(여기는 우리 학교입니다.)

あなたの がっこうは どこですか。
(당신의 학교는 어디입니까?)

② 방향을 나타내는 지시대명사

근 칭	중 칭	원 칭	부정칭
こちら	そちら	あちら	どちら
こっち	そっち	あっち	どっち
(이쪽)	(그쪽)	(저쪽)	(어느 쪽)

방향을 나타내는 지시대명사는 こっち, そっち, あっち, どっち로 줄여서 쓰기도 하지만, こちら, そちら, あちら, どちら보다 점잖은 표현은 아니다.

예 えきの まえの ぎんこうは こちらです。
(역 앞 은행은 이쪽입니다.)

あなたの かいしゃは どちらですか。
(당신의 회사는 어느 쪽입니까?)

3 ぎんこうは こちらで, こうえんは あちらです (은행은 이쪽이고, 공원은 저쪽입니다)

では です의 중지형으로 성질이 다른 앞뒤의 문장을 나열해 주는 역할을 하기도 하고, 앞의 문장이 뒤의 문장의 원인이나 설명이 될 때가 있다. 우리말의「~이고, 이며」에 해당한다.

예 これは ほんです。/ あれは ノートです。
→ これは ほんで, あれは ノートです。
(이것은 책이고, 저것은 노트입니다.)

ぎんこうは こちらです。/ こうえんは あちらです。
→ ぎんこうは こちらで, こうえんは あちらです。
(은행은 이쪽이고, 공원은 저쪽입니다.)

4 では (그럼)

では는「그렇다면, 그럼」의 뜻을 가진 접속사로 화제를 전환할 때 쓰인다. 또한 회화체에서는 줄여서 じゃ로도 쓰인다.

예 では, これは あなたの かばんですか。
(그럼, 이것은 당신의 가방입니까?)

5 デパートも あちらですか (백화점도 저쪽입니까?)

も는 같은 종류 중에서 하나를, 또는 같은 것을 몇 가지 열거할 때 쓰이는 조사로 우리말의「~도」에 해당한다. 두 가지 이상을 열거할 때는「~も~も ~です」의 형태로 쓴다.

예 それも あなたの ほんですか。
(그것도 당신 책입니까?)

これも それも あなたの かばんですか。
(이것도 그것도 당신 가방입니까?)

① それは　じしょ　ですか、　ほん　ですか。　➡ 그것은　사전 입니까,　책 입니까?

じしょ	ほん	사전 / 책
ざっし	しんぶん	잡지 / 신문
つくえ	いす	책상 / 의자
えんぴつ	ペン	연필 / 펜
まんが	えほん	만화 / 그림책

② ぎんこう　も　こちら(ここ)ですか。　➡ 은행　도 이쪽(여기)입니까?

ぎんこう	은행
こうばん	파출소
えき	역
こうえん	공원
がっこう	학교

③ これは　くるま　で、あれは　でんしゃ　です。　➡ 이것은　차 이고　저것은　전철 입니다.

くるま	でんしゃ	차 / 전철
いす	つくえ	의자 / 책상
たばこ	マッチ	담배 / 성냥
テレビ	ビデオ	T V / 비디오
しんぶん	ざっし	신문 / 잡지

한자읽기

じしょ(辞書)　ざっし(雑誌)　まんが(漫画)　しんぶん(新聞)　えほん(絵本)　ぎんこう(銀行)
こうばん(交番)　えき(駅)　こうえん(公園)　がっこう(学校)　くるま(車)　でんしゃ(電車)

① Q : あの じしょは キムさんのですか、パクさんのですか。
　　　(저 사전은 김씨 것입니까, 박씨 것입니까?) *じしょ(辞書)

　　A : あの じしょは パクさんのです。
　　　(저 사전은 박씨 것입니다.)

　　Q : それも パクさんのですか。
　　　(그것도 박씨 것입니까?)

　　A : いいえ、これは パクさんのでは ありません。
　　　(아니오, 이것은 박씨 것이 아닙니다.)

　　Q : ぎんこうも デパートも あちらですか。
　　　(은행도 백화점도 저쪽입니까?) *ぎんこう(銀行)

　　A : はい、ぎんこうも デパートも あちらです。
　　　(네, 은행도 백화점도 저쪽입니다.)

② Q : これも あれも あなたのですか。
　　　(이것도 저것도 당신 것입니까?)

　　A : いいえ、これは キムさんので、あれは パクさんのです。
　　　(아니오, 이것은 김씨 것이고, 저것은 박씨 것입니다.)

　　Q : こうえんも えきも あちらですか。
　　　(공원도 역도 저쪽입니까?) *こうえん(公園) えき(駅)

　　A : いいえ、こうえんは あちらで、えきは こちらです。
　　　(아니오, 공원은 저쪽이고, 역은 이쪽입니다.)

　　Q : ここも あそこも がっこうですか。
　　　(여기도 저기도 학교입니까?) *がっこう(学校)

　　A : いいえ、ここは びょういんで、あそこは くやくしょです。
　　　(아니오, 여기는 병원이고, 저기는 구청입니다.) *びょういん(病院) くやくしょ(区役所)

▶ 감사의 표현

① <ruby>ど<rt>도</rt></ruby><ruby>う<rt>ー</rt></ruby><ruby>も<rt>모</rt></ruby> <ruby>あ<rt>아</rt></ruby><ruby>り<rt>리</rt></ruby><ruby>が<rt>가</rt></ruby><ruby>と<rt>또</rt></ruby><ruby>う<rt>ー</rt></ruby>。

どうも ありがとう。

(너무 고마워요.)

＊ ありがとう는 친한 친구나 손아랫사람에게 쓰는 고마움의 표현이다.

② どうも ありがとう ございます。

(대단히 고맙습니다.)

＊ ございます를 접속하여 말하면 정중한 표현이 된다.

③ どうも ありがとう ございました。

(감사합니다. / 수고하셨습니다.)

＊ 상대방에게 어떤 도움을 받았을 때는 「수고하셨습니다」의 뜻이 된다.

④ ご親切に どうも ありがとう ございました。

(친절을 베풀어 주셔서 정말 고맙습니다.)

＊ どうも는 「무척, 대단히」라는 뜻이지만, どうも만으로 고마움을 표시하기도 한다.

⑤ これ、つまらない 物ですが、どうぞ。

(이거, 약소한 것입니다만, 받으십시오.)

＊ 이것은 상대에게 감사의 선물을 줄 때 쓰이는 의례적인 말이다.

⑥ 皆さまに、感謝致します。

(여러분께 감사 드립니다.)

＊ 感謝(かんしゃ)する는 격식차린 장소에서 쓰이는 말이다.

⑦ いいえ、どういたしまして。

(아니오, 천만예요.)

＊ 상대가 고마움을 전할 때 겸손하게 응답하는 표현이다.

① 다음 예처럼 질문에 답하시오.

> 예) これは ほんです。あれは ノートです。
> ⇨ これは ほんで、あれは ノートです。

1. これは えんぴつです。あれは ボールペンです。
   ⇨
   _____

2. ここは ぎんこうです。あそこは デパートです。
   ⇨
   _____

3. こちらは えきです。あちらは こうばんです。
   ⇨
   _____

② 다음 예처럼 질문에 답하시오.

> 예) これも えんぴつです。あれも えんぴつです。
> ⇨ これも あれも えんぴつです。

1. これも わたしのです。あれも わたしのです。
   ⇨
   _____

2. ここも ぎんこうです。あそこも ぎんこうです。
   ⇨
   _____

3. こちらも デパートです。あちらも デパートです。
   ⇨
   _____

---

① 1) これは えんぴつで、あれは ボールペンです。　② 1) これも あれも わたしのです。
　2) ここは ぎんこうで、あそこは デパートです。　　2) ここも あそこも ぎんこうです。
　3) こちらは えきで、あちらは こうばんです。　　3) こちらも あちらも デパートです。

マッチは どこに ありますか

基 本 文 型

1. ~に ~が あります ~에 ~이(가) 있습니다
2. ~には ~も ありません ~에는 ~도 없습니다
3. ~や ~や などが あります ~랑 ~랑 등이 있습니다

会話 1

木村 : そこに なにが ありますか。
소꼬니 나니가 아리마스까
(거기에 무엇이 있습니까?)

キム : ここに たばこが あります。
고꼬니 다바꼬가 아리마스
(여기에 담배가 있습니다.)

木村 : あそこには なにが ありますか。
아소꼬니와 나니가 아리마스까
(저기에는 무엇이 있습니까?)

キム : あそこには なにも ありません。
아소꼬니와 나니모 아리마 셍
(저기에는 아무것도 없습니다.)

木村 : マッチは どこに ありますか。
맛 찌와 도꼬니 아리마스까
(성냥은 어디에 있습니까?)

キム : つくえの うえに あります。
쓰꾸에노 우에니 아리마스
(책상 위에 있습니다.)

吉田 : **そこには なにが ありますか。**
소꼬니와 나니가 아리마스까
(거기에는 무엇이 있습니까?)

パク : **ここには しんぶんと ざっしが あります。**
고꼬니와 심 분 또 잣시가 아리마스
(여기에는 신문과 잡지가 있습니다.)

吉田 : **テーブルの うえには なにが ありますか。**
테ー부루노 우에니와 나니가 아리마스까
(테이블 위에는 무엇이 있습니까?)

パク : **なしや りんごや みかんなどが あります。**
나시야 링 고야 미깡 나도가 아리마스
(배랑 사과랑 귤 등이 있습니다.)

吉田 : **へやの なかにも なにか ありますか。**
해야노 나까니모 나니까 아리마스까
(방 안에도 무언가 있습니까?)

パク : **いいえ、へやの なかには なにも ありません。**
이ー에 해야노 나까니와 나니모 아리마 셍
(아니오, 방 안에는 아무것도 없습니다.)

単語

- ~に ~에
- なに(何) 무엇
- ~が ~이, 가
- あります 있습니다
- たばこ 담배
- マッチ 성냥
- つくえ(机) 책상
- うえ(上) 위
- しんぶん(新聞) 신문

- ざっし(雑誌) 잡지
- テーブル 테이블
- なし 배
- ~や ~랑
- りんご 사과
- みかん 귤
- ~など ~등, 따위
- へや(部屋) 방
- なか(中) 안, 속

1 たばこが あります (담배가 있습니다)

우리말에서는 존재를 나타내는 말은 「있습니다」의 한 가지이지만, 일본어의 경우는 사물이나 식물 등의 동작성이 없는 무생물의 존재를 나타내는 경우와, 사람이나 동물 등의 동작성이 있는 생물의 존재를 나타낼 때의 표현이 다르다. 여기서 あります는 동작성이 없는 무생물의 존재를 나타낸다. 또, あります의 부정형은 ありません(없습니다)이다.

예 りんごは ここに あります。
   (사과는 여기에 있습니다.)

   ほんは つくえの うえに ありません。
   (책은 책상 위에 없습니다.)

2 どこに ありますか (어디에 있습니까?)

に는 우리말의 「~에」에 해당하는 조사로, 어떤 사물이 존재하는 장소를 나타낸다. 따라서 사물의 존재를 나타내는 조사 に 뒤에는 あります와 같은 존재를 나타내는 말이 온다.

예 ここに ほんが あります。
   (여기에 책이 있습니다.)

   バナナは テーブルの うえに あります。
   (바나나는 테이블 위에 있습니다.)

3 なにが ありますか (무엇이 있습니까?)

が는 주격조사로 우리말의 「~이(가)」에 해당한다. 또한 が는 인물이나 사물의 존재하는 사실을 나타낼 때는 「어디에 무엇이 있다」라는 형태를 취한다.

예 あそこに りんごが あります。
   (저기에 사과가 있습니다.)

   つくえの うえに なにが ありますか。
   (책상 위에 무엇이 있습니까?)

4 **しんぶんと ざっし** (신문과 잡지)

とは 우리말의 「~와(과)」에 해당하는 조사로 여러 개의 사물이나 사항을 나열할 때 쓰인다.

📙 **ここに りんごと なしが あります。**
(여기에 사과와 배가 있습니다.)

あちらに ほんと ノートと けしゴムが あります。
(저쪽에 책과 노트와 지우개가 있습니다.)

5 **りんごや みかん などが** (사과랑 귤 등이)

やは 체언에 접속하여 「~랑, ~이나」의 뜻을 나타내는 조사로, 열거 한 것 이외에 더 많은 것을 나타낼 때 쓰인다. 따라서 など(등, 따위)와 같은 말이 이어진다.

📙 **テーブルの うえに りんごや なし などが あります。**
(테이블 위에 사과랑 배 등이 있습니다.)

あそこに ほんや ノートや けしゴム などが あります。
(저기에 책이랑 노트랑 지우개 등이 있습니다.)

6 **うえには・なかにも** (위에는・안에도)

には는 사물이 존재하는 장소를 나타내는 조사 に에 「~은(는)」의 뜻을 가진 조사 は가 이어진 형태로 「~에는」의 뜻이다.
にも는 조사 に에 여러 가지 사항을 열거할 때 쓰이는 조사 も가 이어진 형태로 「~에도」의 뜻이다.

📙 **ここには つくえと いすが あります。**
(여기에는 책상과 의자가 있습니다.)

りんごは ここにも あそこにも ありません。
(사과는 여기에도 저기에도 없습니다.)

こちらにも あちらにも ぎんこうは ありません。
(이쪽에도 저쪽에도 은행은 없습니다.)

7 **なにも ありません** (아무것도 없습니다)

なにも는 의문을 나타내는 なに(무엇)에 조사 も가 접속된 형태이다. 이처럼 의문

을 나타내는 말 뒤에 조사 も가 접속하면 「전부」라는 뜻으로 뒤에 부정어가 오면
「아무것도 ~없다」라는 뜻을 나타낸다.

예 かごの なかには なにも ありません。
(상자 안에는 아무것도 없습니다.)

わたしの ほんは どこにも ありません。
(내 책은 어디에도 없습니다.)

8 なにが・なにか ありますか (무엇이・뭔가 있습니까?)

なにが는 의문사에 조사 が가 접속된 형태로 있는 것이 무엇인지를 물을 때 쓰인
다. 그러나 なにか는 의문사에 불확실함을 나타내는 조사 か가 이어진 형태로 무
언가가 있는지의 여부를 물을 때 쓰인다. 따라서 なにか로 물으면 반드시 はい,
いいえ로 대답한다.

예 かごの なかには なにが ありますか。
(상자 안에는 무엇이 있습니까?)

→ りんごと なしが あります。
(사과와 배가 있습니다.)

かごの なかには なにか ありますか。
(상자 안에는 무언가 있습니까?)

→ はい, あります。りんご などが あります。
(네, 있습니다. 사과 따위가 있습니다.)

문형 연습

① あそこに くるま が あります。 ➡ 저기에 차 가(이) 있습니다.

がっこう　　　　　　　　　　　학교
パソコン　　　　　　　　　　　PC
とけい　　　　　　　　　　　　시계
かばん　　　　　　　　　　　　가방

② ここには ざっし は ありません。 ➡ 여기에는 잡지 는(은) 없습니다.

えんぴつ　　　　　　　　　　　연필
つくえ　　　　　　　　　　　　책상
かさ　　　　　　　　　　　　　우산
ぼうし　　　　　　　　　　　　모자

③ りんご と なし が あります。 ➡ 사과 와(과) 배 가(이) 있습니다.

ほん　　ノート　　　　　　　책　　노트
たばこ　マッチ　　　　　　　담배　성냥
めがね　かさ　　　　　　　　안경　우산
せびろ　ぼうし　　　　　　　양복　모자

한자읽기

くるま(車)　がっこう(学校)　とけい(時計)　ざっし(雑誌)　えんぴつ(鉛筆)　つくえ(机)
かさ(傘)　ぼうし(帽子)　ほん(本)　めがね(眼鏡)　せびろ(背広)

① Q : あそこには なにが ありますか。
（저기에는 무엇이 있습니까?）*なに(何)

A : やまださんの くるまが あります。
（야마다 씨 차가 있습니다.）*くるま(車)

Q : りんごは どこに ありますか。
（사과는 어디에 있습니까?）

A : テーブルの うえに あります。
（테이블 위에 있습니다.）*うえ(上)

Q : れいぞうこの なかには なにが ありますか。
（냉장고 안에는 무엇이 있습니까?）*れいぞうこ(冷蔵庫) なか(中)

A : やさいや くだものや キムチ などが あります。
（야채랑 과일이랑 김치 등이 있습니다.）*やさい(野菜) くだもの(果物)

② Q : へやの なかには ベッドが ありますか。
（방 안에는 침대가 있습니까?）*へや(部屋)

A : いいえ、ベッドは ありません。
（아니오, 침대는 없습니다.）

Q : かばんの なかには なにか ありますか。
（가방 속에는 뭔가 있습니까?）

A : いいえ、なにも ありません。
（아니오, 아무 것도 없습니다.）

Q : あそこにも バナナと りんごが ありますか。
（저기에도 바나나와 사과가 있습니까?）

A : りんごは あります。でも バナナは ありません。
（사과는 있습니다. 하지만, 바나나는 없습니다.）

▶ 사과·사죄의 표현

① <ruby>すみません<rt>스미마 셍</rt></ruby>。

　(미안합니다.)

　* 줄여서 すいません이라고도 한다.

② <ruby>すみませんでした<rt>스미마 셍 데시따</rt></ruby>。

　(미안하게 되었습니다.)

　* 동사 済(す)む(끝나다)의 정중한 부정 표현이 관용적으로 굳어진 말이다.

③ <ruby>どうも すみません<rt>도ー모 스미마 셍</rt></ruby>。

　(정말 미안합니다.)

　* すみません은 사람을 부를 때는 「여보세요」라는 뜻이 된다.

④ <ruby>失礼しました<rt>시쯔레이시 시 마 시 따</rt></ruby>。

　(실례했습니다.)

　* 失礼(しつれい)する : 실례하다

⑤ <ruby>悪いですね<rt>와루이 데 스 네</rt></ruby>。

　(미안해요.)

　* 본래는 「나쁘다」는 뜻이지만 친근한 사이에서 격의없이 사죄 표현으로도 쓰인다.

⑥ <ruby>ごめんなさい<rt>고 멘 나 사 이</rt></ruby>。

　(용서하십시오.)

　* 실제 일본인의 회화에서 가장 많이 쓰이는 사죄 표현이다.

⑦ <ruby>すみませんが、これを お願いします<rt>스미마 셍 가 고 레 오 오네가이시마 스</rt></ruby>。

　(미안하지만, 이걸 부탁합니다.)

　* すみません은 경우에 따라 「미안합니다. 고맙습니다. 여보세요」의 뜻으로 쓰인다.

① 다음 예처럼 질문에 답하시오.

> 예) テーブルの うえに りんごが ありますか。
> ⇨ いいえ、テーブルの うえに ほんは ありません。

1. いすの うえに ノートが ありますか。
   ⇨ いいえ、

2. つくえの うえに ボールペンが ありますか。
   ⇨ いいえ、

3. えきの まえに デパートが ありますか。
   ⇨ いいえ、

② 다음 예처럼 바꾸어 말하시오.

> 예) かごの なかには りんごと なしが あります。
> ⇨ かごの なかには りんごや なし などが あります。

1. いすの うえには ノートと ほんが あります。
   ⇨

2. ここには テレビと とけいが あります。
   ⇨

3. いすの したには かばんと くつが あります。
   ⇨

---

① 1) いいえ、いすの うえに ノートは ありません。
2) いいえ、つくえの うえに ボールペンは ありません。
3) いいえ、えきの まえに デパートは ありません。

② 1) いすの うえには ノートや ほん などが あります。
2) ここには テレビや とけい などが あります。
3) いすの したには かばんや くつ などが あります。

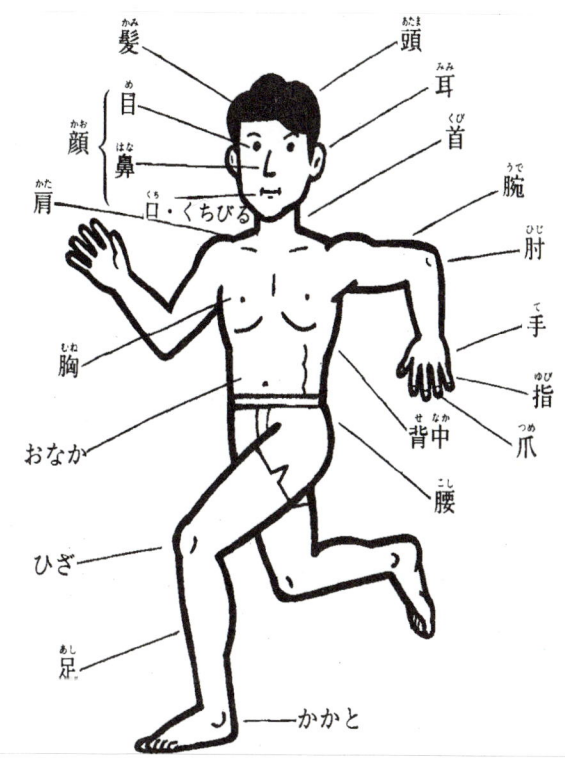

髪（かみ）
頭（あたま）
耳（みみ）
首（くび）
目（め）
顔（かお）
鼻（はな）
腕（うで）
肩（かた）
口・くちびる（くち）
肘（ひじ）
手（て）
胸（むね）
指（ゆび）
背中（せなか）
爪（つめ）
おなか
腰（こし）
ひざ
足（あし）
かかと

75

女の子は 何人 いますか

第5課

基本文型

1. **いくつ** 몇 개
2. **~が います** ~이(가) 있습니다
3. **~しか ありません(いません)** ~밖에 없습니다

会話 1

田中 : **かごの 中には なにが ありますか。**
　　　가 고 노 나까니와 나니가 아리마스 까
　　　(바구니 안에는 무엇이 있습니까?)

キム : **りんごと なしが あります。**
　　　링 고 또 나시가 아리마스
　　　(사과와 배가 있습니다.)

田中 : **りんごは いくつ ありますか。**
　　　링 고와 이꾸쓰 아리마스 까
　　　(사과는 몇 개 있습니까?)

キム : **りんごは 九つ あります。**
　　　링 고와 고꼬누쓰 아리마스
　　　(사과는 아홉 개 있습니다.)

田中 : **では, なしも たくさん ありますか。**
　　　데 와 나시모 닥 상 아리마스 까
　　　(그럼, 배도 많이 있습니까?)

キム : **いいえ, なしは ふたつしか ありません。**
　　　이 ー 에 나시와 후따쓰시까 아리마 셍
　　　(아니오, 배는 두 개밖에 없습니다.)

先生: **きょうしつの 中には だれが いますか。**
교 ― 시 쓰 노 나까니 와 다 레 가 이 마 스 까
(교실 안에는 누가 있습니까?)

パク: **こどもたちが います。**
고 도 모 다 찌 가 이 마 스
(어린이들이 있습니다.)

先生: **女の子は 何人 いますか。**
온나노꼬 와 난 닝 이 마 스 까
(여자아이는 몇 명 있습니까?)

パク: **女の子は 十人 います。**
온나노꼬 와 쥬 ― 닝 이 마 스
(여자아이는 열 명 있습니다.)

先生: **男の子も おおぜい いますか。**
오또꼬노꼬 모 오 ― 제이 이 마 스 까
(남자아이도 많이 있습니까?)

パク: **いいえ、男の子は ふたりしか いません。**
이 ― 에 오또꼬노꼬 와 후 따 리 시 까 이 마 셍
(아니오, 남자아이는 두 명밖에 없습니다.)

単語

- かご 바구니
- なか(中) 안, 속
- あります 있습니다
- いくつ 몇 개
- ここのつ(九つ) 아홉, 아홉 개
- たくさん 많이
- ふたつ(二つ) 둘, 두 개
- ~しか ~밖에
- きょうしつ(教室) 교실

- こども(子供) 어린이
- ~たち(達) ~들
- おんな(女) 여자
- こ(子) 아이
- なんにん(何人) 몇 사람
- おとこ(男) 남자
- おおぜい(大勢) 많이
- ふたり(二人) 두 사람
- います 있습니다

1 **います・いません** (있습니다・없습니다)

います는 앞서 배운 あります와 같은 뜻이지만, 동작성이 있는 사람이나 동물 등, 생물의 존재를 나타낼 때 쓰인다. 우리말에는 존재를 나타내는 말이 하나밖에 없지만, 이처럼 일본어에는 두 가지 표현이 있으므로 유의해야 한다. 또한 います의 부정형은 いません(없습니다)이다.

예 へやの なかに こどもが **います**。
　　(방 안에 어린이가 있습니다.)

　　へやの なかに だれが **います**か。
　　(방 안에 누가 있습니까?)

　　いけの なかに きんぎょは **いません**。
　　(연못 안에 금붕어는 없습니다.)

2 **고유수사**

일본어의 수사(数詞)에는 우리말 수사와 마찬가지로 한자어로 읽는 방법과 하나, 둘, 셋, 넷 … 처럼 고유로 읽는 방법이 있다. 그러나 우리말의 고유수사로는 하나에서 아흔 아홉까지 셀 수 있으나 일본어에서는 하나에서 열까지밖에 없다. 또한 고유수사에는 뒤에 조수사를 붙여 쓸 수 없고, 한 개, 두 개 등처럼 수효를 셀 때 쓰기도 한다.

一つ	二つ	三つ	四つ	五つ
ひとつ	ふたつ	みっつ	よっつ	いつつ
(하나)	(둘)	(셋)	(넷)	(다섯)
六つ	七つ	八つ	九つ	十
むっつ	ななつ	やっつ	ここのつ	とお
(여섯)	(일곱)	(여덟)	(아홉)	(열)

예 りんごが みっつ、みかんが **よっつ** あります。
　　(사과가 셋, 귤이 넷 있습니다.)

　　へやの なかに いすが **ふたつ** あります。
　　(방 안에 의자가 두 개 있습니다.)

3 いくつ (몇 개)

いくつ는 하나하나 셀 수 있는 수(数)나 나이를 물을 때 쓰이는 의문사로 우리말의 「몇 개」, 「몇 살」로 해석된다. 흔히 나이를 물을 때는 접두어 お를 붙여 「おいくつ」 형태로 쓰인다.

예 かごの なかに りんごは いくつ ありますか。

　　(바구니 안에 사과는 몇 개 있습니까?)

4 한자어 수사

일본어 한자어 수사는 우리말의 한자어 수사와 마찬가지로 중국에서 전해 내려온 한자음(漢字音)으로 읽는 것을 말한다. 고유어 수사가 열까지밖에 없으므로 십(十) 이상은 한자어 수사를 써야 한다.

一	二	三	四	五
いち	に	さん	し(よん)	ご
(1・일)	(2・이)	(3・삼)	(4・사)	(5・오)
六	七	八	九	十
ろく	しち(なな)	はち	きゅう(く)	じゅう
(6・육)	(7・칠)	(8・팔)	(9・구)	(10・십)

四(し,よん) 七(しち, なな) 九(きゅう, く)는 두 가지 형태의 발음을 가지고 있다. 四(し)는 死(し)와 발음이 동일하고, 九(く)는 苦(く)와 발음이 동일하여 금기어로 일반적으로 회피하고 있다. 七(しち)도 なな 쪽을 많이 쓰고 있으며, 경우에 따라서는 두 가지 다 쓰일 때도 있고, 한 가지만 쓰일 때도 있으므로 모두 암기해 두어야 한다.

5 何人 (몇 사람?)

何(なん)은 의문을 나타내는 말로 「무엇」이라는 뜻으로 쓰이기도 하지만, 조수사에 접속하여 「몇」이라는 뜻으로 그 숫자를 물을 때 쓰인다.

예 人は 何人 いますか。(사람은 몇 사람 있습니까?)

本は 何冊 ありますか。(책은 몇 권 있습니까?)

たまごは 何個 ありますか。(달걀은 몇 개 있습니까?)

紙は 何枚 ありますか。(종이는 몇 장 있습니까?)

6 **～しか ありません** (~밖에 없습니다)

しかは 뒤에 부정어를 동반하여 「～밖에, 뿐」의 뜻으로 오직 그것뿐임을 나타내는
조사이다.

예 かごの 中には りんごが 二つしか ありません。

(바구니 안에는 사과가 두 개밖에 없습니다.)

7 **ひとり** (한 사람)

ひとり・ふたりは 사람을 셀 때 쓰이는 말로 우리말의 「한 사람・두 사람」에 해당
한다. 이처럼 두 사람까지는 고유어로 세지만, 세 사람 이상은 한자어 수사로 읽
어야 한다.

예 へやの 中には こどもが ひとりしか いません。

(방 안에는 어린이가 한 명밖에 없습니다.)

教室の 中には こどもが 三人 います。

(교실 안에는 어린이가 3명 있습니다.)

8 **たくさん・おおぜい** (많이)

たくさんは 물건이나 사람이 많다는 뜻으로 쓰이는 부사어이고, おおぜいは 사람
이 많다는 뜻으로 쓰이는 부사어이다. 따라서 물건이 많다고 할 때는 おおぜいを
쓰면 안 된다.

예 かごの 中に りんごが たくさん あります。

(바구니 안에 사과가 많이 있습니다.)

へやの 中に 人が おおぜい います。

(방 안에 사람이 많이 있습니다.)

① あそこに｜こども｜が います。 ➡ 저기에｜어린이｜이(가) 있습니다.
｜うま｜ ｜말｜
｜ねこ｜ ｜고양이｜
｜いぬ｜ ｜개｜
｜金さん｜ ｜김씨｜

② ここには｜学生｜は いません。 ➡ 여기에는｜학생｜은(는) 없습니다.
｜女の子｜ ｜여자아이｜
｜男の子｜ ｜남자아이｜
｜田中さん｜ ｜다나카씨｜
｜子いぬ｜ ｜강아지｜

③ ｜鉛筆｜しか ありません。 ➡ ｜연필｜밖에 없습니다.
｜ひとつ｜ ｜하나｜
｜ふたつ｜ ｜둘｜
｜こども｜しか いません。 ｜어린이｜
｜ひとり｜ ｜한 사람｜

한자읽기

子供(こども)　馬(うま)　猫(ねこ)　犬(いぬ)　学生(がくせい)　子犬(こいぬ)　鉛筆(えんぴつ)　一(ひと)つ　二(ふた)つ　一人(ひとり)

① Q : へやの 中に 人が いますか。
(방 안에 사람이 있습니까?) *部屋(へや) 中(なか) 人(ひと)

A : はい、こどもが います。
(네, 어린이가 있습니다.) *子供(こども)

Q : 教室の 中に だれか いますか。
(교실 안에 누가 있습니까?) *教室(きょうしつ)

A : はい、学生たちが います。
(네, 학생들이 있습니다.) *学生(がくせい)

Q : いぬは どこに いますか。
(개는 어디에 있습니까?) *犬(いぬ)

A : にわに います。
(뜰에 있습니다.) *庭(にわ)

② Q : 鉛筆は たくさん ありますか。
(연필은 많이 있습니까?) *鉛筆(えんぴつ)

A : いいえ、一本しか ありません。
(아니오, 한 자루밖에 없습니다.) *一本(いっぽん)

Q : 運動場には 学生が おおぜい いますか。
(운동장에는 학생이 많이 있습니까?) *運動場(うんどうじょう)

A : いいえ、二人しか いません。
(아니오, 두 사람밖에 없습니다.) *二人(ふたり)

Q : へやの 中には 子供しか いませんか。
(방 안에는 어린이들밖에 없습니까?)

A : いいえ、大人も います。
(아니오, 어른도 있습니다.) *大人(おとな)

▶ 작별할 때의 인사 표현

① もう おいとまいたします。
  モ ー オ イ ト マ イ タ シ マ ス

  (이제 가보겠습니다.)

  *暇(いとま)는 「틈, 짬, 겨를」이라는 뜻이지만, おいとまする로 쓰이면 작별을 나타낸다.

② お邪魔致しました。
  オ ジャ マ イ タ シ マ シ タ

  (폐가 많았습니다.)

  *お邪魔(じゃま)する : 폐를 끼치다, 방해가 되다

③ これで 失礼致します。
  コ レ デ シ ツ レ イ イ タ シ マ ス

  (이만 실례하겠습니다.)

  *致(いた)す는 する의 겸양어이다.

④ 近い うちに お伺い致します。
  チ カ イ ウ チ ニ オ ウ カ ガ イ イ タ シ マ ス

  (가까운 시일 내에 찾아뵙겠습니다.)

  *伺(うかが)う : 여쭙다, 방문하다

⑤ じゃ、お元気で さようなら。
  ジャ オ ゲ ン キ デ サ ヨ ー ナ ラ

  (그럼, 몸 건강히 안녕히 계십시오.)

  *じゃ는 では의 구어체로 「그럼」이라는 뜻이다.

⑥ じゃ、また いらっしゃって ください。
  ジャ マ タ イ ラッ シャッ テ ク ダ サ イ

  (그럼, 또 오십시오.)

  *いらっしゃる는 行(い)く, 来(く)る, いる의 존경어이다.

⑦ いろいろ お世話に なりました。
  イ ロ イ ロ オ セ ワ ニ ナ リ マ シ タ

  (여러모로 신세 많이 졌습니다.)

  *お世話(せわ)になる : 신세를 지다

① 다음 예처럼 질문에 답하시오.

> 예) 部屋の 中に 人が いますか。
> ⇨ 部屋の 中に 人は いません。

1. 教室の 中に こどもが いますか。
   ⇨ いいえ,
   _____

2. あそこに 女の子が いますか。
   ⇨ いいえ,
   _____

3. 運動場に 男の子が いますか。
   ⇨ いいえ,
   _____

② 다음 예처럼 질문에 답하시오.

> 예) かごの 中に りんごは いくつ ありますか。(一つ)
> ⇨ かごの 中に りんごは 一つしか ありません。

1. つくえの 上に ノートは 何冊 ありますか。(三冊)
   ⇨
   _____

2. かごの 中に たまごは いくつ ありますか。(三つ)
   ⇨
   _____

3. 部屋の 中に こどもは 何人 いますか。(三人)
   ⇨
   _____

⑴ 1) 教室の 中に こどもは いません。
   2) あそこに 女の子は いません。
   3) 運動場に 男の子は いません。

⑵ 1) つくえの 上に ノートは 三冊しか ありません。
   2) かごの 中に たまごは 三つしか ありません。
   3) 部屋の 中に こどもは 三人しか いません。

▶ 일본의 국명

「日本」을 「にほん」 혹은 「にっぽん」이라고 읽으며, 이것은 「해의 중심의 나라」 「해가 뜨는 나라」라고 하는 의미가 있다.

처음에는 일본을 大和(やまと)라고 불렸지만, 7세기 초가 되어 일본 정치를 담당하고 있던 聖德(しょうとく) 태자가 이웃 중국에 국서를 보냈을 때 「해가 나오는 곳」이라고 칭한 이후부터 대외적으로 日本의 국명으로 사용하게 되었다.

일본은 중국이나 한국 등, 아시아 대륙의 동쪽에 위치하고 있어 태양이 한국이나 중국보다도 일찍 떠오른다는 사실에서 명명한 것이다.

일본에 해당하는 「Japan」이라고 하는 영어의 유래에 관해서는 중국의 당나라 시대에 일본에 대해 「짓폰」이라고 발음했던 것을 마르코 폴로가 여행하는 중에서 「지팡구」라고 소개했기 때문에 온 세계에 「Zipangu」 혹은 「Jipangu」로 되었다는 설이 있다. 프랑스어의 「쟈폰」이나 독일의 「야판」 등도 「Japan」과 같은 유래이다.

▶ 일본의 국기

일본의 국기는 日章旗(にっしょき)이며, 하얀 바탕에 「日(ひ)の丸(まる) 태양의 형태」의 가장 간단한 디자인으로 되어 있다. 옛날부터 「해가 뜨는 곳」이 일본이라는 의식이 있었으며, 신화에 나오는 天照大神(あまてらすおおかみ)가 태양신이라는 것에 기인하여 주로 神社(じんじゃ)의 깃발로 사용되었으며, 16세기경부터 일본을 상징하는 깃발로 배에 게양하고, 1870년에 상선에 게양하여 국기로 제정되었다. 국기로서 정식 규격은 가로 세로의 비율이 3대 2이고, 「日の丸」는 한가운데에 위치한다.

きょうは 何日ですか

第6課

基 本 文 型

1. 何月・何曜日・何日 무슨 달・무슨 요일・며칠
2. ～でした ～이었습니다
3. ～では ありませんでした ～이(가) 아니었습니다

会話 1

三浦 : **きょうは 何日ですか。**
교 ― 와 난니찌데스까
(오늘은 며칠입니까?)

パク : **きょうは 三日です。**
교 ― 와 믹까데스
(오늘은 3일입니다.)

三浦 : **今月は 何月ですか。**
공게쓰와 낭가쓰데스까
(이번 달은 몇 월입니까?)

パク : **今月は 四月です。**
공게쓰와 시가쓰데스
(이번 달은 4월입니다.)

三浦 : **きのうは 何曜日でしたか。**
기노 ― 와 낭요―비데시따까
(어제는 무슨 요일이었습니까?)

パク : **きのうは 日曜日でした。**
기노 ― 와 니찌요―비데시따
(어제는 일요일이었습니다.)

高山 : **きょうは 三日ですか。**
교 ― 와 믹까데스 까
(오늘은 3일입니까?)

キム : **はい、きょうは 三日です。**
하이 교 ― 와 믹까데스
(네, 오늘은 3일입니다.)

高山 : **きょうは 月曜日ですか。**
교 ― 와 게쓰요― 비 데 스 까
(오늘은 월요일입니까?)

キム : **いいえ、月曜日では ありません。火曜日です。**
이 ― 에 게쓰요― 비 데 와 아 리 마 셍 가 요― 비 데 스
(아니오, 월요일이 아닙니다. 화요일입니다.)

高山 : **先月は 四月でしたか。**
셍 게쓰 와 시 가쓰 데 시 따 까
(지난달은 4월이었습니까?)

キム : **いいえ、四月では ありませんでした。**
이 ― 에 시 가쓰 데 와 아 리 마 셍 데 시 따
(아니오, 4월이 아니었습니다.)

五月でした。
고 가쓰 데 시 따
(5월이었습니다.)

単語

- **きょう(今日)** 오늘
- **何日(なんにち)** 며칠
- **今月(こんげつ)** 이번 달
- **何月(なんがつ)** 몇 월
- **きのう(昨日)** 어제
- **日曜日(にちようび)** 일요일
- **~でした** ~이었습니다
- **三日(みっか)** 3일

- **何曜日(なんようび)** 무슨 요일
- **月曜日(げつようび)** 월요일
- **火曜日(かようび)** 화요일
- **先月(せんげつ)** 지난 달
- **四月(しがつ)** 4월
- **~では ありませんでした**
  ~이(가) 아니었습니다
- **五月(ごがつ)** 5월

1. 日曜日でした (일요일이었습니다)

でした는 정중한 단정을 나타내는 です의 과거형으로 체언에 접속하여 「~이었습니다」의 뜻을 나타낸다.

<예> きのうは 日曜日でした。
(어제는 일요일이었습니다.)

きのうは 何曜日でしたか。
(어제는 무슨 요일이었습니까?)

2. 四月では ありませんでした (4월이 아니었습니다)

では ありませんでした는 では ありません의 과거형으로 체언에 접속하여 「~이(가) 아니었습니다」의 뜻을 나타낸다.

	현 재 형	과 거 형
긍 정	~です (~입니다)	~でした (~이었습니다)
부 정	~では ありません (~이, 가 아닙니다)	~では ありませんでした (~이, 가 아니었습니다)

<예> きのうは 日曜日では ありませんでした。
(어제는 일요일이 아니었습니다.)

きのうは 三月 三日では ありませんでしたか。
(어제는 3월 3일이 아니었습니까?)

3. 曜日의 표현

日曜日 にちようび (일요일)	月曜日 げつようび (월요일)	火曜日 かようび (화요일)	水曜日 すいようび (수요일)

木曜日 もくようび (목요일)	金曜日 きんようび (금요일)	土曜日 どようび (토요일)	何曜日 なんようび (무슨 요일)

☞ 요일을 말할 때 흔히 ~日(び)를 생략하여 쓰기도 한다.

예 きょうは 何曜日ですか。

　　(오늘은 무슨 요일입니까?)

　　きょうは 日曜日です。

　　(오늘은 일요일입니다.)

④ 日의 표현

一日	ついたち	十七日	じゅうしちにち
二日	ふつか	十八日	じゅうはちにち
三日	みっか	十九日	じゅうくにち
四日	よっか	二十日	はつか
五日	いつか	二十一日	にじゅういちにち
六日	むいか	二十二日	にじゅうににち
七日	なのか	二十三日	にじゅうさんにち
八日	ようか	二十四日	にじゅうよっか
九日	ここのか	二十五日	にじゅうごにち
十日	とおか	二十六日	にじゅうろくにち
十一日	じゅういちにち	二十七日	にじゅうしちにち
十二日	じゅうににち	二十八日	にじゅうはちにち
十三日	じゅうさんにち	二十九日	にじゅうくにち
十四日	じゅうよっか	三十日	さんじゅうにち
十五日	じゅうごにち	三十一日	さんじゅういちにち
十六日	じゅうろくにち	何日	なんにち

☞ 날짜를 물을 때는 何日라고 하며, 1일부터 10일까지는 고유어로 읽는다. 또, 14일, 20일, 24일은 읽는 방법이 다르므로 주의해야 한다.

예 きょうは 何日^{なんにち}ですか。

（오늘은 며칠입니까?）

きょうは 二十日^{はつか}で、日曜日^{にちようび}です。

（오늘은 20일이고, 일요일입니다.）

5 月의 표현

一月	いちがつ	七月	しちがつ
二月	にがつ	八月	はちがつ
三月	さんがつ	九月	くがつ
四月	しがつ	十月	じゅうがつ
五月	ごがつ	十一月	じゅういちがつ
六月	ろくがつ	十二月	じゅうにがつ

➡ 달을 물을 때는 何月(なんがつ)라고 한다.

예 きょうは 何月^{なんがつ} 何日^{なんにち}ですか。

（오늘은 몇 월 며칠입니까?）

きょうは 三月^{さんがつ} 二十四日^{にじゅうよっか}です。

（오늘은 3월 24일입니다.）

6 年月週日

年(とし)	月(つき)	週(しゅう)	日(ひ)
一昨年 おととし (재작년)	先先月 せんせんげつ (지지난 달)	先先週 せんせんしゅう (지지난 주)	一昨日 おととい (그제)
去年 きょねん (작년)	先月 せんげつ (지난 달)	先週 せんしゅう (지난 주)	昨日 きのう (어제)
今年 ことし (금년)	今月 こんげつ (이번 달)	今週 こんしゅう (이번 주)	今日 きょう (오늘)
来年 らいねん (내년)	来月 らいげつ (다음 달)	来週 らいしゅう (다음 주)	明日 あした (내일)
再来年 さらいねん (내후년)	再来月 さらいげつ (다다음 달)	再来週 さらいしゅう (다다음 주)	明後日 あさって (모레)

문형 연습

① きのうは　休みの日　でした。　➡ 어제는　휴일　이었습니다.
　　　　　　誕生日　　　　　　　　　　生일
　　　　　　月曜日　　　　　　　　　　월요일
　　　　　　二日　　　　　　　　　　　2일
　　　　　　子供の日　　　　　　　　　어린이 날

② きのうは　二十日　では ありませんでした。　➡ 어제는　20일　이(가) 아니었습니다.
　　　　　　火曜日　　　　　　　　　　　　　　　　　　화요일
　　　　　　土曜日　　　　　　　　　　　　　　　　　　토요일
　　　　　　誕生日　　　　　　　　　　　　　　　　　　生일
　　　　　　母の日　　　　　　　　　　　　　　　　　　어머니 날

③ お誕生日は　何月　ですか。　➡ 생일은　몇 월　입니까?
　　　　　　　何日　　　　　　　　　　　　며칠
　　　　　　　何曜日　　　　　　　　　　　무슨 요일
　　　　　　　日曜日　　　　　　　　　　　일요일
　　　　　　　休みの日　　　　　　　　　　쉬는 날

한자읽기

休(やす)みの日(ひ)　　子供(こども)　　誕生日(たんじょうび)　　母(はは)の日(ひ)

① Q : きのうは 何曜日でしたか。
  (어제는 무슨 요일이었습니까?) *何曜日(なんようび)

  A : きのうは 水曜日でした。
  (어제는 수요일이었습니다.) *水曜日(すいようび)

  Q : 先月は 何月でしたか。
  (지난달은 몇 월이었습니까?) *先月(せんげつ) 何月(なんがつ)

  A : 先月は 四月でした。
  (지난달은 4월이었습니다.) *四月(しがつ)

  Q : お誕生日は 何日でしたか。
  (생일은 며칠이었습니까?) *誕生日(たんじょうび) 何日(なんにち)

  A : 先月の 十日でした。
  (지난달 10일이었습니다.) *十日(とおか)

② Q : 先月は 四月でしたか。
  (지난달은 4월이었습니까?) *四月(しがつ)

  A : いいえ、四月では ありませんでした。五月でした。
  (아니오, 4월이 아니었습니다. 5월이었습니다.) *五月(ごがつ)

  Q : 先生の お誕生日は 土曜日でしたか。
  (선생님 생일은 토요일이었습니까?) *先生(せんせい) 土曜日(どようび)

  A : いいえ、土曜日じゃ ありませんでした。日曜日でした。
  (아니오, 토요일이 아니었습니다. 일요일이었습니다.) *日曜日(にちようび)

  Q : むかし、ここは 公園でしたか。
  (옛날에 여기는 공원이었습니까?) *公園(こうえん)

  A : いいえ、公園じゃ ありませんでした。工場でした。
  (아니오, 공원이 아니었습니다. 공장이었습니다.) *工場(こうじょう)

필수 회화

▶ **외출·귀가할 때의 인사 표현**

① 잇 떼 기 마 스
行って きます。

(다녀올게요.)

* 외출할 때 상대에게 하는 인사말이다.

② 잇 떼 마 이 리 마 스
行って 参ります。

(다녀오겠습니다.)

* 参(まい)る는 来(く)る의 겸양어로 정중한 표현이다.

③ 잇 떼 이 랏 샤 이
行って いらっしゃい。

(잘 다녀오세요.)

* 외출하는 사람에게 하는 인사말이다.

④ 다 다 이 마
ただいま。

(다녀왔습니다.)

* 외출자가 다녀왔을 때 상대에게 하는 인사말이다.

⑤ 오 까에 리 나 사 이
お帰りなさい。

(어서 오세요.)

* 외출자를 맞이할 때 하는 인사말이다.

⑥ 오 까에 리
お帰り。

(어서 오렴.)

* 아랫사람에게 가볍게 하는 인사이다.

⑦ 기 오 쓰 께 떼 네
気を 付けてね。

(조심해서 다녀오렴.)

* 気(き)を 付(つ)ける 조심하다. 주의하다

제 6 과 오늘은 며칠입니까? 93

① A : 다음 예처럼 ( )의 말로 바꾸어 말하시오.

> 예) きょうは 水曜日です。(きのう)
> ⇨ きのうは 水曜日でした。

1. きょうは 二十日です。(きのう)
   ⇨

2. 今月は 三月です。(先月)
   ⇨

3. 今週は 休暇です。(先週)
   ⇨

② 다음 예처럼 바꾸어 말하시오.

> 예) きのうは 木曜日でした。
> ⇨ きのうは 木曜日では ありませんでした。

1. おとといは 十日でした。
   ⇨

2. 先週の 日曜日は わたしの 誕生日でした。
   ⇨

3. むかし、ここは 公園でした。
   ⇨

① 1) きのうは 二十日でした。　　② 1) おとといは 十日では ありませんでした。
　 2) 先月は 三月でした。　　　　　 2) 先週の 日曜日は わたしの 誕生日では ありませんでした。
　 3) 先週は 休暇でした。　　　　　 3) むかし、ここは 公園では ありませんでした。

いぬ(개)

ねこ(고양이)

ぶた(돼지)

うま(말)

うし(소)

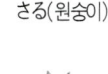

さる(원숭이)

ねずみ(쥐)

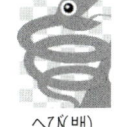

へび(뱀)

きつね(여우)

にわとり(닭)

ぞう(코끼리)

うさぎ(토끼)

とら(호랑이)

くま(곰)

わに(악어)

あの まんがは おもしろいですか

第7課

基 本 文 型

1. 形容詞 -い ～하다
2. 形容詞 -いです ～합니다
3. 形容詞 -い＋名詞 ～한 것
4. 形容詞 -く ありません ～하지 않습니다

会話 1

吉野 : **この 本は だれのですか。**
　　　고 노 홍 와 다 레 노 데 스 까
　　　(이 책은 누구 것입니까?)

パク : **キムさんのです。**
　　　김 상 노 데 스
　　　(김씨 것입니다.)

吉野 : **あの 赤い 本は あなたのですか。**
　　　아 노 아까이 홍 와 아 나 따 노 데 스 까
　　　(저 빨간 책은 당신 것입니까?)

パク : **はい、そうです。まんがです。**
　　　하 이 소 ― 데 스 　 망 가 데 스
　　　(네, 그렇습니다. 만화입니다.)

吉野 : **あの まんがは おもしろいですか。**
　　　아 노 　 망 　 가 와 오 모 시 로 이 데 스 까
　　　(저 만화는 재미있습니까?)

パク : **はい、あの まんがは とても おもしろいです。**
　　　하 이 　 아 노 　 망 　 가 와 도 떼 모 오 모 시 로 이 데 스
　　　(네, 저 만화는 매우 재미있습니다.)

キム : **この　赤い　りんごは　いくらですか。**
고 노 아까이　 링 고 와 이 꾸 라 데 스 까
(이 빨간 사과는 얼마입니까?)

店員 : **ひとつで　百円です。**
히 또 쓰 데　하꾸엔 데 스
(하나에 100엔입니다.)

キム : **高いですね。もっと　安いのは　ありませんか。**
다까이 데 스 네　 못 또 야스이 노 와 아 리 마 셍 까
(비싸군요. 더 싼 것은 없습니까?)

店員 : **あります。これは　あまり　高く　ありません。**
아 리 마 스　 고 레 와 아 마 리 다까꾸 아 리 마 셍
(있습니다. 이것은 그다지 비싸지 않습니다.)

キム : **では、それを　ください。**
데 와　 소 레 오 구 다 사 이
(그럼, 그것을 주세요.)

店員 : **はい、ありがとう　ございます。**
하 이　 아 리 가 또 ― 고 자 이 마 스
(네, 고맙습니다.)

単語

- **誰(だれ)** 누구
- **あの** 저
- **赤(あか)い** 빨갛다
- **漫画(まんが)** 만화
- **おもしろ(面白)い** 재미있다
- **とても** 매우
- **いくら** 얼마
- **百円(ひゃくえん)** 100엔

- **高(たか)い** 비싸다, 높다
- **もっと** 더욱
- **安(やす)い** 싸다
- **あまり** 그다지, 별로
- **~を** ~을(를)
- **ください** 주세요
- **ありがとう　ございます**
  고맙습니다, 감사합니다

1 일본어 형용사

일본어 형용사는 활용이 있는 자립어로, 사물의 성질과 상태를 나타낸다. 또한 일본어의 형용사는 우리말의 형용사와는 달리 의미로 분류하지 않고, 어미의 형태로 분류한다. 즉, 일본어 형용사는 모든 어미의 형태가 ~い로 끝나는 것이 특징이다. ~い로 끝나는 형태를 문법에서는 기본형이라고 한다. 이 기본형 상태로 문(文)을 끝맺기도 한다.

예 この いとは 長い。(이 실은 길다.)

ねだんが 安い。(값이 싸다.)

バラの花は 赤い。(장미꽃은 빨갛다.)

2 もっと 安いのは (더 싼 것은)

우리말의 형용사는 체언을 수식할 때 「높은 빌딩」처럼 어미의 형태가 변하지만, 일본어 형용사는 뒤의 체언을 수식할 때는 기본형을 취한다. 이것을 연체형이라고 한다.

예 これは 長い いとです。(이것은 긴 실입니다.)

これは 安い ものです。(이것은 싼 것입니다.)

これは 赤い バラの花です。 (이것은 빨간 장미꽃입니다.)

3 おもしろいです (재미있습니다)

일본어 형용사를 정중하게 표현할 때는 형용사의 기본형에 정중한 단정을 나타내는 です를 접속하면 된다.

예 この 本は とても おもしろいです。

(이 책은 매우 재미있습니다.)

この ホテルには 外国人が 多いですか。

(이 호텔에는 외국인이 많습니까?)

あの ビルは とても 高いですね。

(저 빌딩은 매우 높군요.)

4 高く ありません (비싸지 않습니다)

형용사를 정중하게 부정할 때는 어미 ~い를 ~く 로 바꾸고 ありません을 접속하면 된다. 이 때 ありません은 존재의 부정을 나타내는 「없습니다」의 뜻이 아니라, 상태의 부정을 나타낸다.

(예) この 本は あまり おもしろく ありません。

(이 책은 그다지 재미있지 않습니다.)

この ホテルには 外国人が 多く ありませんか。

(이 호텔에는 외국인이 많지 않습니까?)

あの ビルは あまり 高く ありませね。

(저 빌딩은 그다지 높지 않군요.)

5 연체사

연체사(連体詞)란 단독으로 쓰이지 않고 체언 앞에서 뒤의 체언을 꾸며주는 것을 말한다. 우리말의 「이, 그, 저, 어느」에 해당하는 일본어의 연체사는 「この・その・あの・どの」이다.

(예) この りんごは とても 赤いですね。

(이 사과는 매우 빨갛군요.)

どの 本が あなたのですか。

(어느 책이 당신 것입니까?)

6 それを ください (그것을 주세요)

を는 우리말의 「~을(를)」에 해당하는 조사로, あ행의 お와 발음이 같지만 を는 조사로만 쓰인다. ください는 상대에게 요구나 의뢰를 할 때 쓰이는 말로 우리말의 「~주세요」에 해당한다.

(예) この 赤い りんごを ください。

(이 빨간 사과를 주세요.)

7 **いくら** (얼마)

いくら는 값을 물을 때 쓰이는 의문사로 우리말의 「얼마」에 해당한다. 円은 일본
화폐단위로 えん으로 읽는다.
참고로 숫자 읽기를 보면 다음과 같다.

一	いち	三十	さんじゅう
二	に	四十	よんじゅう
三	さん	五十	ごじゅう
四	し(よん)	六十	ろくじゅう
五	ご	七十	ななじゅう
六	ろく	八十	はちじゅう
七	しち(なな)	九十	きゅうじゅう
八	はち	百	ひゃく
九	きゅう(く)	二百	にひゃく
十	じゅう	三百	さんびゃく
十一	じゅういち	四百	よんひゃく
十二	じゅうに	五百	ごひゃく
十三	じゅうさん	六百	ろっぴゃく
十四	じゅうよん	七百	ななひゃく
十五	じゅうご	八百	はっぴゃく
十六	じゅうろく	九百	きゅうひゃく
十七	じゅうしち(なな)	千	せん
十八	じゅうはち	一万	いちまん
十九	じゅうきゅう	一億	いちおく
二十	にじゅう	一兆	いっちょう

( )의 音은 두 가지로 쓰이며, 百 단위에서는 발음이 탁음, 반탁음화되므로 유의해서 암기
해야 한다. 또, 三千은 さんぜん으로 탁음화된다.

① この 紙の 色は

| しろ |
| くろ |
| きいろ |
| あか |
| あお |

いです. ➡ 이 종이 색깔은

| 하얗 |
| 검 |
| 노랄 |
| 빨갛 |
| 파랗 |

습니다.

② これは

| おおきい |
| いい |
| あたらしい |
| しろい |
| くろい |

かばんです. ➡ 이것은

| 큰 |
| 좋은 |
| 새 |
| 하얀 |
| 검은 |

가방입니다.

③ いいえ, あまり

| ちいさく |
| おもしろく |
| みじかく |
| ながく |
| むずかしく |

ありません. ➡ 아니오, 별로

| 작지 |
| 재미있지 |
| 짧지 |
| 길지 |
| 어렵지 |

않습니다.

한자읽기

白(しろ)い 黒(くろ)い 黄色(きいろ)い 赤(あか)い 青(あお)い 大(おお)きい 新(あたら)しい 小(ちい)さい 面白(おもしろ)い 短(みじか)い 長(なが)い 難(むずか)しい

① Q : その カメラは いいですか。
　　　(그 카메라는 좋습니까?)

　　A : はい、大変 いいです。
　　　(네, 무척 좋습니다.) *大変(たいへん)

　　Q : 日本の 食べ物は どうですか。
　　　(일본 음식은 어때요?) *日本(にほん) 食(た)べ物(もの)

　　A : おいしいです。
　　　(맛있습니다.)

　　Q : あなたの 国は いま 暑いですか、寒いですか。
　　　(당신 나라는 지금 덥습니까, 춥습니까?) *国(くに) 暑(あつ)い 寒(さむ)い

　　A : 大変 暑いです。
　　　(무척 덥습니다.)

② Q : あの 赤い かばんは だれのですか。
　　　(저 빨간 가방은 누구 것입니까?) *赤(あか)い

　　A : キムさんのです。
　　　(김씨 것입니다.)

　　Q : 試験は 難しいですか。
　　　(시험은 어렵습니까?) *試験(しけん) 難(むずか)しい

　　A : いいえ、あまり 難しく ありません。易しいです。
　　　(아니오, 별로 어렵지 않습니다. 쉽습니다.) *易(やさ)しい

　　Q : その 漫画は おもしろいですか。
　　　(그 만화는 재미있습니까?) *漫画(まんが)

　　A : いいえ、あまり おもしろく ありません。
　　　(아니오, 별로 재미있지 않습니다.)

▶ 긍정·부정할 때의 표현

① 하 이　소 ― 데 스
はい、そうです。
(네, 그렇습니다.)
*(긍정할 때) はい : 네

② 모 찌 론　소 ― 데 스 또 모
もちろん、そうですとも。
(물론, 그렇고말고요.)
* ～とも : ～이고말고

③ 하 이　겍 모 ― 데 스
はい、けっこうです。
(네, 좋습니다.)
*結構(けっこう)だ : 괜찮다, 충분하다

④ 이 ― 에　소 ― 쟈　아 리 마 셍
いいえ、そうじゃ ありません。
(아니오, 그렇지 않습니다.)
*(부정할 때) いいえ : 아니오

⑤ 이 ― 에　치가이마 스
いいえ、違います。
(아니오, 다릅니다.)
*違(ちが)う : 다르다, 틀리다

⑥ 이 ― 에　돈 데 모 아 리 마 셍
いいえ、とんでも ありません。
(아니오, 당치도 않습니다.)
*とんでも ない : 당치도 않다

⑦ 이 야　소 레 와　다 메 데 스 요
いや、それは だめですよ。
(아니, 그건 안돼요.)
*だめだ : 안 된다

① 다음 예처럼 주어진 말로 문을 완성하시오

> 예) 重い / 石
> ⇨ これは とても 重い 石です。

1. 面白い / 映画
   ⇨ これは とても _____ です。

2. 易しい / 問題
   ⇨ これは とても _____ です。

3. 赤い / 花
   ⇨ この _____ は バラです。

② 다음 예처럼 부정문으로 바꾸어 말하시오

> 예) この 小説は とても 面白いです。
> ⇨ この 小説は あまり 面白く ありません。

1. ことしの 夏は とても 暑いです。
   ⇨

2. この 数学の 問題は とても 易しいです。
   ⇨

3. この 店の 果物は とても 高いです。
   ⇨

---

① 1) これは とても 面白い 映画です。　② 1) ことしの 夏は あまり 暑く ありません。
　 2) これは とても 易しい 問題です。　　 2) この 数学の 問題は あまり 易しく ありません。
　 3) この 赤い 花は バラです。　　　　　 3) この 店の 果物は あまり 高く ありません。

テレビ 텔레비전

ビデオ 비디오

オーディオ 오디오

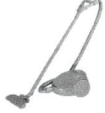

掃除機(そうじき) 청소기

カメラ 카메라

エアコン(クーラー) 에어컨

アイロン 다리미

洗濯機(せんたくき) 세탁기

電話(でんわ) 전화

扇風機(せんぷうき) 선풍기

冷蔵庫(れいぞうこ) 냉장고

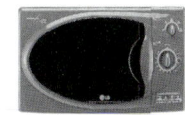

電子(でんし)レンジ 전자레인지

ガスレンジ 가스레인지

いま 何時ですか

第8課

基 本 文 型

1. 時間表現
2. ～から ～まで ～부터 ～까지
3. ～ぐらいで ～정도로

会話 1

古田 : **すみませんが、いま 何時ですか。**
スミマ 셍 가 이마 난지데스까
(미안하지만, 지금 몇 시입니까?)

パク : **ちょうど 八時です。**
초 ― 도 하찌지데스
(정각 8시입니다.)

古田 : **いま 何時 何分ですか。**
이마 난지 난뿐데스까
(지금 몇 시 몇 분입니까?)

パク : **いま 六時 三十分です。**
이마 로꾸지 산 쥼뿐데스
(지금 6시 30분입니다.)

会話 2

田中 : **キムさんの 会社は 何時から 何時までですか。**
김 산 노 가이샤 와 난지까라 난지마데데스까
(김씨의 회사는 몇 시부터 몇 시까지입니까?)

キム : 午前 九時から 午後 五時までです。
고젱 구지까라 고고 고지마데데스

(오전 9시부터 오후 5시까지입니다.)

田中 : パクさんの 会社も 同じですか。
박 산 노 가이샤모 오나지데스까

(박씨의 회사도 같습니까?)

パク : いいえ、ちがいます。
이이에 치가이마스

(아니오, 다릅니다.)

午前 九時半から 午後 四時までです。
고젱 구지항까라 고고 요지마데데스

(오전 9시반부터 오후 4시까지입니다.)

田中 : パクさんの 家は 駅から 遠いですか。
박 산 노 이에와 에끼까라 도ー이데스까

(박씨의 집은 역에서 멉니까?)

パク : いいえ、五分ぐらいで、遠く ありません。
이ー에 고훙구라이데 도ー꾸 아이마 셍

(아니오, 5분 정도로, 멀지 않습니다.)

田中 : キムさんの 家は どうですか。
김 산 노 이에와 도ー데스까

(김씨의 집은 어떻습니까?)

キム : 十五分ぐらいで、少し 遠いです。
쥬ー고훙구라이데 스꼬시 도ー이데스

(15분 정도로, 조금 멉니다.)

単語

・すみません 미안합니다	・午前(ごぜん) 오전
・今(いま) 지금	・午後(ごご) 오후
・何時(なんじ) 몇 시	・同(おな)じです 같습니다
・何分(なんぷん) 몇 분	・ちがいます 다릅니다
・一日(いちにち) 하루	・家(いえ) 집
・会社(かいしゃ) 회사	・遠(とお)い 멀다
・~から ~에서, ~부터	・少(すこ)し 조금, 약간
・~まで ~까지	・ぐらい 정도, 쯤

제8과 지금 몇 시입니까? 107

문법 해설

1 すみませんが (미안하지만)

が가 체언 및 그에 준하는 말에 접속하여 쓰일 때는 「~이, 가」의 뜻이지만, 용언에 접속하여 쓰일 때는 접속조사로 「~지만, ~는데」의 뜻이 된다. 여기서 すみません은 「미안합니다」의 뜻으로 が가 이어져 「미안하지만」의 뜻이 된다.

예 この りんごは 安いですが、おいしいです。

   (이 사과는 싸지만, 맛있습니다.)

2 時間 (時・分・秒)

時(じ)	分(ふん)	秒(びょう)
一時(いちじ)	一分(いっぷん)	一秒(いちびょう)
二時(にじ)	二分(にふん)	二秒(にびょう)
三時(さんじ)	三分(さんぷん)	三秒(さんびょう)
四時(よじ)	四分(よんぷん)	四秒(よんびょう)
五時(ごじ)	五分(ごふん)	五秒(ごびょう)
六時(ろくじ)	六分(ろっぷん)	六秒(ろくびょう)
七時(しちじ)	七分(ななふん)	七秒(ななびょう)
八時(はちじ)	八分(はっぷん)	八秒(はちびょう)
九時(くじ)	九分(きゅうふん)	九秒(きゅうびょう)
十時(じゅうじ)	十分(じっぷん)	十秒(じゅうびょう)
十一時(じゅういちじ)	十一分(じゅういっぷん)	十一秒(じゅういちびょう)
十二時(じゅうにじ)	十二分(じゅうにふん)	十二秒(じゅうにびょう)
何時(なんじ)	何分(なんぷん)	何秒(なんびょう)

　四時, 九時의 발음에 주의하고, 分은 앞의 음에 따라 반탁음이 되므로 유의해야 한다.

예 すみませんが、今、何時ですか。

   (미안하지만, 지금 몇 시입니까?)

   ちょうど、十二時です。/ 九時半です。

   (정각 12시입니다. / 9시 반입니다.)

3 何時から 何時まで (몇 시부터 몇 시까지)

から는 시간이나 거리 등의 시작을 나타내는 조사로 우리말의 「~에서, 부터」에
해당하는 조사이다.
まで는 시간이나 거리 등의 끝, 즉 한계점을 나타내는 조사로 우리말의 「~까지」
에 해당하는 조사이다.

예 会社(かいしゃ)は 何時(なんじ)から 何時(なんじ)までですか。
（회사는 몇 시부터 몇 시까지입니까?）

ここから あそこまでが わたしの 畑(はたけ)です。
（여기서부터 저기까지가 우리 밭입니다.）

4 ちがいます (아닙니다・다릅니다)

다른 사람의 말을 긍정할 때는 そうです, 부정할 때는 ちがいます라고 한다. 흔히
そうでは ありません이라고 하기 쉬우나, 이것은 좀더 구체적으로 지적해서 부정
할 때 쓰며 단순히 사실과 다르다고 할 때는 ちがいます라고 한다.

5 どうですか (어떠세요)

どう는 「어떻게」라는 뜻을 가진 부사어로, どうですか의 형태로 쓰일 때는 「어떻
습니까?」의 뜻으로 상대방의 마음이나 상태를 묻는 표현이 된다.

6 くらいで (정도로)

くらい는 「정도, 만큼, 가량」의 뜻으로 대략의 수량을 나타낸다. 또 다른 말에 접
속하여 쓰일 때는 ぐらい로 쓰기도 한다. で는 범위의 한계를 나타낸다.

예 駅(えき)までは 五分(ごふん)ぐらいで、あまり 遠(とお)く ありません。
（역까지는 5분 정도로 그다지 멀지 않습니다.）

문형 연습

① いま ┃ 九時 ┃ です。 ➡ 지금 ┃ 9시 ┃ 입니다.
　　　　四時 　　　　　　　　　　4시
　　　　三時半 　　　　　　　　　3시반
　　　　十二時 　　　　　　　　　12시
　　　　何時 ┃ ですか。 　　　　 몇 시 ┃ 입니까?

② 勉強は ┃ 八時 ┃ から ┃ 十二時 ┃ までです。 ➡ 공부는 ┃ 8시 ┃ 부터 ┃ 12시 ┃ 까지입니다.
　　　　　七時　　　　　十一時 　　　　　　　　　　　　7시　　　　　11시
　　　　　六時半　　　　九時半 　　　　　　　　　　　　6시반　　　　9시반
　　　　　五時　　　　　八時 　　　　　　　　　　　　　5시　　　　　8시
　　　　　何時　　　　　何時 ┃ …ですか。 　　　　　　　 몇 시　　　　 몇 시 ┃ 까지입니까?

③ 駅まで ┃ 五分 ┃ ぐらいで 遠く ありません。 ➡ 역까지 ┃ 5분 ┃ 정도로 멀지 않습니다.
　　　　　十分 　　　　　　　　　　　　　　　　　　　　10분
　　　　　十五分 　　　　　　　　　　　　　　　　　　　15분
　　　　　三十分 ┃ ぐらいで 遠いです。 　　　　　　　　 30분 ┃ 정도로 멉니다.
　　　　　一時間 　　　　　　　　　　　　　　　　　　　1시간

한자읽기

　　今(いま)　勉強(べんきょう)　駅(えき)　遠(とお)い

문형 회화

① Q : すみませんが、今、何時ですか。
(미안하지만, 지금 몇 시입니까?) *今(いま) 何時(なんじ)

A : ちょうど 十二時です。
(정각 12시입니다.)

Q : 今、何時 何分ですか。
(지금 몇 시 몇 분입니까?)

A : 九時 五分です。
(9시 5분입니다.)

Q : 学校までは 何分ぐらいですか。
(학교까지는 몇 분 정도입니까?) *学校(がっこう)

A : 三十分ぐらいです。
(30분 정도입니다.)

② Q : 授業は 何時から 何時までですか。
(수업은 몇 시부터 몇 시까지입니까?) *授業(じゅぎょう)

A : 午前 九時から 午後 五時までです。
(오전 9시부터 오후 5시까지입니다.) *午前(ごぜん) 午後(ごご)

Q : 冬休みは 何月から 何月までですか。
(겨울방학은 몇 월부터 몇 월까지입니까?) *冬休(ふゆやす)み

A : 十二月から 二月までです。
(12월부터 2월까지입니다.)

Q : 旅行は いつから いつまでですか。
(여행은 언제부터 언제까지입니까?) *旅行(りょこう)

A : 七日から 九日までです。
(7일부터 9일까지입니다.) *七日(なのか) 九日(ここのか)

▶ 식사할 때의 표현

① こんばん しょくじでも いかがですか
今晩、食事でも いかがですか。

（오늘 밤, 식사라도 하실까요?）

* ~でも いかがですか : ~라도 어떠십니까?

② どうぞ めしあがって ください
どうぞ、召し上がって ください。

（자, 드십시오.）

* 召(め)し上(あ)がる는 食(た)べる, 飲(の)む의 존경어이다.

③ なにも ありません が どうぞ
何も ありませんが、どうぞ。

（아무 것도 없습니다만, 드십시오.）

* 먹을 것을 내놓으면서 하는 의례적인 말이다.

④ いただきます
いただきます。

（잘 먹겠습니다.）

* 음식을 먹기 전에 하는 관용적인 인사말이다.

⑤ ごちそうさまでした
ごちそうさまでした。

（잘 먹었습니다.）

* 음식을 먹고 나서 하는 인사말이다.

⑥ おそまつさまでした
おそまつさまでした。

（변변치 못했습니다.）

* 음식을 먹은 뒤 대접하는 쪽에서 하는 말이다.

⑦ おかわり いかがですか
おかわり いかがですか。

（더 드시겠습니까?）

* 음식을 더 권할 때 쓰이는 말이다. 더 달라고 할 때는 これ、おかわり どうぞ라고 한다.

① 다음 예처럼 (   )의 말로 질문에 답하시오

> 예) すみませんが、今、何時ですか。(五時)
> ⇨ 今、五時です。

1. すみませんが、今、何時ですか。(ちょうど 十二時)
   ⇨

2. すみませんが、今、何時 何分ですか。 (四時 六分)
   ⇨

3. 学校までは 何分ぐらいですか。(三十分ぐらい)
   ⇨

② 다음 예처럼 (   )의 말로 질문에 답하시오

> 예) 授業は 何時から 何時までですか。(一時、五時)
> ⇨ 授業は 一時から 五時までです。

1. 会議は 何時から 何時までですか。(午前 九時、十時)
   ⇨

2. 夏休みは 何月から 何月までですか。(六月、八月)
   ⇨

3. 宿題は どこから どこまでですか。(一ページ、五ページ)
   ⇨

---

① 1) 今、ちょうど 十二時です。
   2) 今、四時 六分です。
   3) 学校までは 三十分ぐらいです。

② 1) 会議は 午前 九時から 十時までです。
   2) 夏休みは 六月から 八月までですか。
   3) 宿題は 一ページから 五ページまでです。

公園の 周りは 静かですか

第9課

基本文型

1. 形容動詞 –だ　～하다
2. 形容動詞 –です　～합니다
3. 形容動詞 –な　～한

会話 1

キム：あの 建物は りっぱですね。何の 建物ですか。
아 노 다떼모노 와　립 빠데스네　난 노 다떼모노데스 까
(저 건물은 훌륭하군요, 무슨 건물입니까?)

加藤：あれは 新しい デパートです。
아레 와 아따라시 이　데 빠ー 또데 스
(저것은 새로운 백화점입니다.)

キム：デパートの 前は 人たちで にぎやかですか。
데 빠ー 또노 마에와 히또다 찌데　니 기 야 까데스 까
(백화점 앞은 사람들로 붐빕니까?)

加藤：はい、いつも にぎやかです。
하 이　이 쓰 모　니 기 야 까데스
(네, 항상 붐빕니다.)

会話 2

パク：きれいな 公園ですね。何の 公園ですか。
기 레 이 나 고ー엔 데 스 네　난 노 고ー엔 데 스 까
(깨끗한 공원이군요, 무슨 공원입니까?)

吉野 : あれは 上野公園です。
아 레 와 우에노 고ー 엔 데 스

(저것은 우에노 공원입니다.)

パク : 公園の 周りは 静かですか。
고ー 엔 노 마와리 와 시즈 까 데 스 까

(공원 주위는 조용합니까?)

吉野 : いいえ、あまり 静かでは ありません。
이ー 에 아 마 리 시즈까데 와 아 리 마 셍

(아니오, 그다지 조용하지 않습니다.)

ちょっと うるさいです。
춋 또 우 루 사 이 데 스

(조금 시끄럽습니다.)

パク : 東京で いちばん 大きい 公園ですか。
도ー꾜ー데 이 찌 방 오ー 끼 이 고ー엔 데 스 까

(도쿄에서 가장 큰 공원입니까?)

吉野 : はい、いちばん 大きいです。
하 이 이 찌 방 오ー 끼 이 데 스

(네, 가장 큽니다.)

単語

- 建物(たてもの) 건물
- 立派(りっぱ)だ 훌륭하다
- 何(なん)の 무슨
- 新(あたら)しい 새롭다
- デパート 백화점
- 前(まえ) 앞
- にぎやかだ 붐비다
- いつも 늘, 항상

- きれいな 예쁜, 깨끗한
- 公園(こうえん) 공원
- 周(まわ)り 주위
- 静(しず)かだ 조용하다
- ちょっと 좀, 잠깐
- うるさい 시끄럽다
- いちばん 가장, 제일
- 大(おお)きい 크다

1 形容動詞

일본어 형용사는 우리말과 달리 두 가지 형태가 있다. 앞서 배운 어미가 い로 끝나는 형용사와, 어미가 だ로 끝나는 형용사가 있는데, 이것을 문법에서는 형용동사라고 한다. 형태만 다를 뿐 상태나 성질을 표현하는 점에서는 동일하다.

그러나 형용동사는 어간이 명사적인 성질이 강한 것이 많다. 우리말의 「명사＋하다」의 형식으로 명사가 동작성이 있는 것(공부하다, 운동하다 등)은 동사이지만, 상태를 나타내는 경우(편리하다, 유명하다 등)는 형용사가 된다. 따라서 일본어의 경우는 「명사＋하다」로 되는 형용사의 경우는 대부분 일본어의 형용동사에 해당한다.

예) 有名だ(유명하다) · 형용동사   勉強する(공부하다) · 동사

便利だ(편리하다) · 형용동사   運動する(운동하다) · 동사

2 形容動詞 －だ (~하다)

형용동사의 기본형은 형용사의 기본형과 마찬가지로, 그 자체가 술어가 되며, 상태나 성질을 나타내는 점에서 형용사와 같지만, 어미가 だ로 끝나는 점에서는 다르다.

예) あの 選手は とても 有名だ。

(저 선수는 매우 유명하다.)

先生の つくえの 上は いつも きれいだ。

(선생님의 책상 위는 항상 깨끗하다.)

3 りっぱです (훌륭합니다)

형용동사의 어간에 정중한 단정을 나타내는 です를 접속하면 「~ㅂ니다」의 뜻으로 정중한 표현이 된다.

예) あの 選手は とても 有名です。

(저 선수는 매우 유명합니다.)

先生の つくえの 上は いつも きれいです。
(선생님의 책상 위는 항상 깨끗합니다.)

4 きれいな 公園 (깨끗한 공원)

형용사의 경우는 뒤의 체언을 수식할 때 기본형을 취하지만, 형용동사의 경우는
어미 ~だ가 ~な로 바뀌어 체언을 수식한다. 이것을 연체형이라고 하며, 여기서
きれいな 公園은 「깨끗한 공원」의 뜻이 된다.

예 あの 男は 有名な スポーツマンです。
(저 남자는 유명한 스포츠맨입니다.)

これは あなたに 本当に 必要な ものですか。
(이것은 당신에게 정말로 필요한 것입니까?)

5 静かでは ありません (조용하지 않습니다)

형용동사를 정중하게 부정할 때는 です의 부정형인 では ありません을 형용동사
의 어간에 접속하면 된다. 이 경우도 회화체에서는 じゃ ありません으로 줄여서
말할 수 있다.

예 あの 人は あまり 親切では ありません。
(저 사람은 그다지 친절하지 않습니다.)

この 周りは あまり 静かじゃ ありません。
(이 주위는 그다지 조용하지 않습니다.)

6 あまり (너무, 그다지)

あまり는 회화체에서 あんまり로 강조하여 쓰기도 하며, 뒤에 긍정문이 올 때는
우리말의 「너무, 지나치게」라는 뜻의 부사어이지만, 뒤에 부정문이 오면 「그다지,
별로」라는 뜻으로 쓰인다.

예 この 小説は あまり 有名では ありません。
(이 소설은 그다지 유명하지 않습니다.)

あまり 大きいので びっくりしました。
(너무 커서 깜짝 놀랐습니다.)

7 公園ですね (공원이군요)

ね는 문말에 쓰이는 종조사로 가볍게 다짐하거나 상대의 동의를 구하는 기분을 나타낸다. 또한 어조를 고르게 하기 위해서도 쓰인다.

예 きょうは いい 天気ですね。
　　(오늘은 좋은 날씨이군요.)

　　この 小説は あまり 面白く ありませんね。
　　(이 소설은 별로 재미없군요.)

8 東京で いちばん (도쿄에서 가장)

で는 여러 가지 용법으로 쓰이는 조사인데, 여기서는 「~에서」의 뜻으로 장소를 나타내는 용법으로 쓰였다. いちばん은 본래 一番(1번)의 뜻이지만, 여기서처럼 가나로 표기한 경우는 「가장, 제일」의 뜻을 나타내는 부사어가 된다.

예 ここは ソウルで いちばん 有名な ところです。
　　(여기는 서울에서 가장 유명한 곳입니다.)

　　木村さんは ここで いちばん 背が 高いです。
　　(기무라 씨는 여기서 가장 키가 큽니다.)

　　ここは 東京で いちばん にぎやかな ところです。
　　(여기는 도쿄에서 가장 번화한 곳입니다.)

① 田中さんは [元気 / 立派 / きれい / 有名 / 丁寧] です。 ➡ 다나카 씨는 [건강 / 훌륭 / 예쁨 / 유명 / 정중] (합)니다.

② あの 人は [元気 / 立派 / きれい / 有名 / 丁寧] では ありません。 ➡ 저 사람은 [건강 / 훌륭 / 예쁘 / 유명 / 정중] (하)지 않습니다.

③ キムさんは [元気 / 立派 / きれい / 有名 / 丁寧] な 人です。 ➡ 김씨는 [건강 / 훌륭 / 예쁜 / 휴밍 / 정중] 한 사람입니다.

한자읽기

田中(たなか) 元気(げんき) 立派(りっぱ) 綺麗(きれい) 有名(ゆうめい) 丁寧(ていねい)
人(ひと)

① Q : 田中さんは 親切ですか。
　　　(다나카 씨는 친절합니까?) *親切(しんせつ)

　A : はい、親切です。
　　　(네, 친절합니다.)

　Q : あの 歌手は 韓国で 有名ですか。
　　　(저 가수는 한국에서 유명합니까?) *歌手(かしゅ)　韓国(かんこく)

　A : いいえ、あまり 有名では ありません。
　　　(아니오, 별로 유명하지 않습니다.) *有名(ゆうめい)

　Q : あなたの 部屋は きれいですか。
　　　(당신 방은 깨끗합니까?) *部屋(へや)

　A : いいえ、あまり きれいじゃ ありません。
　　　(아니오, 별로 깨끗하지 않습니다.)

② Q : 奈良は どんな 町ですか。
　　　(나라는 어떤 도시입니까?) *奈良(なら)　町(まち)

　A : 静かな 町です。
　　　(조용한 도시입니다.) *静(しず)かな

　Q : 木村さんは どんな 人ですか。
　　　(기무라 씨는 어떤 사람입니까?) *人(ひと)

　A : 大変 親切な 人です。
　　　(매우 친절한 사람입니다.) *大変(たいへん)

　Q : あなたの 好きな 果物は 何ですか。
　　　(당신이 좋아하는 과일은 무엇입니까?) *好(す)きな　果物(くだもの)

　A : なしと りんごです。
　　　(배와 사과입니다.)

▶ 첫대면의 인사 표현

① 하 지 메 마 시 메
はじめまして。

(처음 뵙겠습니다.)

* 본래는 「처음」이라는 뜻으로 뒤에 お目(め)にかかります(뵙겠습니다)가 생략된 형태이다.

② 하 지 메 마 시 메   도 — 조   요 로 시 꾸   오 네 가 이 시 마 스
はじめまして、どうぞ よろしく お願いします。

(처음 뵙겠습니다, 잘 부탁드립니다.)

* 「잘 부탁한다」라는 말은 특별히 부탁할 일이 없더라도 습관적으로 쓰는 인사치레의 말이다.

③ 고 찌 라 꼬 소   도 — 조   요 로 시 꾸
こちらこそ どうぞ よろしく。

(저야말로 잘 부탁드립니다.)

* お願(ねが)いします를 생략하고 가볍게 どうぞ よろしく 만으로도 쓰인다.

④ 와 따 시 와   기 무 라 데 스
わたしは 木村です。

(저는 기무라입니다.)

* 자신을 이름을 말할 때는 보통 성(姓)만으로 대신한다.

⑤ 와 따 시 와   기 무 라 또   모 — 시 마 스
わたしは 木村と 申します。

(저는 기무라라고 합니다.)

* 〜と 申(もう)す : 〜라고 말씀드리다

⑥ 오 아 이 데 끼 메   도 메 모   우 레 시 이 데 스
お会いできて とても うれしいです。

(만나게 되어 무척 기쁩니다.)

* お会(あ)いできる는 お会(あ)いする(만나뵙다)의 가능 표현이다.

⑦ 오 메 니 가 까 레 떼   우 레 시 꾸   오 모 이 마 스
お目にかかれて うれしく 思います。

(뵙게 되어 기쁘게 생각합니다.)

* お目(め)にかかる : 뵙다, 만나뵙다, 会(あ)う의 겸양어이다.

① 다음 예처럼 주어진 말로 문을 완성하시오

예) 静かだ / 公園
　　⇨ ここは 静かな 公園です。

1. 立派だ / 人
　⇨ キムさんは　　　　　　　　　　　　　　　　　　です。

2. 有名だ / 小説家
　⇨ イさんは　　　　　　　　　　　　　　　　　　　です。

3. 好きだ / もの
　⇨ これは わたしが いちばん　　　　　　　　　　　　です。

② 다음 예처럼 부정문으로 바꾸시오

예) わたしは 旅行が 好きです。
　　⇨ わたしは 旅行が 好きでは ありません。

1. この 水は きれいです。
　⇨

2. この クラスの 学生は 真面目です。
　⇨

3. この デパートの 店員は 親切です。
　⇨

① 1) キムさんは 立派な 人です。
　2) イさんは 有名な 小説家です。
　3) これは わたしが いちばん 好きな ものです。

② 1) この 水は きれいでは ありません。
　2) この クラスの 学生は 真面目では ありません。
　3) この デパートの 店員は 親切では ありません。

一円
いちえん

五円
ごえん

十円
じゅうえん

五十円
ごじゅうえん

百円
ひゃくえん

五百円
ごひゃくえん

千円
せんえん

五千円
ごせんえん

一万円
いちまんえん

123

会社へ 行きますか

第10課

基 本 文 型

1. 動詞-う・く・ぐ・す・つ・ぬ・む・ぶ・る ～하다
2. 動詞-ます ～합니다
3. 動詞-ません ～지 않습니다

会話 1

吉村 : **おはよう ございます。**
오 하 요 ― 고 자 이 마 스
(안녕하세요.)

キム : **おはよう ございます。**
오 하 요 ― 고 자 이 마 스
(안녕하세요.)

吉村 : **キムさんは どこへ 行きますか。**
김 상 와 도 꼬 에 이 끼 마 스 가
(김씨는 어디에 갑니까?)

キム : **わたしは 会社へ 行きます。**
와 따 시 와 가이 샤 에 이 끼 마 스
(저는 회사에 갑니다.)

吉村 : **パクさんも 会社へ 行きますか。**
박 상 모 가이 샤 에 이 끼 마 스 까
(박씨도 회사에 갑니까?)

パク : **いいえ、わたしは 会社へ 行きません。**
이 ― 에 와 따 시 와 가이 샤 에 이 끼 마 셍
(아니오, 저는 회사에 가지 않습니다.)

吉村 : **キムさんは 朝早く 起きますか。**
김   상 와 아사하야 꾸 오 끼마스 까
(김씨는 아침 일찍 일어납니까?)

キム : **はい、毎朝 六時ごろ 起きます。**
하 이   마이아사 로꾸지고로 오 끼마스
(네, 매일 아침 6시 무렵 일어납니다.)

吉村 : **パクさんも 朝早く 起きますか。**
박   삼 모 아사하야 꾸 오 끼마 스 까
(박씨도 아침 일찍 일어납니까?)

パク : **いいえ、わたしは 朝早く 起きません。**
이 ― 에   와 따 시 와 아사하야 꾸 오 끼마 스 셍
(아니오, 저는 아침 일찍 일어나지 않습니다.)

吉村 : **キムさんは 日曜日は 何を しますか。**
김   상 와 니찌요―비 와 나니오 시 마 스 까
(김씨는 일요일은 무엇을 합니까?)

パク : **わたしは テニスや ゴルフ などを します。**
와 따시와 테 니스야 고 루후 나 도오 시 마스
(저는 테니스랑 골프 등을 합니다.)

- おはよう ございます
  안녕하세요 (아침인사)
- 行(い)く 가다
- 会社(かいしゃ) 회사
- ～ます ～ㅂ니다
- ～ません ～지 않습니다

- 朝早(あさはや)く 아침일찍
- 起(お)きる 일어나다
- する 하다
- テニス 테니스
- ゴルフ 골프
- など 등, 따위

문법 해설

1 動詞

일본어 동사는 단독으로 술어가 되고, 사물의 동작이나 상태, 작용, 존재를 나타내며, 어미가 다른 말에 접속할 때 활용을 한다. 그 특징을 보면 다음과 같다.
1. 일본어 동사는 우리말과 달리 의미로 분류하지 않고, 어미의 형태로 분류한다.
2. 모든 동사의 어미는 う段으로 끝나며 9가지(う・く・ぐ・す・つ・ぬ・ぶ・む・る)가 있다.
3. 모든 동사가 규칙적으로 정격활용을 하고, 불규칙적으로 활용하는 변격동사는 2가지(くる, する)뿐이다.

2 동사의 종류

1. 5단활용동사 (五段活用動詞)

줄여서 5단동사라고도 하며, 어미가 う・く・ぐ・す・つ・ぬ・ぶ・む・る로 모두 9가지가 있다.

예   か**う**(사다)   な**く**(울다)   およ**ぐ**(헤엄치다)
       はな**す**(이야기하다)   ま**つ**(기다리다)   し**ぬ**(죽다)
       あそ**ぶ**(놀다)   よ**む**(읽다)   あ**る**(있다)

2. 상1단활용동사 (上一段活用動詞)

줄여서 상1단동사라고도 하며, 어미가 5단동사와는 달리 る 하나뿐이며, 어미 바로 앞의 음절이 い단에 속한 것을 말한다.

예   み**る**(보다)   おき**る**(일어나다)   に**る**(닮다)
       い**る**(있다)   おち**る**(떨어지다)   いき**る**(살다)

3. 하1단활용동사 (下一段活用動詞)

상1단동사와 마찬가지로 어미가 る 하나뿐이며, 어미 바로 앞 음절이 え단에 속한 것을 말한다.

예   で**る**(나오다)   あけ**る**(열다)   しめ**る**(닫다)
       ね**る**(잠자다)   たべ**る**(먹다)   わけ**る**(나누다)

4. カ행변격활용동사 (カ行変格活用動詞)
   か행에 해당하는 변격동사는 くる(오다) 하나뿐이다.

5. サ행변격활용동사 (サ行変格活用動詞)
   さ행에 해당하는 변격동사는 する(하다) 하나뿐이다.

❸ 동사의 구별방법

동사의 종류를 구별하는 이유는 각기 활용이 다르기 때문이다. 매우 중요하므로 잘 익혀두어야 한다.

1. 5단활용동사

5단동사의 어미는 모두 9가지로 일단 る가 아니면 모두 5단동사이다.
단, 어미가 る로 끝나는 동사는 어미 る 바로 앞 음절이 あ段·う段·お段에 속하면 무조건 5단동사이다

ある (a ru) → る 앞의 음절이 あ段에 속함
うる (u ru) → る 앞의 음절이 う段에 속함
のる(no ru) → る 앞의 음절이 お段에 속함

행\\단	あ行	か行	が行	さ行	た行	な行	ば行	ま行	ら行	비고
あ段	あ a	か ka	が ga	さ sa	た ta	な na	ば ba	ま ma	ら ra	5단동사 결정
い段	い i	き ki	ぎ gi	し si	ち chi	に ni	び bi	み mi	り ri	상1단동사 결정
う段	う u	く ku	ぐ gu	す su	つ tsu	ぬ nu	ぶ bu	む mu	る ru	동사 어미
え段	え e	け ke	げ ge	せ se	て te	ね ne	べ be	め me	れ re	하1단동사 결정
お段	お o	こ ko	ご go	そ so	と to	の no	ぼ bo	も mo	ろ ro	5단동사 결정

2 상1단활용동사

어미 る 바로 앞 음절이 い段(い·き·ぎ·し·ち·に·び·み·り)에 속하면 상1단동사이다.

いる(i ru)   → る 앞의 음절이 い段에 속함
みる(mi ru)   → る 앞의 음절이 い段에 속함
おきる (oki ru)   → る 앞의 음절이 い段에 속함

3. 하1단활용동사

어미 る 바로 앞 음절이 え段(え·け·げ·せ·て·ね·べ·め·れ)에 속하면 하1단동사이다.

ねる(ne ru)	— る 앞의 음절이 え段에 속함
たべる(tabe ru)	— る 앞의 음절이 え段에 속함
しめる(sime ru)	— る 앞의 음절이 え段에 속함

4 行きます (갑니다)

ます는 동사에 접속하여 우리말의 「～ㅂ니다, ～겠습니다」의 뜻으로 정중한 표현을 만든다. 이것을 정중형이라고 한다.

5단동사에는 어미 う단이 い단으로 바뀌어 ます가 접속되고, 상1단·하1단에는 어미 る가 탈락되어 ます가 접속된다. 또, 변격동사 くる는 きます, する는 します로 어간도 변한다.

기본형	의 미	～ます	의 미
行(い)く	가다	行きます	갑니다
泳(およ)ぐ	헤엄치다	泳ぎます	헤엄칩니다
待(ま)つ	기다리다	待ちます	기다립니다
ある	있다	あります	있습니다
言(い)う	말하다	言います	말합니다
飲(の)む	마시다	飲みます	마십니다
呼(よ)ぶ	부르다	呼びます	부릅니다
死(し)ぬ	죽다	死にます	죽습니다
話(はな)す	이야기하다	話します	이야기합니다
起(お)きる	일어나다	起きます	일어납니다
食(た)べる	먹다	食べます	먹습니다
する	하다	します	합니다
くる	오다	きます	옵니다

또한, ます는 동사의 성질에 따라 다음과 같은 뜻을 나타낸다.

1. 현재의 상태를 나타낸다.

예 つくえの 上(うえ)に 本(ほん)が あります。

(책상 위에 책이 있습니다.)

2. 습관적으로 계속되는 행동을 나타낸다.

예 わたしは よく テレビを 見ます。
(나는 자주 텔레비전을 봅니다.)

4. 앞으로의 일, 즉 의지를 나타낸다.

예 あしたは わたしが 向こうへ 行きます。
(내일은 제가 그쪽으로 가겠습니다.)

5 **行きません** (가지 않습니다)

ます의 부정형은 ません으로 동사에 접속하여 우리말의 「~지 않습니다, ~지 않
겠습니다」의 뜻을 나타낸다.

예 わたしは コーヒーを 飲みません。
(나는 커피를 마시지 않습니다.)

吉村さんは 肉は 食べません。
(요시무라 씨는 고기는 먹지 않습니다.)

あなたは 休みの 日は 何も しませんか。
(당신은 쉬는 날에는 아무것도 하지 않습니까?)

6 **どこへ** (어디에)

へ는 동작의 방향이나 향한 장소나 상대를 나타내는 조사로, 우리말의 「~에, 으
로, 에게」로 해석된다. 본래 발음은 「he(헤)」이지만 조사로 쓰일 때는 반드시 「e
(에)」로 발음해야 한다.

예 石村さんは 今 どこへ 行きますか。
(이시무라 씨는 지금 어디에 갑니까?)

7 **おはよう ございます** (안녕하세요)

우리말 인사와는 달리 일본어에는 아침, 낮, 저녁 인사가 있다. 아침에 만났을 때
는 おはよう ございます를 쓰며, 친근한 사이에서는 おはよう만으로 인사를 한다.

예 おはよう ございます   (아침 인사)
こんにちは   (낮 인사)
こんばんは   (저녁 인사)

① わたしは　ご飯　を　食べます。　➡　나는　밥　을(를) 먹(겠)습니다.

ご飯 / パン / りんご / 肉 / 野菜

밥 / 빵 / 사과 / 고기 / 야채

② 私は 何も　食べません。　➡　나는 아무것도　먹지 않습니다.

食べません。 / 飲みません。 / 買いません。 / しません。 / 聞きません。

먹지 않습니다. / 마시지 않습니다. / 사지 않습니다. / 하지 않습니다. / 듣지 않습니다.

③ 行く / 待つ / 休む / 寝る / 見る

가다 / 기다리다 / 쉬다 / 자다 / 보다

➡ 行きます / 待ちます / 休みます / 寝ます / 見ます

➡ 行きません / 待ちません / 休みません / 寝ません / 見ません

한자읽기

ご飯(はん)　肉(にく)　野菜(やさい)　食(た)べる　私(わたし)　何(なに)　飲(の)む
買(か)う　聞(き)く　行(い)く　待(ま)つ　休(やす)む　寝(ね)る　見(み)る

문형 회화

① Q : あなたは たばこを 吸いますか。
   (당신은 담배를 피웁니까?) *吸(す)う

   A : はい、吸います。
   (네, 피웁니다.)

   Q : あなたは 毎朝 何を 食べますか。
   (당신은 매일 아침 무엇을 먹습니까?) *毎朝(まいあさ) 食(た)べる

   A : パンと 卵を 食べます。
   (빵과 달걀을 먹습니다.) *卵(たまご)

   Q : あなたは どこで 写真を 撮りますか。
   (당신은 어디서 사진을 찍습니까?) *写真(しゃしん) 撮(と)る

   A : 庭で 撮ります。
   (정원에서 찍습니다.) *庭(にわ)

② Q : 紅茶を 飲みますか。
   (홍차를 마시겠습니까?) *紅茶(こうちゃ) 飲(の)む

   A : いいえ、紅茶は 飲みません。コーヒーを 飲みます。
   (아니오, 홍차는 마시지 않습니다. 커피를 마시겠습니다.)

   Q : キム先生は 日本語を 教えますか。
   (김 선생님은 일본어를 가르칩니까?) *日本語(にほんご) 教(おし)える

   A : いいえ、日本語は 教えません。英語を 教えます。
   (아니오, 일본어는 가르치지 않습니다. 영어를 가르칩니다.) *英語(えいご)

   Q : パクさんも ここに 来ますか。
   (박씨도 여기에 옵니까?) *来(く)る

   A : いいえ、パクさんは ここに 来ません。
   (아니오, 박씨는 여기에 오지 않습니다.)

제 10 과 회사에 갑니까? 131

▶ 신세를 졌을 때의 표현

고 멘 도ー데 스 가   오 네 가 이 시 마 스
① ご面倒ですが、お願いします。

(수고스럽겠지만, 부탁드립니다.)

* 어려운 부탁을 할 때 쓰이는 표현이다.

도ー모 오 세 와 니 나 리 마 시 따
② どうも お世話に なりました。

(신세 많이 졌습니다.)

* 신세를 졌을 때 쓰이는 표현이다.

고 메이와꾸오 가 께 떼 스 미 마 생
③ ご迷惑を かけて すみません。

(폐를 끼쳐서 죄송합니다.)

* 상대에게 폐를 끼쳤을 때 쓰이는 표현이다.

고 꾸 로ー사 마 데 시 따
④ ご苦労様でした。

(수고하셨습니다.)

* 말하는 사람보다 윗사람인 경우는 잘 쓰지 않는다.

아 리 가 또ー   고 자 이 마 시 따
⑤ ありがとう ございました。

(수고하셨습니다.)

* 상대가 말하는 사람보다 윗사람인 경우에 쓴다.

오 떼 스ー오 가 께 떼 스 미 마 생
⑥ お手数を かけて すみません。

(수고를 끼쳐드려 죄송합니다.)

* 상대방에게 수고를 끼쳤을 때 쓰이는 표현이다.

이ー에   돈 데 모 아 리 마 생
⑦ いいえ、とんでも ありません。

(아니오, 당치도 않습니다. / 별 말씀을요.)

* 상대방이 신세나 폐를 끼쳤다고 인사할 때는 쓰이는 응답 표현이다.

① 다음 예처럼 바꾸어 말하시오.

> 예) 朝早く 公園へ 行く。
> ⇨ 朝早く 公園へ 行きます。

1. わたしは 毎朝 新聞を 読む

   ⇨ _____

2. 毎晩 テレビの ニュースを 見る。

   ⇨ _____

3. 先生と 日本語で 話す。

   ⇨ _____

② 다음 예처럼 바꾸어 말하시오.

> 예) 吉村さんは テレビを よく 見ます。
> ⇨ 吉村さんは テレビを よく 見ません。

1. あしたは 会社へ 行きます。

   ⇨ _____

2. 先生は 毎朝 公園で 運動します。

   ⇨ _____

3. 友達から よく 手紙は 来ます。

   ⇨ _____

⑴ 1) わたしは 毎朝 新聞を 読みます。
   2) 毎晩 テレビの ニュースを 見ます。
   3) 先生と 日本語で 話します。

⑵ 1) あしたは 会社へ 行きません。
   2) 先生は 毎朝 公園で 運動しません。
   3) 友達から よく 手紙は 来ません。

どこの 国から 来ましたか

第11課

基 本 文 型

1. **動詞 - ました** ~했습니다
2. **動詞 - ましたか** ~했습니까?
3. **動詞 - ませんでした** ~하지 않았습니다

会話 1

キム : **はじめまして、わたしは キムです。**
하 지 메 마 시 떼   와 따 시 와   김 데 스
(처음 뵙겠습니다. 저는 김입니다.)

吉村 : **はじめまして、わたしは 吉村です。**
하 지 메 마 시 떼   와 다 시 와   요시무라 데 스
(처음 뵙겠습니다. 저는 요시무라입니다.)

あなたは どこの 国から 来ましたか。
아 나 따 와   도 꼬 노   구니까 라   기 마 시 따 까
(당신은 어느 나라에서 왔습니까?)

キム : **わたしは 韓国から 来ました。**
와 따 시 와   캉 꼬꾸 까 라   기 마 시 따
(저는 한국에서 왔습니다.)

吉村 : **あなたは いつ 韓国へ 帰りますか。**
아 나 따 와 이 쓰   캉 꼬꾸 에   가에 리 마 스 까
(당신은 언제 한국에 돌아갑니까?)

キム : **来週 韓国へ 帰ります。**
라이슈―   캉 꼬꾸 에   가에 리 마 스
(다음주 한국에 돌아갑니다.)

木村 : キムさんは 日本語が 上手ですね。
김 상 와 니 홍고가 죠ー즈데스네

(김씨는 일본어를 잘하는군요.)

キム : いいえ、まだ 下手です。
이ー에 마다 헤따데스

(아니오, 아직 서투릅니다.)

木村 : 日本語は どこで 習いましたか。
니 홍 고 와 도 꼬 데 나라이 마시 따 까

(일본어는 어디에서 배웠습니까?)

キム : 学校で 習いました。
각 꼬ー데 나라이 마 시 따

(학교에서 배웠습니다.)

木村 : では、フランス語も 習いましたか。
데 와 후 랑 스 고 모 나라이마시따 까

(그럼, 프랑스어도 배웠습니까?)

キム : いいえ、フランス語は 習いませんでした。
이ー에 후 랑 스 고 와 나라이마 셍 데 시 따

(아니오, 프랑스어는 배우지 않았습니다.)

単語

- はじめまして 처음 뵙겠습니다
- 国(くに) 나라, 고향
- 韓国(かんこく) 한국
- 来(く)る 오다
- いつ 언제
- 帰(かえ)る 돌아가다, 오다
- 来週(らいしゅう) 다음주

- 日本語(にほんご) 일본어
- 上手(じょうず)だ 능숙하다
- まだ 아직
- 下手(へた)だ 서투르다
- 習(なら)う 배우다, 익히다
- 学校(がっこう) 학교
- フランス語(ご) 프랑스어

1 来ました (왔습니다)

ました는 동사에 접속하여 정중한 뜻을 나타내는 ます의 과거형으로 우리말의 「~
했습니다」에 해당한다.

예 ゆうべ 吉村さんと 焼肉を 食べました。
（어젯밤 요시무라 씨와 불고기를 먹었습니다.）

あなたは きのう どこへ 行きましたか。
（당신은 어제 어디에 갔습니까?）

2 習いませんでした (배우지 않았습니다)

동사에 접속하여 정중한 뜻을 나타내는 ます의 부정형은 ません이다. 이 ません을
과거형으로 바꾸려면 앞서 배운 정중한 단정을 나타내는 です의 과거형인 でした
를 접속하면 된다.

예 今朝は 何も 食べませんでした。
（오늘 아침은 아무것도 먹지 않았습니다.）

きのうは どうして 会社へ 来ませんでしたか。
（어제는 왜 회사에 오지 않았습니까?）

3 ～ます의 활용

ます는 다른 말에 접속하여 쓰이는 조동사로 단독으로는 쓰이지 않지만 활용을 하
여 여러 가지 의미를 만든다. 여기서 동사 する(하다)를 예로 들면 다음과 같다.

～ます	する	의미
～ます	します	합니다
～ません	しません	하지 않습니다
～ました	しました	했습니다
～ませでした	しませんでした	하지 않았습니다

4 **はじめまして** (처음 뵙겠습니다)

はじめまして는 처음 만났을 때 하는 인사말로 우리말의 「처음 뵙겠습니다」에 해당한다. 본래 はじめて おめにかかります가 줄어서 된 형태로 지금은 관용화된 표현이다.

예 はじめまして、わたしは 吉村です。

　　(처음 뵙겠습니다. 저는 요시무라입니다.)

　　はじめまして、お目にかかって うれしいです。

　　(처음 뵙겠습니다. 만나서 반갑습니다.)

5 **예외적인 5단동사**

어미가 る로 끝나는 동사 중에 어미 바로 앞 음절이 い단으로 끝나면 상1단동사이고, え단으로 끝나면 하1단동사이다. 그러나 어미 る로 끝나는 동사 중에는 형태상 상1단·하1단동사이더라도 예외적으로 5단동사처럼 활용을 하는 것이 있다. 그 예를 들면 다음과 같다.

기본형	의 미	기본형	의 미
入る	들어가다	走る	달리다
切る	자르다	握る	쥐다
知る	알다	散る	흩어지다
要る	필요하다	参る	가다, 오다
入る	들다	限る	한정하다
帰る	돌아가다	蹴る	차다
湿る	습기차다	減る	줄다
照る	비치다	喋る	지껄이다

예 帰る → 帰ます(×) 帰ります(○)

　　知る → 知ます(×) 知ります(○)

　　走る → 走ます(×) 走ります(○)

　　入る → 入ます(×) 入ります(○)

① きのう　動物園　へ 行きました。　➡ 어제　동물원　에 갔습니다.
　　　　　植物園　　　　　　　　　　　　식물원
　　　　　公園　　　　　　　　　　　　　공원
　　　　　デパート　　　　　　　　　　　백화점
　　　　　銀行　　　　　　　　　　　　　은행

② きのう　映画　を　見　ませんでした。　➡ 어제　영화　을(를)　보　지 않았
　　　　　写真　　　撮り　　　　　　　　　　사진　　　　찍　습니다.
　　　　　歌　　　　歌い　　　　　　　　　　노래　　　　부르
　　　　　宿題　　　し　　　　　　　　　　　숙제　　　　하
　　　　　絵　　　　書き　　　　　　　　　　그림　　　　그

③ 行く　➡　行きます　➡　行きました　➡　行きませんでした
　待つ　　　待ちます　　　待ちました　　　待ちませんでした
　休む　　　休みます　　　休みました　　　休みませんでした
　寝る　　　寝ます　　　　寝ました　　　　寝ませんでした
　見る　　　見ます　　　　見ました　　　　見ませんでした

한자읽기

動物園(どうぶつえん)　植物園(しょくぶつえん)　公園(こうえん)　銀行(ぎんこう)　映画(えいが)　写真(しゃしん)　歌(うた)　絵(え)　見(み)る　撮(と)る　歌(うた)う　書(か)く

① Q : この 本を 読みましたか。
   (이 책을 읽었습니까?) *本(ほん) 読(よ)む

   A : はい、 もう 読みました。
   (네, 벌써 읽었습니다.)

   Q : だれが 来ましたか。
   (누가 왔습니까?) *来(く)る

   A : キムさんの お友達が 来ました。
   (김 씨 친구가 왔습니다.) *友達(ともだち)

   Q : きのう 何を しましたか。
   (어제 무엇을 했습니까?) *何(なに)

   A : 洗濯を しました。
   (세탁을 했습니다.) *洗濯(せんたく)

② Q : ゆうべ ビールを 飲みましたか。
   (어젯밤 맥주를 마셨습니까?) *飲(の)む

   A : いいえ、 ビールは 飲みませんでした。
   (아니오, 맥주는 마시지 않았습니다.)

   Q : きのう どこへ 行きましたか。
   (어제 어디에 갔습니까?) *行(い)く

   A : どこへも 行きませんでした。あなたは?
   (아무데도 가지 않았습니다. 당신은?)

   Q : ゆうべ キムさんに 会いましたか。
   (어젯밤 김 씨를 만났습니까?) *会(あ)う

   A : いいえ、 キムさんには 会いませんでした。
   (아니오, 김 씨는 만나지 않았습니다.)

필수 회화

▶ 축하할 때의 인사 표현

① 오 메 데 또 ー
おめでとう。

(축하해요.)

* 친근한 사이거나 아랫사람에게 쓰는 축하 표현이다.

② 오 메 데 또 ー 고 자 이 마 스
おめでとう ございます。

(축하드립니다.)

* 정중한 축하 표현이다.

③ 오 이와 이 모ー 시 아 게 마 스
お祝い申し上げます。

(축하를 드립니다.)

* 격식차린 축하 표현이다.

④ 아 게 마 시 떼 오 메 데 또 ー 고 자 이 마 스
明けまして おめでとう ございます。

(새해 복 많이 받으세요.)

* 새해를 맞이해서 쓰는 축하 표현이다.

⑤ 고 겟 꽁 오 메 데 또 ー 고 자 이 마 스
ご結婚、おめでとう ございます。

(결혼 축하드립니다.)

* 보통 축하할 만한 일을 앞에 붙이고 뒤에 おめでとう ございます라고 한다.

⑥ 고 뉴ー가꾸 오 메 데 또 ー
ご入学、おめでとう。

(입학, 축하해요.)

* ご入学의 ご는 존경의 접두어이다.

⑦ 소 레 와 요 깟 따 데스네
それは よかったですね。

(그거 다행이군요.)

* よかった는 よい(좋다)의 과거형이지만, 관용적으로 「다행이다. 잘 됐다」의 뜻으로 쓰인다.

① 다음 예처럼 바꾸어 말하시오.

> 예) きょうは 友達に 手紙を 書きます。
> ⇨ きのうは 友達に 手紙を 書きました。

1. きょうは 図書館で 勉強を します。
   ⇨ きのう

2. 今晩 テレビの ニュースを 見ます。
   ⇨ ゆうべ

3. きょうは うちで 休みます。
   ⇨ きのうは

② 다음 예처럼 바꾸어 말하시오.

> 예) ゆうべは テレビを 見ました。
> ⇨ ゆうべは テレビを 見ませんでした。

1. きのうは 会社へ 行きました。
   ⇨

2. きょうは 先生と 公園で 運動しました。
   ⇨

3. きのう 友達から 手紙が 来ました。
   ⇨

---

① 1) きのうは 図書館で 勉強を しました。　② 1) きのうは 会社へ 行きませんでした。
　 2) ゆうべ テレビの ニュースを 見ました。　　 2) きょうは 先生と 公園で 運動しませんでした。
　 3) きのうは うちで 休みました。　　　　　　 3) きのう 友達から 手紙が 来ませんでした。

何を 買いに 行きますか

第12課

基本文型

1. 동사의 연체형
2. 동사의 중지형
3. ~に 行く ~하러 가다

会話 1

キム : あの、すみません。
아노 스미마 셍
(저, 여보세요.)

銀座へ 行く バスは 何番ですか。
긴자에 이꾸 바스와 남반데스까
(긴자에 가는 버스는 몇 번입니까?)

行人 : あれが 銀座へ 行く バスです。三番です。
아레가 긴자에 이꾸 바스데스 삼반데스
(저것이 긴자에 가는 버스입니다. 3번입니다.)

キム : あれも 銀座へ 行く バスですか。
아레모 긴자에 이꾸 바스데스까
(저것도 긴자에 가는 버스입니까?)

行人 : あれは 銀座へ 行く バスでは ありませんが、
아레와 긴자에 이꾸 바스데와 아리마 셍 가
(저것은 긴자에 가는 버스가 아닙니다만.)

後ろに ある バスは 銀座へ 行きます。
우시로니 아루 바스와 긴자에 이끼마스
(뒤에 있는 버스는 긴자에 갑니다.)

古田 : キムさんは どこへ 行きますか。
　　　김　상　와　도꼬에　이끼마스까
　　　(김씨는 어디에 갑니까?)

キム : デパートへ 行きます。
　　　데빠ー또에　이끼마스
　　　(백화점에 갑니다.)

古田 : 何を 買いに 行きますか。
　　　나니오　가이니　이끼마스까
　　　(무엇을 사러 갑니까?)

キム : 洋服を 買いに 行きます。
　　　요ー후꾸오　가이니　이끼마스
　　　(옷을 사러 갑니다.)

古田 : イさんは どこへ 行きましたか。
　　　이　상　와　도꼬에　이끼마시따까
　　　(이씨는 어디에 갔습니까?)

キム : イさんは 映画に 行きました。
　　　이　상　와　에ー가니　이끼마시따
　　　(이씨는 영화를 보러 갔습니다.)

単語

- 行(い)く 가다
- バス 버스
- 何番(なんばん) 몇 번
- 三番(さんばん) 3번
- 後(うし)ろ 뒤

- デパート 백화점
- 買(か)う 사다
- ~に ~하러
- 洋服(ようふく) 양복, 옷
- 映画(えいが) 영화

문법 해설

1 동사의 연체형

일본어 동사의 기본형은 문(文)의 종결부에도 오고, 그대로 뒤의 명사를 수식하기도 한다. 이것을 문법에서는 동사가 오는 위치에 따라서 종지형, 연체형이라고 한다. 우리말에서는 뒤의 명사를 수식할 때는 어미가 변하지만 일본어에서는 기본형 상태를 취한다.

예) 彼は いつも 来る 時間は 同じです。
   (그는 항상 오는 시간이 같습니다.)

ここから 空港へ 行く バスが あります。
(여기에서 공항으로 가는 버스가 있습니다.)

あそこの いる 人は わたしの 友達です。
(저기에 있는 사람은 내 친구입니다.)

2 동사의 중지형

동사의 중지형은 앞서 배운 ます가 접속될 때 어미의 변화형으로 여러 가지 역할을 한다. 즉, 문(文)을 중지하기도 하고, 복합어를 만들기도 하며, 명사로 전성되기도 한다.

기본형	의 미	중지형	~ます
行(い)く	가다	行き	行きます
泳(およ)ぐ	헤엄치다	泳ぎ	泳ぎます
待(ま)つ	기다리다	待ち	待ちます
ある	있다	あり	あります
言(い)う	말하다	言い	言います
飲(の)む	마시다	飲み	飲みます
呼(よ)ぶ	부르다	呼び	呼びます
死(し)ぬ	죽다	死に	死にます
話(はな)す	이야기하다	話し	話します
起(お)きる	일어나다	起き	起きます
食(た)べる	먹다	食べ	食べます

| する | 하다 | し | します |
| 来(く)る | 오다 | き | きます |

예 花が 咲き、鳥が 鳴く。
(꽃이 피고, 새가 울다.)

ゆうべは お酒を 飲み過ぎました。
(어젯밤은 술을 너무 마셨습니다.)

吉村さんは いつも 帰りが 遅いです。
(요시무라 씨는 늘 귀가가 늦습니다.)

3 買いに 行きます (사러 갑니다)

조사 に가 동사의 중지형이나 동작성을 지닌 명사 뒤에 접속하면 동작의 목적을
나타낸다. に 다음에 行く, 来る, 帰る 등과 같이 이동을 나타내는 동사가 오는 것
이 보통이다.

예 吉村さんは 映画を 見に 行きました。
(요시무라 씨는 영화를 보러 갔습니다.)

きょうは 原稿を 取りに 来ました。
(오늘은 원고를 찾으러 왔습니다.)

山下さんは 食事に 行きました。
(야마시타 씨는 식사하러 갔습니다.)

①
| あした 行く
背広を 買う
キンさんに 会う
映画を 見る
洗濯を する | つもりです。 | ➡ | 내일 갈
양복을 살
김씨를 만날
영화를 볼
세탁을 할 | 생각(예정)입니다. |

②
| 食べる
飲む
買う
書く
話す | 먹다
마시다
사다
쓰다
이야기하다 | ➡ | 食べすぎる
飲みすぎる
買い物
書き方
話し合う | 과식하다
과음하다
물건사기
쓰는 방법
의논하다 |

③
| 写真を 撮り
ビールを 飲み
本を 買い
友達に 会い
掃除を しに | に 行きます。 | ➡ | 사진을 찍으
맥주를 마시
책을 사
친구를 만나
청소를 하 | 러 갑니다. |

한자읽기

背広(せびろ) 買(か)う 会(あ)う 映画(えいが) 見(み)る 洗濯(せんたく) 食(た)べる
飲(の)む 書(か)く 話(はな)す 写真(しゃしん) 友達(ともだち) 掃除(そうじ)

문형 회화

① Q : 空港まで バスで 行く つもりですか。
(공항에 버스로 갈 생각입니까?) *空港(くうこう)

A : いいえ、電車で 行く つもりです。
(아니오, 전철로 갈 생각입니다.) *電車(でんしゃ)

Q : 部屋の 中に いる 子供は 何人ですか。
(방 안에 있는 어린이는 몇 명입니까?) *部屋(へや) 中(なか) 何人(なんにん)

A : 子供は 三人 います。
(어린이는 세 명 있습니다.) *子供(こども) 三人(さんにん)

Q : あした 何を する つもりですか。
(내일 무엇을 할 생각입니까?)

A : 家内と 公園へ 行く つもりです。
(아내와 공원에 갈 생각입니다.) *家内(かない) 公園(こうえん)

② Q : 日本へ 何を しに 行きますか。
(일본에 무엇을 하러 갑니까?) *日本(にほん)

A : 友達に 会いに 行きます。
(친구를 만나러 갑니다.) *友達(ともだち) 会(あ)う

Q : 何を 買いに デパートへ 行きますか。
(무엇을 사러 백화점에 갑니까?) *買(か)う

A : 背広を 買いに 行きます。
(양복을 사러 갑니다.) *背広(せびろ)

Q : お父さんは どこへ 行きましたか。
(아버지는 어디에 갔습니까?) *お父(とう)さん

A : 父と 母は 公園へ 花見に 行きました。
(아버지와 어머니는 공원에 꽃구경을 갔습니다.) *父(ちち) 母(はは) 花見(はなみ)

필수 회화

▶ 위로할 때의 표현

오 끼 노 도꾸 사 마 데 스 네
① お気の毒さまですね。

（안 됐군요.）

*상대방의 불운을 동정할 때 쓰는 위로의 말이다.

잔 넨 데 스 네
② 残念ですね。

（유감이군요.）

*실패하거나 노력은 했지만 뜻대로 안 되었을 때 쓰이는 위로의 말이다.

사 조 고 심 빠이 데 쇼 ―
③ さぞ ご心配でしょう。

（참 걱정되시겠습니다.）

*心配(しんぱい) : 걱정

소 레 와 이 께 마 셍 네
④ それは いけませんね。

（그거 참 안됐군요.）

*いけない : 좋지 않다, 바람직하지 않다

아 마 리 심 빠이시 나 이 데 구 다 사 이
⑤ あまり 心配しないで ください。

（너무 걱정하지 마세요.）

*~ないで ください : ~지 마세요

고꼬로까 라 고 도―죠―이따시 마 스
⑥ 心から ご同情致します。

（진심으로 동정합니다.）

*心(こころ)는 「마음」, 따라서 心からは 「진심으로, 진정으로」의 뜻으로 사용된다.

오 꾸 야 미모―시 아 게 마 스
⑦ お悔やみ申し上げます。

（애도의 뜻을 표합니다.）

*상을 당한 유족에게 애도의 말을 건넬 때 쓰는 표현이다.

① 다음 예처럼 ( )의 동사를 기본형으로 바꾸시오.

예) 部屋の 中に (います) 人は だれですか。
⇨ 部屋の 中に いる 人は だれですか。

1. わたしは テレビを (見ます) ひまが ありません。
⇨

2. つくえの 上に (あります) のは 何ですか。
⇨

3. 会社までは 電車で (行きます) つもりです。
⇨

② 다음 예처럼 ( )의 주어진 말로 바꾸어 말하시오.

예) 彼は 札幌へ 行きました。(雪祭りを 見る)
⇨ 彼は 札幌へ 雪祭りを 見に 行きました。

1. 彼は ソウルへ 行きました。(資料を 集める)
⇨

2. 彼女は 病院へ 行きました。(血圧を 計る)
⇨

3. 吉村さんは ここに 来ました。(写真を 撮る)
⇨

① 1) わたしは テレビを 見る ひまが ありません。　② 1) 彼は ソウルへ 資料を 集めに 行きました。
2) つくえの 上に ある のは 何ですか。　2) 彼女は 病院へ 血圧を 計りに 行きました。
3) 会社までは 電車で 行く つもりです。　3) 吉村さんは ここに 写真を 撮りに 来ました。

何時に 起きて 何を しますか

第13課

基本文型

1. **動詞 – て(で)** ~하고, ~하며, ~하여
2. **動詞 – て(で)** ~해서
3. **~しか 動詞 – ない** ~밖에 ~하지 않다

会話 1

キム： **あなたは 何時に 起きて 何を しますか。**
아나따와 난지니 오끼떼 나니오 시마스까
(당신은 몇 시에 일어나서 무엇을 합니까?)

田中： **わたしは 六時に 起きて 運動を します。**
와따시와 로꾸지니 오끼떼 운도-오 시마스
(저는 6시에 일어나서 운동을 합니다.)

キム： **何時ごろ 会社へ 行きますか。**
난지고로 가이샤에 이끼마스까
(몇 시 무렵 회사에 갑니까?)

田中： **八時に うちを 出て 電車に 乗って 会社へ**
하찌지니 우찌오 데떼 덴샤니 놋떼 가이샤에
(8시에 집을 나와서 전철를 타고 회사에

行きます。駅までは 歩いて 行きます。
이끼마스 에끼마데와 아루이떼 이끼마스
갑니다. 역까지는 걸어서 갑니다.)

キム： **駅まで 歩いて 何分ぐらい かかりますか。**
에끼마데 아루이떼 남뿡구라이 가까리마스까
(역까지 걸어서 몇 분 정도 걸립니까?)

田中 : 歩いて 五分しか かかりません。
아루이 떼 고 훈 시까 가 까 리 마 셍

(걸어서 5분밖에 걸리지 않습니다.)

会話 2

三浦 : きのうは どうして 会社を 休みましたか。
기 노 - 와 도 - 시 떼 가이 샤 오 야스 미 마 시 따 까

(어제는 왜 회사를 쉬었습니까?)

パク : ひどい かぜを 引いて 会社を 休みました。
히 도 이 가 제 오 히 이 떼 가이 샤 오 야스 미 마 시 따

(심한 감기에 걸려서 회사를 쉬었습니다.)

三浦 : きょうは 大丈夫ですか。
교 - 와 다이죠- 부 데 스 까

(오늘은 괜찮습니까?)

パク : はい、きのう 薬を 飲んで ぐっすり 寝て
하 이 기 노 - 구스리오 논 데 굿 스 리 네 떼

(네, 어제 약을 먹고 푹 자서

すっかり 治りました。
슥 까 리 나오리 마 시 따

완전히 나았습니다.)

単語

- 起(お)きる 일어나다
- 運動(うんどう) 운동
- うち 집
- 出(で)る 나오다
- 電車(でんしゃ) 전차, 전철
- 乗(の)る 타다
- 歩(ある)く 걷다
- ～しか ～밖에
- かかる 걸리다
- どうして 왜, 어째서

- 休(やす)む 쉬다
- かぜ(風邪) 감기
- 引(ひ)く 끌다, 빼다
- 大丈夫(だいじょうぶ)だ 괜찮다
- 薬(くすり) 약
- 飲(の)む 마시다
- 寝(ね)る 자다
- すっかり 완전히, 죄다, 모두
- 治(なお)る 낫다

제 13과 몇 시에 일어나서 무엇을 합니까? 151

1 상1단 · 하1단 · 변격동사 - て

상1단 · 하1단동사와 변격동사의 경우 접속조사 て가 이어질 때는 앞서 배운 ます가 접속할 때와 마찬가지로 어미 る가 생략된 형태에 이어진다. 이것을 일본의 학교문법에서는 연용형이라고 하지만 여기서는 편의상 て형으로 한다.

기본형	정중형	て형
起きる	起きます	起きて
食べる	食べます	食べて
来る	来ます	来て
する	します	して

예 ここには 猫が いて あそこには 犬が いる。
(여기에는 고양이가 있고 저기에는 개가 있다.)

急に 熱が 出て 会社を 休みました。
(갑자기 열이 나서 회사를 쉬었습니다.)

きょうは 朝寝坊を して 遅刻しました。
(오늘은 늦잠을 자서 지각했습니다.)

日本から 友達が 来て 会いに 行きます。
(일본에서 친구가 와서 만나러 갑니다.)

2 5단동사 - て(で)

5단동사는 어미의 형태에 따라 て 바로 앞 음이 い, っ, ん으로 변한다. 이것을 음편(音便)이라고 한다.

1. い音便

어미가 く, ぐ로 끝나는 5단동사는 어미가 い로 바뀌어 접속조사 て가 접속된다. 단, ぐ로 끝나는 동사는 어미 음의 영향을 받아 で로 탁음화된다.

어 미	て	기본형	て 형
～く	～いて	歩く	歩いて
～ぐ	～いで	泳ぐ	泳いで

例 会社まで 歩いて 来ました。
　　(회사까지 걸어서 왔습니다.)

　　狭い 川を 泳いで 渡りました。
　　(좁은 강을 헤엄쳐 건넜습니다.)

2 つまる音便

어미가 つ, る, う로 끝나는 5단동사에 접속조사 て가 이어질 때 어미는 つまる音 (っ)으로 바뀐다.

어 미	て	기본형	て 형
～つ	～って	待つ	待って
～る	～って	乗る	乗って
～う	～って	会う	会って

例 吉村さんは 駅の 前で 待って いました。
　　(요시무라 씨는 역 앞에서 기다리고 있었습니다.)

　　電車に 乗って 会社へ 行きます。
　　(전차를 타고 회사에 갑니다.)

　　先生に 会って 相談する つもりです。
　　(선생님을 만나서 상담할 생각입니다.)

3. はねる音便

어미가 む, ぶ, ぬ로 끝나는 5단동사에 접속조사 て가 이어질 때 어미는 はねる音 (ん)으로 바뀐다. 이 때 접속조사 て는 はねる音의 영향을 받아 で로 변한다.

어 미	て	기본형	て 형
～む	～んで	読む	読んで
～ぶ	～んで	呼ぶ	呼んで
～ぬ	～んで	死ぬ	死んで

예 毎日 新聞を 読んで ニュースを 聞きます。
(매일 신문을 읽고 뉴스를 듣습니다.)

友達が 大きな 声で 名前を 呼んで います。
(친구가 큰 소리로 이름을 부르고 있습니다.)

親しい 友人が 死んで 泣きました。
(친한 친구가 죽어서 울었습니다.)

4. 例外

5단동사 중에 어미가 す로 끝나는 것은 ます가 접속될 때와 마찬가지로 어미가 음편을 하지 않는다. 또, 단 하나 行く는 い音便을 하지 않고 つまる音便을 한다.

예 彼女が 面白い ことを 話して くれました。
(그녀는 재미있는 일을 이야기해 주었습니다.)

公園へ 行って 彼女に 会いました。
(공원에 가서 그녀를 만났습니다.)

③ ~て의 용법

접속조사 て는 여러 가지 용법으로 쓰인다. 우리말에서는 앞뒤의 말을 연결할 때 「~해서」와 「~하고」의 용법이 다르지만, 일본어에서는 두 경우 모두 て를 쓴다.

1. 어떤 동작에서 다른 동작으로 이어줄 때 쓴다.

朝 六時に 起きて、散歩を しました。
(아침 6시에 일어나서 산책을 했습니다.)

2. 앞의 동작이 뒤의 동작의 원인, 이유, 설명이 된다.

かぜを 引いて、学校を 休みました。
(감기에 걸려서 학교를 쉬었습니다.)

3. 앞, 뒤의 사항을 나열해 줄 때 쓴다.

顔を 洗って、ご飯を 食べて 会社へ 行きました。
(얼굴을 씻고, 밥을 먹고 회사에 갔습니다.)

①

歩く	歩いて	➡	걷다	걷고 · 걸어서
書く	書いて		쓰다	쓰고 · 써서
聞く	聞いて		듣다	듣고 · 들어서

泳ぐ	泳いで		헤엄치다	헤엄치고 · 헤엄쳐서
急ぐ	急いで		서두르다	서두르고 · 서둘러서

会う	会って		만나다	만나고 · 만나서
待つ	待って		기다리다	기다리고 · 기다려서
座る	座って		앉다	앉고 · 앉아서

死ぬ	死んで		죽다	죽고 · 죽어서
読む	読んで		읽다	읽고 · 읽어서
飛ぶ	飛んで		날다	날고 · 날아서

②

見る	見て	➡	보다	보고 · 보아서
起きる	起きて		일어나다	일어나고 · 일어나서
寝る	寝て		자다	자고 · 자서
食べる	食べて		먹다	먹고 · 먹어서

③

する	して	➡	하다	하고 · 해서
来る	きて		오다	오고 · 와서
行く	行って		가다	가고 · 가서
出す	出して		내다	내고 · 내서

① Q : きのう 何を しましたか。
　　　(어제 무엇을 했습니까?)

　　A : 友達に 会って 映画を 見ました。
　　　(친구를 만나서 영화를 보았습니다.) *友達(ともだち)　会(あ)う　映画(えいが)

　　Q : 遊園地へ 行って 何を しましたか。
　　　(유원지에 가서 무엇을 했습니까?) *遊園地(ゆうえんち)　過(す)ごす

　　A : 歌って、踊って 楽しく 過ごしました。
　　　(노래하고, 춤추고 즐겁게 지냈습니다.) *歌(うた)う　踊(おど)る　楽(たの)しい

　　Q : 朝、起きて 何を しますか。
　　　(아침에 일어나서 무엇을 합니까?) *朝(あさ)　起(お)きる

　　A : 新聞を 読んで、テレビの ニュースを 見ます。
　　　(신문을 읽고, 텔레비전 뉴스를 봅니다.) *新聞(しんぶん)　読(よ)む

② Q : どうして 学校を 休みましたか。
　　　(왜 학교를 쉬었습니까?) *学校(がっこう)　休(やす)む

　　A : ひどい 風邪を 引いて 休みました。
　　　(심한 감기에 걸려서 쉬었습니다.) *風邪(かぜ)　引(ひ)く

　　Q : 木村さんは どこへ 行きましたか。
　　　(기무라 씨는 어디에 갔습니까?) *木村(きむら)

　　A : 用事が あって 出かけました。
　　　(용무가 있어서 나갔습니다.) *用事(ようじ)　出(で)かける

　　Q : お子さんは どうして 泣いて いますか。
　　　(아이는 왜 울고 있습니까?) *お子(こ)さん　泣(な)く

　　A : かわいい 子犬が 死んで 泣いて います。
　　　(귀여운 강아지가 죽어서 울고 있습니다.) *子犬(こいぬ)　死(し)ぬ

▶ 소개할 때의 표현

① 金さんを ご紹介します。
김 상 오 고쇼―까이시 마 스

(김씨를 소개하겠습니다.)

* ご+한자어+する는 겸양 표현이다.

② 友人の 木村さんを ご紹介します。
유―진 노 기무라 상 오 고쇼―까이시 마 스

(친구인 기무라 씨를 소개해 드리겠습니다.)

* 여기서의 の는 「~인」의 뜻으로 동격을 나타낸다.

③ こちらが 金さん、こちらが 李さんです。
고 찌라 가 김 상 고 찌라 가 이 상 데스

(이 분이 김씨이고, 이 분이 이씨입니다.)

* 이 경우의 こちら(이쪽)는 소개 상대를 지칭하는 공손한 표현이다.

④ 三浦さんでいらっしゃいますね。
미 우라 상 데 이 랏 샤 이 마스 네

(미우라씨이시죠.)

* ~でいらっしゃる는 ~です의 존경어로 상대방에 대해서만 쓴다.

⑤ ご紹介します。これが 息子の 太郎です。
고쇼―까이시 마 스 고 래 가 무스꼬노 다 로― 데스

(소개하겠습니다. 이 놈이 아들 다로입니다.)

* 자신의 가족을 상대에게 말할 때는 낮추어 말한다.

⑥ 主人が いつも お世話に なって おります。
슈 징 가 이쯔모 오세와니 낫 떼 오리마스

(남편이 늘 신세를 지고 있습니다.)

* ~て おる는 ~て いる의 겸양 표현이다.

⑦ お目にかかれて 光栄です。
오 메 니가 까 레 떼 고―에이데스

(만나뵙게 되어서 영광입니다.)

* 「영광」을 栄光이라고 하지 않고 光栄(こうえい)라고 한다.

① 다음 예와 같이 하나의 문으로 연결하시오.

> 예) 顔を 洗う / 歯を みがく
> ⇨ 顔を 洗って 歯を みがきます。

1. きょうは 友達に 会う / 演劇を 見る。

   ⇨

2. うちへ 帰る / ご飯を 食べる。

   ⇨

3. 宿題を 終える / テレビを 見る。

   ⇨

② 다음 예와 같이 하나의 문으로 연결하시오.

> 예) きょうは 一時間も 歩く / 足が 痛い
> ⇨ きょうは 一時間も 歩いて 足が 痛いです。

1. かぜを 引く / 会社を 休む

   ⇨

2. きょうは 早く 起きる / 眠い

   ⇨

3. むずかしい 試験に 受かる / うれしい

   ⇨

---

① 1) きょうは 友達に 会って 演劇を 見ます。　② 1) かぜを 引いて 会社を 休みます。
　2) うちへ 帰って ご飯を 食べます。　　　　　2) きょうは 早く 起きて 眠いです。
　3) 宿題を 終えて テレビを 見ます。　　　　　3) むずかしい 試験に 受かって うれしいです。

パン(빵)

ピザ(피자)

ハンバーガー(햄버거)

ラーメン(라면)

コーヒー(커피)

そば(메밀국수)

ごはん(밥)

ぎゅうにゅう(우유)

とんカツ(돈까스)

ステーキ(스테이크)

アイスクリーム(아이스크림)

みそしる(된장국)

サンドイッチ(샌드위치)

ジュース(주스)

うどん(우동)

159

テレビを 見て います

第14課

基 本 文 型

1. **動詞** – て(で) いる ～하고 있다
2. **動詞** – て(で) いる 時 ～하고 있을 때
3. **動詞** – て(で) います ～하고 있습니다

会話 1

田中 : **キムさんは いま 何を して いますか。**
김　상　와　이마　나니오　시떼　이마스까
(김씨는 지금 무엇을 하고 있습니까?)

キム : **部屋で テレビを 見て います。**
헤야데　테레비오　미떼　이마스
(방에서 텔레비전을 보고 있습니다.)

田中 : **お父さんも テレビを 見て いますか。**
오또ー 상　모　테레비오　미떼　이마스까
(아버지도 텔레비전을 보고 있습니까?)

キム : **いいえ、父は 新聞を 読んで います。**
이ー에　치찌와　심붕오　욘데　이마스
(아니오, 아버지는 신문을 읽고 있습니다.)

田中 : **では、お母さんは 何を して いますか。**
데와　오까ー 상　와　나니오　시떼　이마스까
(그럼, 어머니는 무엇을 하고 있습니까?)

キム : **母は 台所で 料理を 作って います。**
하하와　다이도꼬로데　료ー리　오　쓰꿋　떼　이마스
(어머니는 부엌에서 요리를 만들고 있습니다.)

鈴木 : **本を 読んで いる 人は だれですか。**
홍오 욘 데 이루 히또와 다레데스까
(책을 읽고 있는 사람은 누구입니까?)

パク : **本を 読んで いる 人は 弟です。**
홍오 욘 데 이루 히또 와 오또-또데스
(책을 읽고 있는 사람은 남동생입니다.)

鈴木 : **テニスを して いる 人は お兄さんですか。**
테 니 스오 시 떼 이루 히또와 오니- 산 데스까
(테니스를 치고 있는 사람은 형입니까?)

パク : **はい、兄です。そばで 見て いる 女の子は 妹です。**
하이 아니데스 소바데 미떼 이루 온나노 꼬 와 이모-또데스
(네, 형입니다. 옆에서 보고 있는 여자아이는 여동생입니다.)

鈴木 : **お姉さんは このごろ 何を して いますか。**
오네- 상 와 고노고로 나니오 시떼 이마스까
(누나는 요즘 무엇을 하고 있습니까?)

パク : **会社を やめて、いまは 何も して いません。**
가이샤오 야 메떼 이마와 나니모 시떼 이마 셍
(회사를 그만두고, 지금은 아무것도 하고 있지 않습니다.)

単語

- 部屋(へや) 방
- テレビ 텔레비전
- 見(み)る 보다
- お父(とう)さん 아버지
- 父(ちち) 아버지
- 新聞(しんぶん) 신문
- お母(かあ)さん 어머니
- 母(はは) 어머니
- 台所(だいどころ) 부엌
- 料理(りょうり) 요리

- 作(つく)る 만들다
- 読(よ)む 읽다
- 弟(おとうと) 남동생
- お兄(にい)さん 형님
- 兄(あに) 형
- そば 옆, 곁
- 妹(いもうと) 여동생
- お姉(ねえ)さん 누나, 누님
- 会社(かいしゃ) 회사
- やめる 그만두다

문법 해설

1 ~ている (~하고 있다)

같은 동작이 계속되는 것을 나타내는 동사의 て형에 보조동사 いる가 접속하면 「~고 있다」의 뜻으로 동작의 진행을 나타낸다. 보조동사 いる는 본래의 존재하다는 의미를 상실하여 단순히 동작의 진행을 나타낸다.

기본형	て 형	진행형	의 미
書(か)く	書いて	書いて いる	쓰고 있다
待(ま)つ	待って	待って いる	기다리고 있다
読(よ)む	読んで	読んで いる	읽고 있다
見(み)る	見て	見て いる	보고 있다

예 あそこに 子供(こども)が 歩(ある)いて いる。
(저기에 어린이가 걷고 있다.)

外(そと)で あなたを 呼(よ)んで いる 人(ひと)は だれですか。
(밖에서 당신을 부르고 있는 사람은 누구입니까?)

先生(せんせい)が 黒板(こくばん)に 字(じ)を 書(か)いて います。
(선생님이 칠판에 글씨를 쓰고 있습니다.)

2 ~ている (~어 있다)

동작의 결과가 새로운 상태로 바뀌는 동사의 て형에 보조동사 いる가 접속하면 우리말의 「~어 있다」의 뜻으로 동작의 결과로 생긴 상태를 나타낸다.

예 床(ゆか)に かびんが 割(わ)れて いる。
(마루에 꽃병이 깨져 있다.)

ぼうしを かぶって いる 人(ひと)は だれですか。
(모자를 쓰고 있는 사람은 누구입니까?)

吉村(よしむら)さんは 厚(あつ)い めがねを かけて います。
(요시무라 씨는 두꺼운 안경을 쓰고 있습니다.)

③ 상태만을 나타내는 동사

동작의 결과로 생긴 상태 이외에 단순히 상태만을 나타내는 동사를 보면 다음과 같다. 이들 동사는 기본형 상태로 쓰이는 일은 없고, 반드시 ~て いる의 형태로만 쓰인다.

例 あの 人の 感覚は 優れて いる。(優れる)

　　(저 사람의 감각은 뛰어나다.) (뛰어나다)

　　この 子は 母に 似て います。(似る)

　　(이 아이는 어머니를 닮았습니다.) (닮다)

　　あそこに 聳えて いるのが 富士山です。(聳える)

　　(저기에 솟아 있는 것이 후지산입니다.) (솟다)

④ 가족 호칭

일본어에서는 우리말과 달리 자기 가족을 남에게 말할 때와 남의 가족을 말할 때가 다르다. 즉, 우리는 자신의 가족이든 남의 가족이든 자기보다 윗쪽인 사람을 높여서 말하지만, 일본어에서는 자기 가족을 상대방에게 말할 때는 낮추어 말하고, 상대방의 가족을 말할 때는 존경의 접두어 お(ご)나 접미어 さん을 붙여 비록 어린애라도 높여서 말한다. 또, 가족 안에서 손윗사람을 부를 때는 높여서 부르고, 손아랫사람일 경우는 이름 뒤에 さん이나 ちゃん을 붙여 부른다.

例 (あなたの) お父さんは 学校の 先生ですか。

　　(당신 / 아버지는 학교 선생님입니까?)

　　(わたしの) 父は 学校の 先生では ありません。

　　(우리 / 아버지는 학교 선생님이 아닙니다.)

　　(あなたの) お兄さんは 何を して いますか。

　　(당신 / 형님은 무엇을 하고 있습니까?)

　　(わたしの) 兄は この 会社で 働いて います。

　　(우리 / 형님은 이 회사에서 일하고 있습니다.)

　　お母さん、行って まいります。

　　(어머니, 다녀오겠습니다.)

⑤ 친족 명사

남의 가족을 말할 때	자기 가족을 말할 때	의 미
おじいさん	祖父(そふ)	할아버지
おばあさん	祖母(そぼ)	할머니
お父(とう)さん	父(ちち)	아버지
お母(かあ)さん	母(はは)	어머니
お兄(にい)さん	兄(あに)	형
お姉(ねえ)さん	姉(あね)	누나
弟(おとうと)さん	弟(おとうと)	남동생
妹(いもうと)さん	妹(いもうと)	여동생
ご家族(かぞく)	家族(かぞく)	가족
ご両親(りょうしん)	両親(りょうしん)	부모님
ご主人(しゅじん)	主人(しゅじん)	주인, 남편
奥(おく)さん	家内(かない)	부인, 아내
ご兄弟(きょうだい)	兄弟(きょうだい)	형제
お子(こ)さん	子供(こども)	아이
お嬢(じょう)さん	娘(むすめ)	따님, 딸
息子(むすこ)さん	息子(むすこ)	아드님, 아들
おじさん	おじ	아저씨
おばさん	おば	아주머니

문형 연습

① 金さんは 今 | たばこ 吸って | います。 ➡ 김씨는 지금 | 담배를 피우고 | 있습니다.
音楽を 聞いて			음악을 듣고
電話を かけて			전화를 걸고
人を 待って			사람을 만나고
子供と 遊んで			어린이와 놀고

② | いすに 座って | いる 人は だれですか。 ➡ | 의자에 앉아 | 있는 사람은
| 眼鏡を かけて | | | 안경을 쓰고 | 누구입니까?
帽子を かぶって			모자를 쓰고
指輪を はめて			반지를 끼고
背広を 着て			양복을 입고

③ | お父さん | は 何を して いますか。 ➡ | 아버지 | 은(는) 무엇을 하고 있습니까?
お母さん			어머니
お兄さん			형님
お姉さん			누님
弟さん			동생

한자읽기

吸(す)う 音楽(おんがく) 聞(き)く 人(ひと) 待(ま)つ 遊(あそ)ぶ 座(すわ)る
眼鏡(めがね) 帽子(ぼうし) 指輪(ゆびわ) 背広(せびろ) 着(き)る

제 14 과 텔레비전을 보고 있습니다 165

① Q : キムさんは 今 何を して いますか。
(김씨는 지금 무엇을 하고 있습니까?) *今(いま)

A : 部屋で 音楽を 聞いて います。
(방에서 음악을 듣고 있습니다.) *部屋(へや) 音楽(おんがく) 聞(き)く

Q : パクさんは 何を して いますか。
(박씨는 무엇을 하고 있습니까?)

A : ロビーで 会社の 人と 話して います。
(로비에서 회사 사람과 이야기하고 있습니다.) *会社(かいしゃ) 話(はな)す

Q : 木村さんは 本を 見て いませんか。
(기무라 씨는 책을 읽고 있지 않습니까?) *本(ほん) 見(み)る

A : はい、テレビの ドラマを 見て います。
(네, 텔레비전 드라마를 보고 있습니다.)

② Q : あの 赤い ネクタイを しめて いる 人は 誰ですか。
(저 빨간 넥타이를 매고 있는 사람은 누구입니까?) *赤(あか)い 誰(だれ)

A : わたしの 兄です。
(제 형입니다.) *兄(あに)

Q : お姉さんは どの 会社に 勤めて いますか。
(누님은 어느 회사에 근무하고 있습니까?) *会社(かいしゃ) 勤(つと)める

A : 姉は 銀行で 働いて います。
(누나는 은행에서 일하고 있습니다.) *姉(あね) 銀行(ぎんこう) 勤(つと)める

Q : お子さんは あなたに 似て いますか。
(아이는 당신을 닮았습니까?) *似(に)る

A : いいえ、家内に 似て います。
(아니오, 아내를 닮았습니다.) *家内(かない)

▶ 방문할 때의 표현

① 고 멩 구 다 사 이
ごめんください。

(실례합니다.)

*남의 집을 방문하여 사람을 부를 때 쓰이는 말이다.

② 이 랏 샤 이 마세
いらっしゃいませ。

(어서 오십시오.)

*가볍게 말할 때는 いらっしゃい라고도 한다.

③ 요꾸 이 랏 샤 이 마 시 따
よく いらっしゃいました。

(잘 오셨습니다.)

*방문자를 환영하며 맞이할 때 쓰인다.

④ 요 ― 꼬소 오 이 데 구 다 사 이 마 시 따
ようこそ お出でくださいました。

(잘 오셨습니다.)

*보다 격식차린 환영 표현이다.

⑤ 도 ― 조 오 아 가 리 구 다 사 이
どうぞ、お上がりください。

(자, 올라오십시오.)

*방문자를 안으로 들어오게 할 때 쓰인다.

⑥ 오 쟈 마 시 마 스
お邪魔します。

(실례하겠습니다.)

*방문자가 허락을 받고 안으로 들어갈 때 하는 말이다.

⑦ 시쓰레이 시 마 스
失礼します。

(실례하겠습니다.)

*失礼(しつれい) : 실례

① 다음 예처럼 진행형으로 만드시오.

> 예) 吉村さんは 外で 待つ。
> ⇨ 吉村さんは 外で 待って います。

1. 山下さんは 友達と 話す。
   ⇨

2. 姉は 学校で 勉強する。
   ⇨

3. 父は 今 テレビを 見る。
   ⇨

② 다음 예처럼 상태형으로 만드시오.

> 예) 父は いつも スーツを 着る。
> ⇨ 父は いつも スーツを 着て います。

1. 岡本さんは いすに 座る。
   ⇨

2. 山村さんは 赤い スカートを はく。
   ⇨

3. あなたは 茶色が よく 似合う。
   ⇨

---

① 1) 山下さんは 友達と 話して います。　② 1) 岡本さんは いすに 座って います。
　 2) 姉は 学校で 勉強して います。　　　 2) 山村さんは 赤い スカートを はいて います。
　 3) 父は 今 テレビを 見て います。　　　 3) あなたは 茶色が よく 似合って います。

▶ 일본의 붕어빵 たこやき(타꼬야끼)

일본의 길거리에서 가장 흔히 볼 수 있는 것으로 우리나라의 붕 어빵과 만드는 모양이 비슷하다. たこ란 문어나 낙지를 뜻하며, やき는 굽는다는 뜻이다. 밀가루 소스 속에 문어나 낙지를 넣어 만든 것이 원조이고, 그 외에도 치즈, 감자, 김치 등이 대표적이 다. 특징은 일단 만들어진 빵에 간장 소스를 뿌려 먹는다는 점이 며, 가격은 500엔에서 550엔 정도 한다.

▶ 일본의 부침개 おこのみやき(오코노미야끼)

간단한 일본식 부침개인 오코노미야끼는 밀가루와 달걀을 섞은 후에 자신이 좋아하는 야채나 고기 등 의 재료를 넣고 버무린 후

에 철판에 부쳐먹는 것으로, 손님이 직접 요리를 해먹는다는 점이 특징이다. 오코노미 야끼의 종류는 아주 다양한데, 예를 들면 옥수수가 들어간 것을 비롯해 돼지고기를 간 것, 다진 김치 등 들어가는 재료에 따라 다르다. 구운 후에는 자신의 입맛에 맞는 소 스를 뿌린 다음, 말린 김가루를 뿌려먹으면 OK. 가격은 1,500엔 정도 한다. 오코노미 야끼만을 전문적으로 하는 음식점도 많다.

▶ 일본의 호떡 やきたて(야끼다떼)

겨울이 되면 한국에 호떡이 있듯이 일본에는 야 끼다떼가 있다. 야끼다떼는 얇은 말가루 속에 손님이 원하는 내용물을 살짝 데운 뒤, 그 위에 발라주는 빵이다. 내용물은 바나나, 생크림 초코,

딸기 초코 등 15가지 이상이다. 야끼다떼에서 다떼는 생김새가 방패같다는 의미로 붙 여진 말이다. 그러니까 구운 방패라고나 할까? 가격은 한 개에 350엔 정도 한다.

ちょっと 見せて ください

第15課

1. ~なさい ~하거라
2. お ~なさい ~하시오
3. ~て ください ~해 주세요

会話 1

吉村 : ごめんください。
고 멩 구 다 사 이
(실례합니다.)

先生 : どなたですか。
도 나 따 데 스 까
(누구십니까?)

吉村 : 吉村です。
요시무라 데 스
(요시무라입니다.)

先生 : はい、お入りなさい。ここに おかけなさい。
하 이 오 하이리 나 사 이 고꼬니 오 가 께 나 사 이
(네, 들어와요, 여기에 앉아요.)

吉村 : はい、ありがとう ございます。
하 이 아 리 가 또ー 고 자 이 마 스
(네, 고맙습니다.)

この 問題が わかりません。教えて ください。
고 노 몬 다이가 와 까 리 마 셍 오시에 떼 구 다 사 이
(이 문제를 모르겠습니다. 가르쳐 주세요.)

先生 : さあ、よく 見て ごらんなさい。
사 ― 요꾸 미떼 고 란 나사이
(자, 잘 보세요.)

会話 2

案内 : この 紙に お名前と 住所を 書いて ください。
고 노 가미니 오 나마에또 쥬―쇼오 가 이떼 구 다사이
(이 종이에 이름과 주소를 써 주세요.)

キム : どこに 書きますか。
도 꼬니 가 끼 마 스 까
(어디에 씁니까?)

案内 : この 線の 上に 書いて ください。そして 名前の
고 노 센노 우에니 가 이떼 구 다 사 이 소시 떼 나마에 노

下に サインを して ください。
시따니 사 잉 오 시떼 구 다 사 이
(이 선 위에 써 주세요, 그리고 이름 밑에 사인을 해 주세요.)

案内 : ちょっと 見せて ください。
춋 또 미세떼 구 다 사 이
(잠깐 보여 주세요.)

はい、いいです。ちょっと 待って ください。
하 이 이 ―데 스 춋 또 맛 떼 구 다 사 이
(네, 좋습니다. 잠깐 기다려 주세요.)

単語

· どなた 어느 분
· 入(はい)る 들어가다, 들어오다
· ~なさい ~하거라
· かける 걸치다, 걸다
· 問題(もんだい) 문제
· わかる 알다, 알 수 있다
· 教(おし)える 가르치다
· ~て ください ~해 주세요
· よく 잘, 많이

· 紙(かみ) 종이
· 名前(なまえ) 이름
· 住所(じゅうしょ) 주소
· 書(か)く 쓰다
· 線(せん) 선
· 上(うえ) 위
· 下(した) 아래
· 見(み)せる 보이다
· 待(ま)つ 기다리다

문법 해설

1 教えて ください (가르쳐 주세요)

동사의 て형에 ください를 접속하면 「~해 주세요」라는 뜻으로 동작이나 작용의 명령·요구를 나타낸다. ~て ください는 직접적인 명령의 느낌을 주므로 정중하게 부탁할 때는 약간 거북스런 느낌을 주기도 한다.

기본형	て 형	~て ください	의 미
書(か)く	書いて	書いて ください	써 주세요
待(ま)つ	待って	待って ください	기다려 주세요
読(よ)む	読んで	読んで ください	읽어 주세요
見(み)る	見て	見て ください	봐 주세요

㉐ もっと ゆっくり 話して ください。
(더 천천히 이야기해 주세요.)

もう 一度(いちど) 詳(くわ)しく 説明(せつめい)して ください。
(다시 한번 자세히 설명해 주세요.)

2 お入りなさい (들어와요)

なさい는 동사 なさる(하시다)의 명령형으로, なさい의 정중한 표현은 ください이다. 따라서 なさい는 어린애나 친한 손아랫사람에게 쓰인다. 우리말의 「~하거라」에 해당하며, 앞에 존경의 접두어 お를 붙여 쓰기도 한다. 또, なさい의 접속은 동사에 ます가 접속할 때와 마찬가지이다.

기본형	정중형	~なさい	의 미
書(か)く	書きます	書きなさい	쓰거라
待(ま)つ	待ちます	待ちなさい	기다리거라
読(よ)む	読みます	読みなさい	읽거라
見(み)る	見ます	見なさい	보거라

㉐ 花子(はなこ)ちゃん、ここに (お)座(すわ)りなさい。
(하나꼬, 여기에 앉아라.)

田中君(たなかくん)、もっと はっきり 言(い)いなさい。
(다나카 군, 더 확실히 말해라.)

③ 접두어 お(ご)의 용법·1

접두어 お(ご)는 상대방의 소유물이나 관계되는 명사의 첫머리에 접두되어 존경의 의미를 나타낸다. 주로 お는 고유어에 접두되고, ご는 한자어 어휘에 접두되는 것이 원칙이지만, 이 원칙은 일정하지 않다.

> **예** 先生から お手紙が 来ました。
> (선생님에게서 편지가 왔습니다.)
>
> 部長、奥さんから お電話です。
> (부장님, 부인께서 전화입니다.)
>
> わたくしが ご案内 いたします。
> (제가 안내해 드리겠습니다.)

④ 접두어 お의 용법·2

접두어 お는 존경의 뜻 이외에 단순히 말의 품위를 높여주기 위해 상대방과 관계 없는 것도 관습적으로 お를 붙여서 표현하는 경우가 많다. 이런 것을 美化語라고 하는데, 말하는 사람의 교양을 나타내기 위해 쓰이는 것에 불과하다. 이것은 남자 보다 여자가 많이 쓰는 편이며, 외래어에는 붙여 쓰지 않는다.

> **예** あら、お花 きれいですね。
> (어머, 꽃 예쁘네요.)
>
> きょうは、いい お天気ですね。
> (오늘은 날씨가 좋네요.)
>
> 花子ちゃん、お米 洗って ちょうだい。
> (하나꼬야, 쌀 씻어 주렴.)

문형 연습

① 電気を つけ ／ なさい。 ➡ 전기를 켜 ／ 거라.
　 ドアを しめ
　 早く 帰り
　 タクシーを 呼び
　 名前を 書き

　 문을 닫
　 일찍 돌아오
　 택시를 부르
　 이름을 쓰

② 辞書を 貸して ／ ください。 ➡ 사전을 빌려 ／ (주)세요.
　 部屋に 入って
　 写真を 見せて
　 本を 読んで
　 この 薬を 飲んで

　 방에 들어오
　 사진을 보여
　 책을 읽어
　 이 약을 먹으

③ お 電話を ／ ください。 ➡ 전화를 ／ 주세요.
　 名前を 書いて
　 米を 洗って
　 塩を 取って
　 料理を 作って

　 성함을 적어
　 쌀을 씻어
　 소금을 집어
　 요리를 만들어

한자읽기

電気(でんき)　早(はや)く　帰(かえ)る　呼(よ)ぶ　名前(なまえ)　書(か)く　辞書(じしょ)
貸(か)す　入(はい)る　写真(しゃしん)　見(み)せる　読(よ)む　薬(くすり)　電話(でんわ)
米(こめ)　洗(あら)う　塩(しお)　取(と)る　料理(りょうり)　作(つく)る

① Q : あすの パーティー、どうするかな。
(내일 파티 어떡하지.)

A : 迷ってないで、行きなさい。
(망설이지 말고 가거라.) *迷(まよ)う

Q : あすも 学校が あるんだから、早く 寝なさい。
(내일도 학교 가야 하니까, 일찍 자거라.) *学校(がっこう) 早(はや)く 寝(ね)る

A : はい。この ドラマを 見てね。
(네, 이 드라마를 보고요.) *見(み)る

Q : 少し 熱が ありますよ。
(조금 열이 있어요.) *少(すこ)し 熱(ねつ)

A : じゃ、この 薬を 飲みなさい。
(그럼, 이 약을 먹거라.) *薬(くすり) 飲(の)む

② Q : すみませんが、塩を 取って ください。
(미안하지만, 소금을 집어 주세요.) *塩(しお) 取(と)る

A : はい、どうぞ。
(네, 여기 있습니다.)

Q : カメラを 見せて ください。
(카메라를 보여 주세요.) *見(み)せる

A : いろいろ ありますが、どんな カメラが いいですか。
(여러 가지 있습니다만, 어떤 카메라가 좋습니까?)

Q : この 内容が よく わかりませんか。
(이 내용을 잘 모르겠습니까?) *内容(ないよう)

A : はい、もっと くわしく 説明して ください。
(네, 더 자세히 설명해 주세요.) *説明(せつめい)

▶ 방문을 마칠 때의 표현

① これ、つまらない ものですが、どうぞ。
고 레 　 쓰 마 라 나 이 　 모 노 데 스 가 　 도 ― 조

（이거 별것 아닙니다만, 받으십시오.）

* 방문자가 선물을 주면서 하는 말이다.

② それじゃ、遠慮なく いただきます。
소 레 　 자 　 엔 료 나 꾸 　 이 따 다 끼 마 스

（그럼, 고맙게 잘 받겠습니다.）

* 방문자의 선물을 받으면서 하는 말이다.

③ そろそろ 失礼致します。
소 로 소 로 　 시 쓰 레 이 이 따 시 　 마 스

（이만 가보겠습니다.）

* 방문을 마치고 일어날 때 하는 말이다.

④ 今日は いろいろ ありがとう ございました。
교 ― 와 　 이 로 이 로 　 아 리 가 또 ― 　 고 자 이 마 시 다

（오늘은 여러모로 고마웠습니다.）

* 방문객의 대접에 대한 고마움을 나타낼 때 쓰인다.

⑤ いろいろ お邪魔致しました。
이 로 이 로 　 오 쟈 마 이 따 시 마 시 따

（여러 가지로 실례가 많았습니다.）

* 방문을 마치고 헤어질 때 하는 말이다.

⑥ また おうかがいします。
마 따 　 오 우 까 가 이 시 마 스

（또 뵙겠습니다.）

* 伺(うかがう)う : 찾아뵙다, 여쭙다

⑦ どうぞ、おいでください。
도 ― 조 　 오 이 데 구 다 사 이

（또, 오십시오.）

* どうぞ : 부디, 제발

① 다음 예처럼 고쳐 말하시오.

> 예) 外で 待つ。
> ⇨ 外で 待って ください。

1. 本文を 大きな 声で 読む。
   ⇨ _____

2. あしたは 朝早く 来る。
   ⇨ _____

3. もっと ゆっくり 話す。
   ⇨ _____

② 다음 예처럼 고쳐 말하시오.

> 예) 中に 入る。
> ⇨ 中に 入りなさい。

1. 今晩は 早く 寝る。
   ⇨ _____

2. もっと 詳しく 話す。
   ⇨ _____

3. 答案は 鉛筆で 書く。
   ⇨ _____

---

① 1) 本文を 大きな 声で 読んで ください。　② 1) 今晩は 早く 寝なさい。
　2) あしたは 朝早く 来て ください。　　　　2) もっと 詳しく 話しなさい。
　3) もっと ゆっくり 話して ください。　　　3) 答案は 鉛筆で 書きなさい。

PART 3

일본어 첫걸음
제일 쉽게 끝내기

何が 置いて ありますか

第1課

基 本 文 型

1. ～て ある ～어져 있다
2. ～てから ～하고 나서
3. 何と 뭐라고

先生: みなさんに、日本語で 質問を します。
여러분에게 일본어로 질문을 하겠습니다.

よく 聞いてから 答えて ください。
잘 듣고 나서 대답해 주세요.

つくえの 上に 何が 置いて ありますか。
책상 위에 무엇이 놓여 있습니까?

学生: 本や ノートや ペンなどが 置いて あります。
책이랑 노트랑 펜 등이 놓여 있습니다.

先生: かべには 何が かけて ありますか。
벽에는 무엇이 걸려 있습니까?

学生: 黒板と 掲示板が かけて あります。
칠판과 게시판이 걸려 있습니다.

先生: 黒板に 何と 書いて ありますか。
칠판에 뭐라고 쓰여 있습니까?

学生 : 大^{おお}きい 字^じで「日本語^{にほんご}」と 書^かいて あります。
  큰 글씨로 「일본어」라고 쓰여 있습니다.

先生 : 掲示板^{けいじばん}に 何^{なに}が はって ありますか。
  게시판에 무엇이 붙어 있습니까?

学生 : 時間割^{じかんわり}が 貼^はって あります。
  시간표가 붙어 있습니다.

先生 : うしろの 壁^{かべ}には 何^{なに}が かけて ありますか。
  뒤의 벽에는 무엇이 걸려 있습니까?

学生 : 何^{なに}も かけて ありません。
  아무 것도 걸려 있지 않습니다.

先生 : すみに 置^おいて あるのは 何^{なん}ですか。
  구석에 놓여 있는 것은 무엇입니까?

学生 : バラの 花^{はな}が 生^いけて ある 花瓶^{かびん}です。
  장미꽃이 꽂혀 있는 꽃병입니다.

単語

- みなさん 여러분
- 質問(しつもん) 질문
- 聞(き)く 듣다
- ~てから ~하고 나서
- 答(こた)える 대답하다
- 置(お)く 두다, 놓다
- ペン 펜
- かべ 벽
- 黒板(こくばん) 칠판

- 掲示板(けいじばん) 게시판
- 大(おお)きい 크다
- 字(じ) 글자, 글씨
- はる 붙이다
- 時間割(じかんわり) 시간표
- すみ(隅) 구석
- バラの 花(はな) 장미꽃
- 生(い)ける (꽃을) 꽂다
- 花瓶(かびん) 꽃병, 화병

문법 해설

❶ 置いて ある *(놓여져 있다)*

일본어 동사 중 의지를 나타내는 타동사의 て형에 보조동사 ある가 접속되어 ~て ある의 형태로 쓰이면 누군가에 의한 의도된 행동에 남아 있는 상태를 나타내며, 우리말의 「~어져 있다」에 해당한다. 이 때 보조동사 ある는 본동사 ある와 동일하게 활용을 한다.

앞서 배운 ~て いる가 타동사에 접속되면 동작의 진행을 나타낸다.

> 例 かべに 絵が かけて あります。
>
> (벽에 그림이 걸려 있습니다.)
>
> 待合室に いろんな 雑誌が 置いて あります。
>
> (대합실에 여러 가지 잡지가 놓여 있습니다.)

❷ ~て いる・~て ある

자동사에 ~て いる가 접속하면 진행과 상태를 나타내고, 타동사에 ~て いる가 접속하면 진행을, ~て ある가 접속하면 상태를 나타낸다.

> ① 窓が 開いて いる。 (창문이 열려 있다.)
> ② 窓が 開けて ある。 (창문이 열려져 있다.)
> ① ドアが 閉まって います。 (문이 닫혀 있습니다.)
> ② ドアが 閉めて あります。 (문이 닫혀져 있습니다.)

위의 예문처럼 ①은 자동사에 ~て いる가 접속된 것으로 이것은 단순히 상태만을 나타내는 것이고, ②는 타동사에 ~て ある가 접속된 형태로 말하는 사람이 그 주체를 의식하면서 쓰는 것이다. 따라서 이것은 누군가가 열어두었느냐 닫았느냐에 초점을 두고 있다.

❸ 聞いてから *(듣고 나서)*

동사의 て형에 조사 から가 접속하면 앞의 동작이 일어난 후에 다른 동작이 행해지는 것을 나타낸다. 즉, ~てから는 우리말의 「~하고 나서」에 해당한다.

⬤ よく 考えてから 言って ください。

(잘 생각하고 나서 말해 주세요.)

食事を してから テレビを 見ます。

(식사를 하고 나서 텔레비전을 봅니다.)

お湯を 飲んでから ご飯を 食べます。

(물을 마시고 나서 밥을 먹습니다.)

4 **みなさんに** (여러분께)

조사 には 여러 가지 용법으로 쓰인다. 여기서는 상대나 대상을 나타내는 용법으로 우리말의 「~에게, ~께」에 해당한다.

⬤ 皆さんに よろしく お伝えください。

(여러분께 안부 전해 주십시오.)

夏休みの 間、先生に 手紙を 書きました。

(여름방학 동안 선생님께 편지를 썼습니다.)

5 **何と 書いて ありますか** (뭐라고 쓰여 있습니까?)

조사 と도 마찬가지로 앞서 배웠듯이 「~와(과)」의 뜻 이외에, 여기서처럼 言(い)う/말하다, 思(おも)う/생각하다, 書(か)く/쓰다 등의 말 앞에 붙어 「~라고」의 뜻으로 인용을 나타낸다.

⬤ 彼女は 私に あすは 休むと 言いました。

(그녀는 나에게 내일은 쉰다고 말했습니다.)

大きい 字で 漢字と 書いて あります。

(큰 글씨로 한자라고 쓰여 있습니다.)

この 単語の 意味は 何と 思いますか。

(이 단어의 뜻은 뭐라고 생각합니까?)

①
| 名前が 書いて | あります。 | ➡ | 이름이 쓰여 | 있습니다. |

名前が 書いて
花瓶が 置いて
窓が 開けて
ドアが 閉めて
絵が かけて

➡

이름이 쓰여 있습니다.
꽃병이 놓여
창문이 열려
문이 닫혀
그림이 걸려

②
よく 聞いて
よく 見て
よく 考えて
ゆっくり 休んで
すっかり 食べて

から やりなさい。

➡

잘 듣고 나서 하거라.
잘 보고
잘 생각하고
푹 쉬고
죄다 먹고

③ 黒板に

え
はな
かさ
ほん
かべ

と 書いて あります。 ➡ 칠판에

그림
꽃
우산
책
벽

이라고 쓰여 있습니다.

한자읽기

名前(なまえ) 書(か)く 花瓶(かびん) 置(お)く 窓(まど) 開(あ)ける 閉(し)める
絵(え) 聞(き)く 見(み)る 考(かんが)える 休(やす)む 食(た)べる 黒板(こくばん)
絵(え) 花(はな) 傘(かさ) 本(ほん) 壁(かべ)

① Q : 壁に かけて ある 絵は 誰の 作品ですか。
(벽에 걸려 있는 그림은 누구 작품입니까?) *壁(かべ) 絵(え) 誰(だれ)

 A : キムさんの 作品です。
(김씨 작품입니다.) *作品(さくひん)

 Q : 花瓶に 何の 花が いけて ありますか。
(꽃병에 무슨 꽃이 꽂혀 있습니까?) *花瓶(かびん) 花(はな)

 A : ばらの花が いけて あります。
(장미꽃이 꽂혀 있습니다.)

 Q : 名簿に お名前が 書いて ありますか。
(명부에 성함이 적혀 있습니까?) *名簿(めいぼ) 名前(なまえ) 書(か)く

 A : いいえ、書いて ありません。
(아니오, 적혀 있지 않습니다.)

② Q : 私は これを 買います。
(저는 이걸 사겠습니다.) *買(か)う

 A : よく 調べてみてから 買って ください。
(잘 살펴보고 나서 사세요.) *調(しら)べる

 Q : あなたも 旅行に 行きますか。
(당신도 여행을 갑니까?) *旅行(りょこう)

 A : そうですね。ちょっと 考えてから 決めます。
(글쎄요. 좀 생각하고 나서 정하겠습니다.) *考(かんが)える 決(き)める

 Q : 遊びに 行ってきます。
(놀러 갔다 오겠습니다.) *遊(あそ)ぶ

 A : 遊びに 行くのは 宿題が 終わってからだ。
(놀러 가는 것은 숙제가 끝나고 나서야.) *宿題(しゅくだい) 終(お)わる

▶ 병문안할 때의 표현

① **いかがですか。**

(어떠십니까?)

* どうですか의 정중한 표현이다.

② **ご気分は いかがですか。**

(기분은 어떠십니까?)

* 気分(きぶん) : 기분, 마음

③ **まあ、そんなもんです。**

(그저 그렇습니다.)

* 좋아지지도 나빠지지도 않는 상태를 말한다.

④ **ご気分は よさそうですね。**

(기분이 좋아 보이는데요.)

* 양태를 나타내는 そうだ가 よい에 접속할 때는 さ가 붙는다.

⑤ **だいぶ 良くなりました。**

(꽤 좋아졌습니다.)

* ~くなる : ~게 되다, ~지다

⑥ **もう すっかり 治りました。**

(이제 완전히 나았습니다.)

* すっかり : 완전히, 몽땅

⑦ **どうぞ お大事に。**

(몸조리 잘 하십시오.)

* 병문안을 마칠 때 관용적으로 쓰는 인사말이다.

연습 문제

① 다음 예처럼 상태형으로 바꾸시오

> 예) 待合室に 雑誌を 置きました。
> → 待合室に 雑誌が 置いて ありました。

1. 外に 掲示を 出しました。
   ⇨

2. 本は もう 送りました。
   ⇨

3. 部屋の 電気を 消しました。
   ⇨

② 다음 예처럼 두 문을 하나로 연결하시오

> 예) ご飯を 食べる。 / テレビを 見ます。
> ⇨ ご飯を 食べてから テレビを 見ます。

1. 宿題を する。 / 外へ 出て 遊びます。
   ⇨

2. 説明を よく 聞く。 / 質問して ください。
   ⇨

3. 質問を よく 読む。解答を 書いて ください。
   ⇨

---

① 1) 外に 掲示を 出して ありました。　②1) 宿題を してから 外へ 出て 遊びます。
　 2) 本は もう 送って ありました。　　 2) 説明を よく 聞いてから 質問して ください。
　 3) 部屋の 電気を 消して ありました。　 3) 質問を よく 読んでから 解答を 書いて ください。

何が 飲みたいですか

第2課

基 本 文 型

1. ~が ほしい　~을 갖고 싶다
2. ~が ~たい　~을(를) ~하고 싶다
3. ~より ~の ほうが　~보다 ~의 쪽이

本田 : パクさんは 何が いちばん ほしいですか。
박씨는 무엇을 가장 갖고 싶습니까?

パク : 私は いい カメラが ほしいです。
저는 좋은 카메라를 갖고 싶습니다.

本田 : キムさんも 何か ほしい ものは ありませんか。
김씨도 무슨 갖고 싶은 것은 없습니까?

キム : わたしは 何も ほしく ありません。
저는 아무것도 갖고 싶지 않습니다.

本田 : パクさんは 今 何が いちばん 飲みたいですか。
박씨는 지금 무엇을 가장 마시고 싶습니까?

パク : 私は 冷たい 水が 飲みたいです。
저는 차가운 물을 마시고 싶습니다.

本田： キムさんも 何^{なに}か 飲^のみたい ものが ありますか。
김씨도 무슨 마시고 싶은 것이 있습니까?

キム： わたしは あまり 飲^のみたく ありません。
저는 그다지 마시고 싶지 않습니다.

本田： パクさんは スポーツの 中^{なか}で 何^{なに}が 好^すきですか。
박씨는 스포츠 중에 무엇을 가장 좋아합니까?

パク： 私^{わたし}は 野球^{やきゅう}が いちばん 好^すきです。
저는 야구를 가장 좋아합니다.

本田： キムさんは サッカーと 野球^{やきゅう}と どちらが
好^すきですか。
김씨는 축구와 야구 중에 어느 쪽을 좋아합니까?

キム： 野球^{やきゅう}より サッカーの ほうが 好^すきです。
야구보다 축구 쪽을 좋아합니다.

単語

- いちばん 가장, 제일
- ほしい 갖고 싶다
- カメラ 카메라
- 飲(の)む 마시다
- ～たい ～고 싶다
- 冷(つめ)たい 차갑다

- スポーツ 스포츠
- 好(す)きだ 좋아하다
- 野球(やきゅう) 야구
- サッカー 축구
- ～より ～보다
- ～ほうが ～쪽이

문법 해설

1 飲みたい (마시고 싶다)

たい는 동사의 중지형, 즉 ます가 접속된 형태에 연결되며, 말하는 사람이나 상대방의 직접적인 희망을 나타낸다. 우리말의 「~고 싶다」에 해당하며, 그 희망하는 대상물에는 조사 を보다 が를 쓰는 것이 일반적이다. 또한 たい는 형태상 형용사의 꼴을 취하고 있으므로 형용사와 동일하게 활용을 한다.

기본형	중지형	~たい	의 미
行(い)く	行き	行きたい	가고 싶다
飲(の)む	飲み	飲みたい	마시고 싶다
食(た)べる	食べ	食べたい	먹고 싶다
寝(ね)る	寝	寝たい	자고 싶다

예) いつか ゆっくり 休みたい。
(언젠가 푹 쉬고 싶다.)

あなたも 冷たい 水が 飲みたいですか。
(당신도 차가운 물을 마시고 싶습니까?)

私が 買いたいのは この カメラです。
(내가 사고 싶은 것은 이 카메라입니다.)

今は だれも 会いたく ありません。
(지금은 아무도 만나고 싶지 않습니다.)

2 ~たがる (~고 싶어하다)

동사의 중지형, 즉 ます가 접속되는 꼴에 たがる를 접속하면 「~고 싶어하다」의 뜻으로 제3자의 희망을 나타낸다. 희망하는 대상물에 쓰이는 조사는 を이며, 5단 동사처럼 활용을 한다.

기본형	중지형	~たがる	의 미
行(い)く	行き	行きたがる	가고 싶어하다
飲(の)む	飲み	飲みたがる	마시고 싶어하다
食(た)べる	食べ	食べたがる	먹고 싶어하다
寝(ね)る	寝	寝たがる	자고 싶어하다

예 彼は 新型の 車を 買いたがって いる。

(그는 신형 차를 사고 싶어한다.)

いもうとは コーヒーを 飲みたがって います。

(여동생은 커피를 마시고 싶어합니다.)

友達は 何も 食べたがって いません。

(친구는 아무것도 먹고 싶어하지 않습니다.)

③ 何が ほしいですか (무엇을 갖고 싶습니까?)

ほしいは 「갖고 싶다」의 뜻을 가진 형용사로 말하는 사람이나 듣는 사람이 직접
뭔가를 원할 때 쓴다. 또, 갖고 싶은 대상물에 쓰이는 조사는 が이다.

예 私は いい 車が ほしい。

(나는 좋은 차를 갖고 싶다.)

あなたは 何が いちばん ほしいですか。

(당신은 무엇을 제일 갖고 싶습니까?)

私は 何も ほしく ありません。

(나는 아무것도 갖고 싶지 않습니다.)

④ ほしがる (갖고 싶어하다)

ほしがるは 「갖고 싶어하다」의 뜻을 가진 동사로, たがる와 마찬가지로 제3자의
희망을 나타낸다. 갖고 싶어하는 대상물에 조사 を를 쓴다.

예 彼は 新しい ノートを ほしがって いる。

(그는 새 노트를 갖고 싶어한다.)

彼女は いい カメラを ほしがって います。

(그녀는 좋은 카메라를 갖고 싶어합니다.)

おとうとは 何も ほしがって いません。

(동생은 아무것도 갖고 싶어하지 않습니다.)

5 **何が 好きですか** (무엇을 좋아합니까?)

우리말에서는 좋아하다, 또는 싫어하다에 해당하는 대상물에 조사 「~을(를)」을 쓰지만, 일본어에서는 그 대상물에 조사 を를 쓰지 않고 が를 쓴다.

㉠ わたしは 肉より 魚が 好きです。
　　(나는 고기보다 생선을 좋아합니다.)

　　わたしは 魚が とても きらいです。
　　(나는 생선을 무척 싫어합니다.)

6 **野球より サッカーの ほうが** (야구보다 축구가)

「~と~と どちらが~」라는 형태로 질문을 하면 「~より~ほうが ~」의 형태로 대답을 한다. 이 때 ほう는 두 개를 나열할 때 그 한쪽을 나타낸다.

㉠ 映画と 漫画と どちらが 面白いですか。
　　(영화와 만화 중에 어느 쪽이 재미있습니까?)

　→ 漫画より 映画の ほうが 面白いです。
　　(만화보다 영화가 재미있습니다.)

　　バスと 電車と どちらが 速いですか。
　　(버스와 전철 중에 어느 쪽이 빠릅니까?)

　→ バスより 電車の ほうが 速いです。
　　(버스보다 전철이 빠릅니다.)

① 私は　カメラ　が ほしいです。 ➡ 나는 카메라　을(를) 갖고 싶습니다.
　　　　パソコン　　　　　　　　　　　　PC
　　　　時計　　　　　　　　　　　　　　시계
　　　　テレビ　　　　　　　　　　　　　텔레비전
　　　　ビデオ　　　　　　　　　　　　　비디오

② 私は　パンが 食べ　たいです。 ➡ 나는　빵을 먹고　　　싶습니다.
　　　　旅行に 行き　　　　　　　　　여행을 가고
　　　　先生に 会い　　　　　　　　　선생님을 만나고
　　　　映画を 見　　　　　　　　　　영화를 보고
　　　　ビールが 飲み　　　　　　　　맥주를 마시고

③　バス　より　電車　の ほうが　速い。 ➡　버스　보다　전철　이(가)　빠르다.
　　数学　　　　英語　　　　　　難しい。　　수학　　　　영어　　　　어렵다.
　　大阪　　　　東京　　　　　　大きい。　　오사카　　　도쿄　　　　크다.
　　パン　　　　ご飯　　　　　　好きだ。　　빵　　　　　밥　　　　　좋아한다.
　　七月　　　　八月　　　　　　暑い。　　　7월　　　　8월　　　　　덥다.

한자읽기

食(た)べる　旅行(りょこう)　先生(せんせい)　映画(えいが)　飲(の)む　数学(すうがく)　大阪
(おおさか)　七月(しちがつ)　電車(でんしゃ)　英語(えいご)　東京(とうきょう)　ご飯(はん)
八月(はちがつ)　速(はや)い　難(むずか)しい　大(おお)きい　好(す)きだ　暑(あつ)い

① Q : あなたは 何が ほしいですか。
(당신은 무엇을 갖고 싶습니까?)

A : 自動車が ほしいです。
(자동차를 갖고 싶습니다.) *自動車(じどうしゃ)

Q : あなたは どんな カメラが ほしいですか。
(당신은 어떤 카메라를 갖고 싶습니까?)

A : 小さい カメラが ほしいです。
(작은 카메라를 갖고 싶습니다.) *小(ちい)さい

Q : あなたも この ビデオが ほしいですか。
(당신도 이 비디오를 갖고 싶습니까?)

A : いいえ、私は ほしく ありません。
(아니오, 저는 갖고 싶지 않습니다.)

② Q : あなたは 何を 読みたいですか。
(당신은 무엇을 읽고 싶습니까?) *読(よ)む

A : 韓国の 新聞を 読みたいです。
(한국 신문을 읽고 싶습니다.) *韓国(かんこく) 新聞(しんぶん)

Q : あなたは 何を したいですか。
(당신은 무엇을 하고 싶습니까?)

A : 京都を 見物したいです。
(교토를 구경하고 싶습니다.) *京都(きょうと) 見物(けんぶつ)

Q : どこへ 遊びに 行きたいですか。
(어디에 놀러 가고 싶습니까?) *遊(あそ)ぶ

A : 今は どこへも 遊びに 行きたく ありません。
(지금은 어디에도 놀러 가고 싶지 않습니다.) *今(いま)

▶ 사람을 부를 때의 표현

① おい、お前_{まえ}は だれだ。

　(이봐, 넌 누구야?)

　* おい(여봐, 이 봐)는 친한 사이나 아랫사람을 부를 때 쓰인다.

② もしもし、あのね、誰_{だれ}か いませんか。

　(여보세요, 저 말이죠, 누구 없습니까?)

　* もしもし는「여보세요」의 뜻으로 전화를 할 때 많이 쓰인다.

③ あの、すみませんが、お願_{ねが}いが あるんですが。

　(저, 미안하지만, 부탁이 있어서요.)

　* すみません은「미안합니다, 여보세요」의 뜻으로 쓰인다.

④ ちょっと、玄関_{げんかん}に 誰_{だれ}か 来_きたようですよ。

　(저, 현관에 누가 온 것 같아요.)

　* ちょっと : 잠깐, 저

⑤ あの もしもし、これ あなたのでございませんか。

　(저 여보세요, 이거 당신 것이 아닙니까?)

　* もしもし는 もし의 힘준 말이다.

⑥ あの 失礼_{しつれい}ですが、学校_{がっこう}は この 辺_{へん}に ありますか。

　(저 실례지만, 학교는 이 근처에 있습니까?)

　* 失礼(しつれい) : 실례

⑦ やあ 金さん、今_{いま} どこですか。

　(어이 김씨, 지금 어디 갑니까?)

　* やあ(야)는 사람을 부를 때나 놀랐을 때 내는 표현이다.

연습 문제

① 다음 예처럼 고쳐 말하시오.

> 예) わたしは 冷たい 水を 飲みます。
> ⇨ わたしは 冷たい 水が 飲みたいです。

1. わたしは おいしい パンを 食べます。

　⇨

2. あなたは 日本語を 習いますか。

　⇨

3. わたしは うちで ゆっくり 休みます。

　⇨

② 다음 예처럼 ( )의 주어진 말로 질문에 답하시오.

> 예) パンと ご飯と どちらが おいしいですか。(ご飯)
> ⇨ パンより ご飯の ほうが おいしいです。

1. 汽車と 飛行機と どちらが 速いですか。(飛行機)

　⇨

2. 音楽と 映画と どちらが 好きですか。(映画)

　⇨

3. 数学と 英語と どちらの 問題が 易しいですか。(英語)

　⇨

---

① 1) わたしは おいしい パンが 食べたいです。　② 1) 汽車より 飛行機の ほうが 速いです。
　2) あなたは 日本語が 習いたいですか。　　　 2) 音楽より 映画の ほうが 好きです。
　3) わたしは うちで ゆっくり 休みたいです。　 3) 数学より 英語の 問題の ほうが 易しいです。

196 第2課 何が 飲みたいですか

● お正月（しょうがつ）

1월 1일은 새해의 첫날로서 元日(がんじつ : 설날) 혹은 元旦(がんたん)이라고 하며, 1년 중 가장 중요한 날이다. 특히 1일, 2일, 3일을 さんがにち라고 하여, 대부분의 가정에서는 일을 쉬고, 신년의 출발을 축하한다. (あけましておめでとうございます) 또한 이 기간에는 도시에 일하러 나가 있던 젊은이들도 고향으로 돌아가 신년을 축하하고, さんがにち의 아침은 가족들이 모여 とそ술을 마시고, ぞうに(떡국)를 먹는 습관이 있다. 옛날에는 각자의 집 문에 しめなわ(인줄)을 치고, 소나무와 대나무로 만든 門松(かどまつ)로 장식을 했다. 소나무 장식 기간을 松の內(まつのうち)라고 하는데, 최근에는 門松를 세우는 집도 현저히 줄어들고 있다.

● 節分（せつぶん）

입춘 전날을 말하며, 해에 따라 날짜는 다르지만, 대개 2월 3일 전후이다. 節分(せつぶん) 날 밤에는 각 가정에서 「귀신은 밖으로, 복은 안으로(鬼は外, 福は内)」라고 외치는 소리와 집 안팎으로 콩을 뿌리는 소리가 들려온다. 이 행사는 계절이 바뀔 즈음 「귀신(사악한 것이나 불행)은 집 밖으로 나가고, 복(행운이나 행복)은 집안으로 들어오라」고 하는 바람이 깃들어 있다. 콩을 뿌린 다음 남은 콩을 가족 전원이 각기 자신의 나이만큼 먹기도 한다. 節分은 본래 춘하추동의 분기점이 되는 입춘, 입하, 입추, 입동을 말하였다. 그 중에서 봄의 節分만이 연중행사로서 남아 있다. 전통적인 연중행사 중에서도 아

이들에게 인기있는 것이 節分이다. 아버지가 도깨비 가면을 쓰고 아이들이 도깨비를 향해 콩을 던지는 풍습이 있다. 유치원이나 소학교에서는 節分 무렵 미술공작 시간에 도깨비 가면을 만든다.

デザイナーに なりたいです

基 本 文 型

1. ~ながら ~하면서
2. 명사 – に なる ~이(가) 되다
3. 형용사 – く なる ~하게 되다
4. 형용동사 – に なる ~하게 되다

田中: いま 何_{なに}を して いますか。
지금 무엇을 하고 있습니까?

キム: 音楽_{おんがく}を 聞_ききながら 勉強_{べんきょう}して います。
음악을 들으면서 공부하고 있습니다.

田中: 休_{やす}みの日は 何_{なに}を しながら 過_すごしますか。
쉬는 날은 무엇을 하면서 지냅니까?

キム: ゆっくり 休_{やす}みながら 本_{ほん}などを 読_よみます。
푹 쉬면서 책 따위를 읽습니다.

また、テレビなどを 見_みながら 休_{やす}みます。
또, 텔레비전 등을 보면서 쉽니다.

田中: あなたは 卒業_{そつぎょう}して、何_{なに}を する つもりですか。
당신은 졸업하고, 무엇을 할 생각입니까?

キム : 私は デザイナーに なりたいです。
私(わたし)
저는 디자이너가 되고 싶습니다.

田中 : おとうとさんは 卒業しましたか。
卒業(そつぎょう)
동생은 졸업했습니까?

キム : はい、卒業してから 医者に なりました。
卒業(そつぎょう) 医者(いしゃ)
네, 졸업하고 나서 의사가 되었습니다.

田中 : もう 冬に なりましたね。
冬(ふゆ)
벌써 겨울이 되었군요.

キム : はい、なかなか 寒いですね。山には もう 雪が
寒(さむ)い 山(やま) 雪(ゆき)
네, 꽤 춥네요. 산에는 벌써 눈이

降って 白く なりました。
降(ふ)って 白(しろ)く
내려 하얗게 되었습니다.

単語

- 音楽(おんがく) 음악
- 聞(き)く 듣다, 묻다
- ~ながら ~하면서
- 勉強(べんきょう) 공부
- 過(す)ごす 지내다
- ゆっくり 편안히, 천천히
- テレビ 텔레비전
- 卒業(そつぎょう) 졸업
- つもり 작정, 생각
- デザイナー 디자이너
- 医者(いしゃ) 의사
- 冬(ふゆ) 겨울
- なかなか 상당히, 꽤
- 寒(さむ)い 춥다
- 山(やま) 산
- 雪(ゆき) 눈
- 降(ふ)る 내리다
- 白(しろ)い 하얗다

1 休みながら (쉬면서)

ながら는 동사의 중지형, 즉 ます가 접속되는 형태에 접속하면 우리말의 「~하면서」의 뜻으로, 어떤 동작을 행하면서 다른 동작도 동시에 행하는 경우에 두 동작을 이어준다.

예
音楽を 聞く。/ 勉強を する。
→ 音楽を 聞きながら 勉強を する。
(음악을 들으면서 공부를 한다.)

テレビを 見る。/ 食事を します。
→ テレビを 見ながら 食事を します。
(텔레비전을 보면서 식사를 합니다.)

2 医者に なる (의사가 되다)

なる는 우리말의 「되다」라는 뜻을 가진 동사로 말하는 사람의 의지와는 상관없이 어떤 상태에서 다른 상태로 변해가는 것을 나타낸다. 명사에 접속할 때는 우리말에서는 「~이(가) 되다」이지만, 일본어에서는 ~に なる의 형태로 조사 に가 온다. 우리말로 직역하여 ~가 なる가 되지 않도록 주의한다.

예
もう あたたかい 春に なりました。
(벌써 따뜻한 봄이 되었습니다.)

彼は 大学を 卒業して 先生に なりました。
(그는 대학을 졸업하고 선생이 되었습니다.)

彼女は 結婚して 主婦に なりました。
(그녀는 결혼하여 주부가 되었습니다.)

3 静かに なる (조용해지다)

なる가 형용동사에 접속할 때는 어미 だ가 に로 바뀌어 접속한다. 이 때는 「~해지다, ~하게 되다」의 뜻을 나타낸다.

예 顔が 真っ赤に なりました。
(얼굴이 새빨개졌습니다.)

最近、ここは 交通が 便利に なりました。
(최근 여기는 교통이 편리해졌습니다.)

ここは 夜に なると、静かに なります。
(여기는 밤이 되면, 조용해집니다.)

4 白く なる (하얗게 되다)

なるが 형용사에 접속할 때는 형용사의 어미 い가 く로 바뀐다. 이 때는 「~해지다, ~하게 되다」의 뜻을 나타낸다.

예 最近 物価が 高く なりました。
(최근 물가가 비싸졌습니다.)

これから 日が 短く なります。
(이제부터 해가 짧아집니다.)

だんだん 日本語が 易しく なりました。
(점점 일본어가 쉬워졌습니다.)

5 何を する つもりですか (무엇을 할 생각입니까?)

つもり는 다른 말에 접속하여 확정되지 않는 생각이나 작정, 예정을 나타낸다. 반대로 확정된 예정은 予定(よてい)로 표현한다.

예 いったい どう 言う つもりですか。
(도대체 어떻게 말할 작정입니까?)

あした 病院に 行く つもりです。
(내일 병원에 갈 생각입니다.)

夏休みに 海外旅行に 行く 予定です。
(여름방학에 해외여행을 갈 예정입니다.)

① だんだん 周りが 暗く なりました。 ➡ 점점 주위가 어두워 졌습니다.

道路が 広く 　　　　　　　　　도로가 넓어

物価が 高く 　　　　　　　　　물가가 비싸

日本語が 易しく 　　　　　　　일본어가 쉬워

日が 短く 　　　　　　　　　　해가 짧아

② だんだん 周りが 静かに なりました。 ➡ 점점 주위가 조용해 졌습니다.

交通が 便利に 　　　　　　　　교통이 편해

顔が 真っ赤に 　　　　　　　　얼굴이 빨게

もう 卒業して 先生 に なりました。 ➡ 이미 졸업하여 선생 이(가) 되었습니다.

結婚して 主婦 　　　　　　　　　결혼해서 주부

③ 音楽を 聞き ながら 勉強します。 ➡ 음악을 들으 면서 공부합니다.

新聞を 読み 　　食事を します。 　　신문을 읽으 　　식사를 합니다.

テレビを 見 　　話し合います。 　　텔레비전을 보 　의논합니다.

公園を 歩き 　　考えます。 　　　　공원을 걸으 　　생각합니다.

掃除を し 　　　歌を 歌います。 　　청소를 하 　　　노래를 부릅니다.

한자읽기

周(まわ)り 暗(くら)い 道路(どうろ) 広(ひろ)い 易(やさ)しい 日(ひ) 短(みじか)い 静(しず)か 交通(こうつう) 便利(べんり) 顔(かお) 真(ま)っ赤(か) 卒業(そつぎょう) 結婚(けっこん) 主婦(しゅふ) 音楽(おんがく) 新聞(しんぶん) 掃除(そうじ) 勉強(べんきょう) 食事(しょくじ) 考(かんが)える 歌(うた)う

① Q : 今、東京は 寒いですか。
　　　(지금 도쿄는 춥습니까?) *今(いま) 東京(とうきょう) 寒(さむ)い

　　A : いいえ、もう 暖かい 春に なりました。
　　　(아니오, 이제 따뜻한 봄이 되었습니다.) *暖(あたた)かい 春(はる)

　　Q : ここは なかなか うるさいですね。
　　　(여기는 상당히 시끄럽군요.)

　　A : ええ、でも 夜に なると 静かに なります。
　　　(예, 하지만 밤이 되면 조용해집니다.) *夜(よる) 静(しず)か

　　Q : キムさんは 毎日 テープを 聞いて いますね。
　　　(김씨는 매일 테이프를 듣고 있군요.) *毎日(まいにち) 聞(き)く

　　A : ええ、テープを 聞いて 日本語が 易しく なりました。
　　　(예, 테이프를 듣고 일본어가 쉬워졌습니다.) *聞(き)く 易(やさ)しい

② Q : 今、何を して いますか。
　　　(지금 무엇을 하고 있습니까?)

　　A : 音楽を 聞きながら 掃除を して います。
　　　(음악을 들으면서 청소를 하고 있습니다.) *音楽(おんがく) 掃除(そうじ)

　　Q : 日曜日は 何を しながら 過ごしますか。
　　　(일요일은 무엇을 하면서 지냅니까?) *日曜日(にちようび) 過(す)ごす

　　A : うちで ゆっくり 休みながら テレビ などを 見ます。
　　　(집에서 푹 쉬면서 텔레비전 따위를 봅니다.) *休(やす)む

　　Q : あなたは 食事を しながら 新聞を 読みますか。
　　　(당신은 식사를 하면서 신문을 읽습니까?) *食事(しょくじ) 新聞(しんぶん)

　　A : いいえ、新聞は 読みません。ラジオを 聞きます。
　　　(아니오, 신문은 읽지 않습니다. 라디오를 듣습니다.) *読(よ)む

▶ 말이 막혔을 때의 표현

① **そうですね。**

(글쎄요.)

* 「글쎄요」의 뜻도 있지만, 맞장구를 칠 때는 「그렇군요」의 뜻이 된다.

② **ちょっと。**

(잠깐만.)

* ちょっと : 잠깐, 좀

③ **ちょっと 考えさせてね。**

(좀, 생각하게 해줘요.)

* 考(かんが)える : 생각하다

④ **何と 言ったら いいか。**

(뭐라고 하면 좋을까?)

* ~たら : ~한다면, ~하면

⑤ **それが あの…。**

(그게 저….)

* あの는 생각이나 말이 막혔을 때 내는 소리이다.

⑥ **ジャガイモと、ええと、玉ねぎ ください。**

(감자, 에-, 양파 주세요.)

* ええと는 다음 말을 주저하거나 곧 나오지 않을 때 내는 말이다.

⑦ **そうね、あの 何だっけ。**

(글쎄, 저 뭐였지?)

* ~だっけ(~었지)는 회상하면서 또는 상대방의 관심에 호소하듯이 진술하는 기분을 나타낸다.

① 다음 예처럼 두 문을 하나로 연결하시오.

> 예) ビールを 飲む。/ 話し合います。
>   ⇨ ビールを 飲みながら 話し合います。

1. おいしい パンを 食べる。/ ニュースを 聞きます。
   ⇨ _____

2. テレビを 見る。/ 電話を 受けます。
   ⇨ _____

3. ゆっくり 休む。/ 本などを 読みます。
   ⇨ _____

② 다음 예처럼 ( )의 주어진 말로 문을 완성하시오.

> 예) 学者です。(大学を 出る)
>   ⇨ 大学を 出て 学者に なりました。

1. 作家です。(彼は 有名な)
   ⇨ _____

2. 好きです。(わたしは 音楽が)
   ⇨ _____

3. 易しいです。(だんだん 数学が)
   ⇨ _____

---

① 1) おいしい パンを 食べながら ニュースを 聞きます。　② 1) 彼は 有名な 作家に なりました。
　 2) テレビを 見ながら 電話を 受けます。　　　　　　 2) わたしは 音楽が 好きに なりました。
　 3) ゆっくり 休みながら 本などを 読みます。　　　　 3) だんだん 数学が 易しく なりました。

どこへ 行ったんですか

第4課

基 本 文 型

1. 동사 – た ~했다
2. ~た ことが ある ~한 적이 있다
3. ~た ほうが いい ~하는 게 좋다

会話 1

三浦 : 昨日は どこへ 行ったんですか。
어제는 어디에 갔습니까?

キム : 子犬を 連れて 公園へ 行ったんです。
강아지를 데리고 공원에 갔습니다.

三浦 : いつごろ 帰って きたんですか。
언제쯤 돌아왔습니까?

キム : 午後 五時ごろ 帰って きたんです。
오후 5시 무렵에 돌아왔습니다.

三浦 : 吉村さんに 会った ことが ありますか。
요시무라 씨를 만난 적이 있습니까?

キム : はい、一度 東京で 会った ことが あります。
네, 한 번 도쿄에서 만난 적이 있습니다.

三浦 : 彼は どうでしたか。
그는 어떠했습니까?

キム : そうですね、性格も いいし、能力も あるし、
とにかく いい 印象でした。
글쎄요, 성격도 좋고 능력도 있고, 아무튼 좋은 인상이었습니다.

会話 2

パク : おなかが 痛くて たまりません。
배가 아파 죽겠습니다.

吉田 : それは いけませんね。薬は 飲みましたか。
그거 안됐군요. 약은 먹었습니까?

パク : はい、薬は 飲みましたが、ちっとも 治りません。
네, 약은 먹었습니다만, 전혀 낫지 않습니다.

吉田 : じゃ、お医者さんに 行った ほうが いいですね。
그럼, 의사 선생님께 가는 것이 좋겠군요.

単語

・小犬(こいぬ) 강아지	・とにかく 아무튼
・連(つ)れる 데리고 가다, 오다	・印象(いんしょう) 인상
・公園(こうえん) 공원	・おなか 배
・会(あ)う 만나다	・痛(いた)い 아프다
・彼(かれ) 그, 그이	・いけない 안 된다
・性格(せいかく) 성격	・薬(くすり) 약
・能力(のうりょく) 능력	・ちっとも 전혀, 조금도
・〜し 〜하고	・治(なお)る 낫다

1 동사의 과거형

동사의 과거형은 어미에 과거·완료를 나타내는 た가 접속된 형태로 앞서 배운 접속조사 て가 이어진 경우와 동일하다.

기본형	て 형	과거형
書(か)く (쓰다)	書いて	書いた
泳(およ)ぐ (헤엄치다)	泳いで	泳いだ
待(ま)つ (기다리다)	待って	待った
乗(の)る (타다)	乗って	乗った
言(い)う (말하다)	言って	言った
死(し)ぬ (죽다)	死んで	死んだ
呼(よ)ぶ (부르다)	呼んで	呼んだ
飲(の)む (마시다)	飲んで	飲んだ
話(はな)す (이야기하다)	話して	話した
見(み)る (보다)	見て	見た
起(お)きる (일어나다)	起きて	起きた
寝(ね)る (자다)	寝て	寝た
食(た)べる (먹다)	食べて	食べた
する (하다)	して	した
来(く)る (오다)	来て	来た
行(い)く (가다)	行って	行った

☞ 위의 도표에서처럼 5단동사는 음편이 있으므로 이해가 안 되는 학습자는 て형을 참고할 것. 行く는 い음편을 하지 않고 예외적으로 つまる음편을 한다.

예 この 道(みち)は 幼(おさな)い とき よく 歩(ある)いた。
(이 길은 어렸을 때 자주 걸었다.)

ゆうべ 友達(ともだち)と 話(はな)しながら 酒(さけ)を 飲(の)んだ。
(어젯밤 친구와 이야기하면서 술을 마셨다.)

きのうは 朝早(あさはや)く 起(お)きた。
(어제는 아침 일찍 일어났다.)

ぼくは 去年 会社を 辞めた。
(나는 작년에 회사를 그만두었다.)

東京から 友達が 飛行機に 乗って 来た。
(도쿄에서 친구가 비행기를 타고 왔다.)

2 帰って きたんです (돌아왔습니다)

동사의 과거형을 정중하게 표현할 때는 단정을 나타내는 です를 접속하면 된다. 즉, 정중한 과거형인 ~ました와 같은 뜻이 된다.
~のです는 문장에 의미를 주기 위해, 또는 말하는 사람이 설명이나 강조하는 기분을 나타내고자 할 때 문장 끝의 기본형이나 과거형에 붙여 쓴다. 회화체에서는 흔히 ~んです로 줄여 쓴다.

예 山下さんは もう 帰りましたか。
山下さんは もう 帰ったの(ん)ですか
(야마시타 씨는 벌써 돌아왔습니까?)

きのうは どこへ 行きましたか。
きのうは どこへ 行ったの(ん)ですか。
(어제는 어디에 갔습니까?)

3 会った ことが ある (만난 적이 있다)

동사의 과거형에 ことが ある(あります)를 접속하면 「~한 적이 있다(있습니다)」의 뜻으로 과거의 경험을 나타낸다. 반대로 무경험을 나타낼 때는 동사의 과거형에 ことが ない(ありません)를 접속하면 된다.

예 彼女と 韓国へ 行った ことが あります。
(그녀와 한국에 간 적이 있습니다.)

木村さんは 韓国の 映画を 見た ことが ありますか。
(기무라 씨는 한국 영화를 본 적이 있습니까?)

わたしは 一度も 酒を 飲んだ ことが ありません。
(나는 한 번도 술을 마신 적이 없습니다.)

あなたは たばこを 吸った ことが ありませんか。
(당신은 담배를 피운 적이 없습니까?)

4 行った ほうが いい *(가는 게 좋다)*

동사의 과거형에 ～ほうが いい가 오면, 다른 것과 비교하여 한 쪽을 들어 말할 때 쓰이는 표현으로 「～하는 것이 좋다」라는 뜻이다.

예 早く 病院へ 行った ほうが いいですね。
(빨리 병원에 가는 것이 좋겠군요.)

吉村さんに 会って 相談した ほうが いいですね。
(요시무라 씨를 만나서 의논하는 게 좋겠군요.)

5 性格も いいし *(성격도 좋고)*

조사 し는 여러 개의 사항을 나열할 때 쓰는 것인데, 단순히 사항을 나열할 때에도 쓰며 여러 개의 이유가 되는 것 중에서 특히 하나를 들어서 이야기할 때에도 쓴다. 이 때 형태상으로는 나열되지 않은 경우도 말하는 사람의 판단 속에서는 다른 조건이 들어 있는 것이다.

예 吉村さんは 成績も いいし、性格も 明るいです。
(요시무라 씨는 성적도 좋고, 성격도 밝습니다.)

わたしの 部屋は 狭いし、暗いです。
(내 방은 좁고, 어둡습니다.)

① 手紙を 書きました。 ➡ 手紙を 書いた。 ➡ 편지를 썼다.
　 背広を 買いました。 　 背広を 買った。 　 양복을 샀다.
　 本を 読みました。 　 本を 読んだ。 　 책을 읽었다.
　 会社へ 行きました。 　 会社へ 行った。 　 회사에 갔다.
　 ご飯を 食べました。 　 ご飯を 食べた。 　 밥을 먹었다.

② 私は 日本へ 行った ことが あります。 ➡ 나는 일본에 간 적이 있습니다.
　 新幹線に 乗った 　 신칸센을 탄
　 すしを 食べた 　 초밥을 먹은
　 富士山を 見た 　 후지산을 본
　 彼に 会った 　 그를 만난

③ 電車で 行った ほうが いいですね。 ➡ 전철로 가는 게 좋겠군요.
　 バスに 乗った 　 버스를 타는
　 薬を 飲んだ 　 약을 먹는
　 お酒を やめた 　 술을 끊는
　 早く 寝た 　 일찍 자는

한자읽기

手紙(てがみ) 背広(せびろ) 会社(かいしゃ) ご飯(はん) 新幹線(しんかんせん) 富士山(ふ
じさん) 彼(かれ) 電車(でんしゃ) 乗(の)る 薬(くすり) 酒(さけ) 早(はや)く 寝(ね)る

① Q : あなたは 銀座へ 行った ことが ありますか。
（당신은 긴자에 간 적이 있습니까?) *銀座(ぎんざ)

A : はい、一度 あります。
（네, 한 번 있습니다.) *一度(いちど)

Q : あなたは 飛行機に 乗った ことが ありますか。
（당신은 비행기를 탄 적이 있습니까?) *飛行機(ひこうき)　乗(の)る

A : はい、日本へ 来た 時 一度 乗りました。
（네, 일본에 왔을 때 한 번 탔습니다.) *日本(にほん)　時(とき)

Q : あなたは 木村さんに 会った ことが ありますか。
（당신은 기무라 씨를 만난 적이 있습니까?) *会(あ)う

A : いいえ、全然 ありません。
（아니오, 전혀 없습니다.) *全然(ぜんぜん)

② Q : 薬を 飲んだ ほうが いいですか。
（약을 먹는 게 좋겠습니까?) *薬(くすり)　飲(の)む

A : はい、飲んだ ほうが いいです。
（네, 약을 먹는 게 좋겠습니다.)

Q : 新宿まで バスで 行きませんか。
（신주쿠까지 버스로 가지 않겠어요?) *新宿(しんじゅく)

A : 遅いですから、電車で 行った ほうが いいですね。
（늦으니까, 전철로 가는 게 좋겠군요.) *遅(おそ)い　電車(でんしゃ)

Q : この 部屋は なかなか 寒いですね。
（이 방은 상당히 춥네요.) *部屋(へや)　寒(さむ)い

A : じゃ、窓を 閉めた ほうが いいですね。
（그럼, 창문을 닫는 게 좋겠군요.) *窓(まど)　閉(し)める

▶ 되물을 때의 표현

① すみませんが、もう 一度
いちど
…。

   (미안하지만, 다시 한 번….)

   ＊もう 一度(いちど) : 다시 한 번

② もう 一度
いちど
話
はな
して くださいませんか。

   (다시 한 번 이야기해 주시지 않겠습니까?)

   ＊~て くださいませんか는 ~て くれませんか의 존경 표현이다.

③ よく 聞
き
き取
と
れませんでしたか。

   (잘 알아듣지 못했습니까?)

   ＊聞(き)き取(と)る : 알아듣다 / 聞き取り : 알아듣기, 히어링

④ 何
なん
ですって。

   (뭐라고요?)

   ＊손아랫사람에게는 何(なん)だって라고 한다.

⑤ 僕
ぼく
の 言
い
う こと、わかりますか。

   (내가 말한 것, 알겠습니까?)

   ＊言(い)う는 「유」라고 발음하기도 한다.

⑥ えっ、今
いま
何
なん
と 言
い
いましたか。

   (엣, 지금 뭐라고 했습니까?)

   ＊えっ(어, 앗)은 의외의 일로 놀라거나 의심할 때 내는 소리이다.

⑦ もう お分
わ
かりですか。

   (이제 아시겠습니까?)

   ＊わかりますか를 정중하게 말할 때는 おわかりですか라고 한다.

연습 문제

① 다음 예처럼 고쳐 말하시오.

> 예) きょうは 友達に 会いました。
> ⇨ きょうは 友達に 会ったんです。

1. パン屋へ 行って おいしい パンを 食べました。
   ⇨ _____

2. テレビで 野球の 生中継を 見ました。
   ⇨ _____

3. あなたは きのう どこへ 行きましたか。
   ⇨ _____

② 다음 예처럼 고쳐 말하시오.

> 예) わたしは 東京へ 行きました。
> ⇨ わたしは 東京へ 行った ことが あります。

1. あの 有名な 選手に 会いました。
   ⇨ _____

2. あの 面白い 映画を 見ました。
   ⇨ _____

3. わたしは 船に 乗って 旅行しました。
   ⇨ _____

---

① 1) パン屋へ 行って おいしい パンを 食べたんです。　② 1) あの 有名な 選手に 会った ことが あります。
　　2) テレビで 野球の 生中継を 見たんです。　　　　　　　2) あの 面白い 映画を 見た ことが あります。
　　3) あなたは きのう どこへ 行ったんですか。　　　　　　3) わたしは 船に 乗って 旅行した ことが あります。

● 雛祭(ひなまつ)り

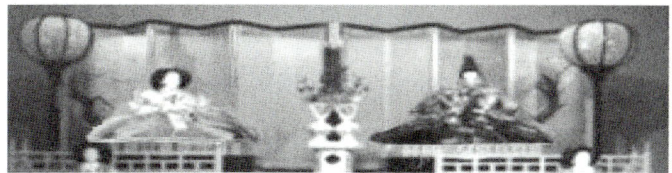

雛祭(ひなまつり)는 3월 3일에 행해지는 여자아이의 명절로 もものせっく라고 한다. 여자아이의 장래의 행복을 기원하는 축제이다. 각 가정에서는 빨간 ひなだん에 ひな人形을 장식한다. 제일 상단에는 内裏(だいり)びな, 다음 단에는 三人官女(さんにんかんじょ), 3번째 단에는 五人(ごにん)ばやし 등으로 구성된 것이 雛人形(ひなにんぎょう)이다. 백화점에서는 2월부터 7단이나 8단이나 되는 雛人形를 판매한다. 雛祭り는 원래 중국으로부터 건너 왔고, 雛人形가 장식되기 시작한 것은 江戸(えど) 시대부터이다. 3월 3일부터 4일에 걸쳐서, 流(なが)しびな라고 해서 おひなさま(雛祭り에 사용하는 인형)를 강이나 바다에 흘려보내는 풍습이 있다. 和歌山県(わかやまけん)이나 鳥取県(とっとりけん)의 流しびな는 전국적으로 유명하다. ひなだん은 일찍부터 장식되고, 3월 3일이 지나면 바로 치운다. 계속 장식해 두면 「시집가는 것이 늦어진다」라고 한다.

● 端午(たんご)の節句(せっく)

5월 5일은 어린이 날(こどもの日)로 남녀모두 축하하는 날이지만, 원래는 端午の節句라고 해서 남자아이의 성장을 축복하는 날이었다. 남자아이가 건강하게 자라기를 기원하며, 남자아이가 있는 가정에서는 갑옷에 투구를 쓴 5월인형을 장식하고, 집밖에 잉어모양을 한 鯉(こい)のばり를 세우고 창포나 찰떡으로 그 아이의 입신출세를 기원한다. 4월 29일이 緑の日(みどりのひ), 5월 3일은 헌법기념일(憲法記念日), 5월 4일은 국민휴일(国民の休日)이라서 긴 휴일이 된다. 이 기간을 일본에서는 골든위크라고 하며, 모든 유원지가 행락객으로 붐빈다.

天気が よかったんですか

第 5 課

基 本 文 型

1. 形容詞 – かった　～했다
2. 形容動詞 – だった　～했다
3. 名詞 – だった　～이었다

キム : きょうは 朝から 暑いですね。
오늘은 아침부터 덥군요

きのうも 暑かったですか。
어제도 더웠습니까?

パク : きのうは 午前中は 少し 涼しかったですが、
어제는 오전 중에는 조금 시원했습니다만,

午後は かなり 暑かったです。
오후에는 상당히 더웠습니다.

キム : おとといは 天気が よかったんですか。
그제는 날씨가 좋았습니까?

パク : いいえ、おとといは 朝 雨が ひどく 降りました。
아니오, 그제는 아침에 비가 몹시 내렸습니다.

キム： 東京の 夏は どうでしたか。
도쿄의 여름은 어떠했습니까?

パク： ソウルより 暑くて 過ごしにくかったんです。
서울보다 더워서 지내기 힘들었습니다.

でも、冬は あまり 寒くなかったんです。
하지만, 겨울은 그다지 춥지 않았습니다.

キム： ここは うるさいですね
여기는 시끄럽군요.

パク： はい、去年までは 静かだったんですが、
네, 작년까지는 조용했습니다만,

このごろは 車が 多くなって 空気も きれいでは
요즘은 차가 많아져서 공기도 깨끗하지

ないし、住みにくく なりました。
않고, 살기 힘들어졌습니다.

単語

- 朝(あさ) 아침
- 暑(あつ)い 덥다
- 少(すこ)し 조금
- 涼(すず)しい 시원하다
- 午前中(ごぜんちゅう) 오전 중
- 午後(ごご) 오후
- 天気(てんき) 날씨
- 雨(あめ) 비

- ひどい 심하다
- 過(す)ごす 지내다
- 寒(さむ)い 춥다
- うるさい 시끄럽다
- 去年(きょねん) 작년
- 静(しず)かだ 조용하다
- 空気(くうき) 공기
- 住(す)む 살다

문법 해설

1 暑かったです (더웠습니다)

형용사의 과거형은 어미 い가 かっ으로 바뀌어 과거·완료를 나타내는 た가 접속되어 ~かった의 형태를 취한다.

또한 ~かった의 형태로 체언을 수식하기도 하고, です를 접속하면 정중한 표현이 되기도 한다. 흔히 형용사의 기본형에 です의 과거형인 でした를 접속하여 ~いでした로 하기 쉬우나 이것은 일본어다운 표현이 아니다. 따라서 형용사의 과거형을 정중하게 표현할 때는 반드시 ~かったです의 형태를 취해야 한다. ~かったです는 의미를 강조하거나 설명하는 느낌을 주기 위해 ~かったの(ん)です로도 표현한다.

기본형	과거형	의 미
暑(あつ)い	暑かった	더웠다
寒(さむ)い	寒かった	추웠다
易(やさ)しい	易しかった	쉬웠다
難(むずか)しい	難しかった	어려웠다

예 きのうの テストは 本当に 難しかった。
　　(어제 시험은 정말로 어려웠다.)

　　この あいだの 旅行は 楽しかったですか。
　　(요전의 여행은 즐거웠습니까?)

　　きのうの 映画は 面白かったんですか。
　　(어제 영화는 재미있었습니까?)

　　これが いちばん 易しかった 問題です。
　　(이것이 가장 쉬웠던 문제입니다.)

2 静かだった (조용했다)

형용동사의 과거형은 어미 だ가 だっ으로 바뀌어 과거·완료를 나타내는 た가 접속한 だった의 형태를 취한다. 정중하게 표현할 때는 과거형에 です를 접속하기도 하지만, 일반적으로 です과거형인 でした를 형용동사의 어간에 접속하여 나타낸다. 또, だったです를 だったの(ん)です로도 표현한다.

（예） この 川は 去年までは とても きれいだった。

（이 강은 작년까지는 매우 깨끗했다.）

これは わたしが 好きだった ものです。

（이것은 내가 좋아했던 것입니다.）

昔、あの 選手は 有名でした。

（옛날에 저 선수는 유명했습니다.）

以前は ここは 交通が 不便だったんです。

（이전에는 여기는 교통이 불편했습니다.）

③ ひどく 降りました (심하게 내렸습니다)

형용사의 부사형은 어미 い가 く로 바뀌어 뒤에 용언이 이어지는 것을 말한다. 여기서 ひどく는 형용사 ひどい(심하다)의 부사형으로 뒤의 용언인 降りました를 수식하고 있다. 따라서 ひどく는 「심하게」라는 뜻이다.

（예） もっと 易しく 説明して ください。

（더 쉽게 설명해 주세요.）

久しぶりに 空が 青く 見えます。

（오랜만에 하늘이 파랗게 보입니다.）

④ 過ごしにくい (지내기 힘들다)

동사의 중지형, 즉 ます가 접속하는 꼴에 형용사형 접미어 やすい를 접속하면 「~하기 쉽다, 편하다」라는 뜻의 형용사를 만든다.
반대로 동사의 중지형에 접미어 にくい가 접속하면 「~하기 힘들다, 어렵다」의 뜻을 가진 형용사를 만든다.

（예） この 薬は 甘くて 飲みやすいです。

（이 약은 달아서 먹기 편합니다.）

この 肉は 堅くて 食べにくいです。

（이 고기는 질겨서 먹기 힘듭니다.）

① きのうの

試験は 易しかった
ドラマは 悲しかった
遠足は 楽しかった
映画は 面白かった
天気は 悪かった

です。 ➡ 어제

시험은 쉬웠
드라마는 슬펐
소풍은 즐거웠
영화는 재미있었
날씨는 나빴

습니다.

② 昔、

あの 選手は 有名
キム先生は 立派
ここは 静か
交通が とても 不便
この 川は きれい

だった。 ➡ 옛날에

저 선수는 유명
김 선생님은 훌륭
여기는 조용
교통이 매우 불편
이 강은 깨끗

했다.

③ この

肉は 食べ
字は 読み
薬は 飲み
ペンは 書き
内容は わかり

やすい(にくい)です。 ➡ 이

고기는 먹기
글자는 읽기
약은 먹기
펜은 쓰기
내용은 알기

쉽습(힘듭)니다.

한자읽기

試験(しけん) 易(やさ)しい 悲(かな)しい 遠足(えんそく) 楽(たの)しい 映画(えいが)
面白(おもしろ)い 天気(てんき) 悪(わる)い 選手(せんしゅ) 有名(ゆうめい) 立派(りっぱ)
静(しず)か 交通(こうつう) 不便(ふべん) 川(かわ) 肉(にく) 字(じ) 内容(ないよう)

① Q : その 黒い 靴、いくらだった。
(그 검정 구두, 얼마였지?) *黒(くろ)い 靴(くつ)

A : うん、一万円だったよ。
(응, 만 엔이었어.) *一万円(いちまんえん)

Q : 京都、どうだった。
(교토, 어땠어?) *京都(きょうと)

A : とっても 面白かったわ。
(무척 재미있었어.) *面白(おもしろ)い

Q : キムさんの ダンス、どうだった。
(김씨 댄스 어땠어?) *上手(じょうず)

A : うん、上手だったよ。
(응, 잘 췄어.)

② Q : その 小さい 傘は 三千円でしたか。
(그 작은 우산은 3천 엔이었습니까?) *小(ちい)さい 傘(かさ)

A : ええ、三千円でしたよ。
(예, 3천 엔이었습니다.) *三千円(さんぜんえん)

Q : 試験は 難しかったですか。
(시험은 어려웠습니까?) *試験(しけん) 難(むずか)しい

A : いいえ、試験は 難しく ありませんでした。
(아니오, 시험은 어렵지 않았습니다.)

Q : 美術館は 静かでしたか。
(미술관은 조용했습니까?) *美術館(びじゅつかん) 静(しず)か

A : いいえ、あまり 静かでは ありませんでした。
(아니오, 그다지 조용하지 않았습니다.)

▶ 맞장구칠 때의 표현

① そうですね。
  (그렇군요.)
  * 말이 막혔을 때는 「글쎄요」의 뜻이 되지만 맞장구 칠 때는 「그렇군요」의 뜻이 된다.

② そのとおりです。
  (그렇습니다.)
  * ～とおり는 「～대로」의 뜻으로 같은 방법과 상태임을 나타낸다.

③ おっしゃる とおりです。
  (말씀하신 대로입니다.)
  * おっしゃる(말씀하시다)는 言(い)う의 존경어이다.

④ なるほど、そうですね。
  (과연, 그렇군요.)
  * なるほど : 그렇고말고, 아무렴

⑤ そうなんですか。
  (그렇습니까?)
  * ～なん은 ～なの의 회화체이다.

⑥ 私(わたし)も そう 思(おも)います。
  (저도 그렇게 생각합니다.)
  * そう : 그렇게

⑦ まったく 同感(どうかん)です。
  (전적으로 동감입니다.)
  * まったく : 아주, 전적으로

① 다음 예처럼 고쳐 말하시오

> 예) きょうの テストは 易しいです。
> ⇨ きょうの テストは 易しかったんです。

1. この パン屋の ケーキは おいしいです。
   ⇨ むかし、
   _____

2. テレビの ドラマは 面白いです。
   ⇨ ゆうべの
   _____

3. この まわりは とても 静かです。
   ⇨ むかし、
   _____

② 다음 예처럼 ( )의 주어질 말로 두 문을 하나로 연결하시오

> 예) この パンは 柔らかい。/ 食べます。(やすい)
> ⇨ この パンは 柔らかくて 食べやすいです。

1. あの 選手に 忙しい。/ 会います。(にくい)
   ⇨
   _____

2. 秋は 涼しい。/ 過ごします。(やすい)
   ⇨
   _____

3. この 周りは うるさい。/ 住みます。(にくい)
   ⇨
   _____

---

① 1) むかし この パン屋の ケーキは おいしかったんです。　② 1) あの 選手に 忙しくて 会いにくいです。
　2) ゆうべ テレビの ドラマは 面白かったんです。　　　　2) 秋は 涼しくて 過ごしやすいです。
　3) むかし、この まわりは とても 静かだったんです。　　3) この 周りは うるさくて 住みにくいです。

旅行に 行かないんですか

第6課

基 本 文 型

1. **動詞 – ない** ～하지 않다
2. **～かも しれない** ～일 지도 모른다
3. **～ないで ください** ～하지 마세요

会話 1

田中 : **キムさんは 旅行に 行かないんですか。**
김씨는 여행을 가지 않습니까?

パク : **彼は 仕事が あって 行かないかも しれません。**
그는 일이 있어서 가지 않을지도 모릅니다.

田中 : **残念ですね。 あなたは 行くでしょう。**
유감이군요. 당신은 가지요?

会話 2

石原 : **パクさんは 会社へ 行かない 時は 何を しますか。**
박씨는 회사에 가지 않을 때는 무엇을 합니까?

パク : **うちで 休みながら 本を 読みます。**
집에서 쉬면서 책을 읽습니다.

石原 : キムさんは 会社へ 行かない 時は 運動を
　　　 します。

김씨는 회사에 가지 않을 때는 운동을 합니까?

キム : はい、父と いっしょに テニス などを します。

네, 아버지와 함께 테니스 등을 합니다.

野村 : パクさんは ベンチで 何を して いますか。

박씨는 벤치에서 무엇을 하고 있습니까?

キム : 仕事も しないで 遊んで います。

일도 하지 않고 놀고 있습니다.

野村 : 最近、雨が 降らなくて 困って います。

요즘, 비가 내리지 않아서 난처합니다.

キム : でも、あまり 心配しないで ください。

하지만, 그다지 걱정하지 마세요.

単語

- 旅行(りょこう) 여행
- 仕事(しごと) 일
- ~かも しれません ~일지도
  모릅니다
- 会社(かいしゃ) 회사
- 時(とき) 때
- 運動(うんどう) 운동
- いっしょ(一緒)に 함께

- テニス 테니스
- ベンチ 벤치
- 遊(あそ)ぶ 놀다
- 最近(さいきん) 최근, 요즘
- 困(こま)る 곤란하다, 난처하다
- でも 하지만
- 心配(しんぱい) 걱정
- ~ないで ~하지 말고

1 動詞 - ない (~하지 않다)

동사의 부정형은 ない가 접속된 형태를 말한다. 이 때 ない는 「없다」는 뜻이 아니라 「~하지 않다」의 뜻으로 부정을 나타낸다. 5단동사의 부정형은 어미 う단이 あ단으로 바뀌어 ない가 접속된다. 또, 상1단・하1단동사는 ます가 접속될 때처럼 어미 る가 탈락되고 ない가 접속한다.

기본형	의 미	부정형	의 미
行く	가다	行かない	가지 않다
泳ぐ	헤엄치다	泳がない	헤엄치지 않다
待つ	기다리다	待たない	기다리지 않다
乗る	타다	乗らない	타지 않다
言う	말하다	言わない	말하지 않다
読む	읽다	読まない	읽지 않다
飛ぶ	날다	飛ばない	날지 않다
死ぬ	죽다	死なない	죽지 않다
話す	이야기하다	話さない	이야기하지 않다
起きる	일어나다	起きない	일어나지 않다
食べる	먹다	食べない	먹지 않다
来る	오다	来ない	오지 않다
する	하다	しない	하지 않다

➡ 어미가 う로 끝나는 5단동사의 부정형은 「~あない」가 아니라 「~わない」로 활용한다.

2 부정형의 여러 가지 용법

부정형을 만드는 ない는 형용사와 동일하게 활용을 한다. 따라서 문을 끝맺기도 하고, 체언을 수식하기도 한다. 또한 부정형에 です를 접속하면 정중한 부정형인 ません과 동일한 뜻이 된다.

예 この 鳥は 病気で 飛ばない。

(이 새는 아파서 날지 않는다.)

デパートへ 行って 何も 買わない 時も ある。

(백화점에 가서 아무것도 사지 않을 때도 있다.)

あなたは テレビの ニュースを 見ないんですか。

(당신은 텔레비전 뉴스를 보지 않습니까?)

3 **行かないかも しれない** *(가지 않을지도 모른다)*

かも しれない는 체언 및 용언에 접속하여 「~할(일)지도 모른다」의 뜻으로 불확
실한 추측을 나타낸다. 정중하게 표현할 때는 かも しれません을 쓴다.

예 きょうは 雨が 降るかも しれない。

(오늘은 비가 내릴지도 모른다.)

それは 本当かも しれません。

(그것은 정말일지도 모릅니다.)

彼女は ここへ 来ないかも しれません。

(그녀는 여기에 오지 않을지도 모릅니다.)

4 **行くでしょう** *(가겠지요)*

でしょう는 정중한 단정을 나타내는 です의 추측형으로, 추측의 뜻을 나타내기도
하고, 상대방에게 확인하거나 자기가 말한 것에 대해 상대방의 동의를 구할 때도
쓴다.

예 あしたも たぶん 暑いでしょう。

(내일도 아마 덥겠지요.)

この 本は あなたのでしょう。

(이 책은 당신 것이지요?)

彼女も この パーティーへ 来るでしょう。

(그녀도 이 파티에 오겠지요?)

5 しないで (하지말고)

동사의 부정형인 ない에 다른 동작이나 상태가 이어질 때는 주로 ないで의 형태를 취한다. 그러나 앞에 오는 사항이 뒤에 오는 사항의 이유나 원인을 나타낼 때는 なくて의 형태를 취한다.

예 彼は 会社も 行かないで 遊んで います。
（그는 회사도 가지 않고 놀고 있습니다.）

答案を 見ないで 答えて ください。
（답안을 보지말고 대답해 주세요.）

最近 雨が 降らなくて 困って います。
（요즘 비가 내리지 않아서 곤란합니다.）

彼の 住所が わからなくて 友達に 聞いて みた。
（그의 주소를 몰라서 친구에게 물어 보았다.）

6 心配しないで ください (걱정하지 마세요)

ないで에 의뢰나 요구를 나타내는 ください를 접속하면 우리말의 「~하지 마세요」의 뜻으로 상대에게 행동이나 동작을 하지 말 것을 요구하는 표현이 된다.

예 これから お酒を 飲まないで ください。
（이제부터 술을 마시지 마세요.）

答案は ボールペンで 書かないで ください。
（답안은 볼펜으로 쓰지 마세요.）

この パンは 食べないで ください。
（이 빵은 먹지 마세요.）

문형 연습

① 本を 読み ません。　本を 読ま ない ➡ 책을 읽지 않다.
　映画を 見　　　　　映画を 見　　　　영화를 보지
　学校へ 行き　　　　学校へ 行か　　　학교에 가지
　散歩 し　　　　　　散歩 し　　　　　산책을 하지
　バスに 乗り　　　　バスに 乗ら　　　버스를 타지

② 何も 言わ ないで ください。➡ 아무 말도 하지 마세요.
　お酒を 飲ま　　　　　　　　　술을 마시지
　早く 帰ら　　　　　　　　　　일찍 돌아가지
　漫画を 見　　　　　　　　　　만화를 보지
　あしたは 来　　　　　　　　　내일은 오지

③ キムさんは 国へ 帰る でしょう。➡ 고향에 갈 것입니다.
　　　　　　　来ない かも しれません。➡ 오지 않을 지도
　　　　　　　優しい　　　　　　　　　　상냥할　모릅니다.
　　　　　　　病気　　　　　　　　　　　김씨는 아플
　　　　　　　肉が きらい　　　　　　　고기를 싫어할

한자읽기

映画(えいが)　学校(がっこう)　散歩(さんぽ)　乗(の)る　言(い)う　酒(さけ)　帰(かえ)る
漫画(まんが)　国(くに)　優(やさ)しい　病気(びょうき)　肉(にく)

문형 회화

① Q : 君は あした どこへ 行く。
　　　(넌 내일 어디에 가니?) *君(きみ)

　　A : どこも 行かないよ。
　　　(아무데도 안 가.)

　　Q : 僕と 一緒に ビールを 飲まない。
　　　(나와 함께 맥주를 마시지 않을래?) *僕(ぼく)　一緒(いっしょ)　飲(の)む

　　A : それは いいね。
　　　(그거 좋지.)

　　Q : ここでは 買わない ほうが いいですね。
　　　(여기서는 사지 않는 게 좋겠어요.) *買(か)う

　　A : それじゃ、どこが いいですか。
　　　(그럼, 어디가 좋습니까?)

② Q : キムさんも 来るでしょう。
　　　(김씨도 오겠죠?) *来(く)る

　　A : そうですね。来ないかも しれません。
　　　(글쎄요. 오지 않을 지도 모릅니다.) *来(こ)ない

　　Q : 日本語は 面白いでしょう。
　　　(일본어는 재미있겠지요?) *面白(おもしろ)い

　　A : ええ、面白いです。
　　　(예, 재미있습니다.)

　　Q : 木村さんの 部屋は きれいでしょう。
　　　(기무라 씨 방은 깨끗하겠죠?) *木村(きむら)　部屋(へや)

　　A : たぶん そうかも しれません。
　　　(아마 그럴 지도 모릅니다.)

▶ 거절할 때의 표현

① せっかくですが、先約が ありますので…。

（모처럼인데 선약이 있어서….）

＊せっかく : 모처럼

② それには 及びません。

（그럴 필요는 없습니다.）

＊〜には 及(およ)ばない : 〜할 필요는 없다

③ お断り致します。

（거절하겠습니다.）

＊断(ことわ)る : 거절하다

④ 申し訳ございませんが、都合が…。

（죄송합니다만, 사정이….）

＊申(もう)し訳(わけ)ない : 죄송하다, 드릴 말씀이 없다

⑤ 残念ですが、お断りします。

（유감스럽지만, 거절하겠습니다.）

＊残念(ざんねん)だ : 유감스럽다

⑥ それは 私には 無理です。

（그건 저에게는 무리입니다.）

＊無理(むり)だ : 무리이다

⑦ すみませんが、引き受けかねます。

（미안하지만, 받아들이기 힘듭니다.）

＊〜かねる : 〜하기 힘들다, 어렵다

① 다음 예처럼 고쳐 말하시오

> 예) 彼は 一冊の 本も 読みません。
> ⇨ 彼は 一冊の 本も 読まない。

1. 彼は なかなか 背広を 着ません。
   ⇨
   _____

2. 彼女は 面白い 番組しか 見ません。
   ⇨
   _____

3. この 工場では 車を 造りません。
   ⇨
   _____

② 다음 예처럼 두 문을 하나로 연결하시오

> 예) 電車に 乗らない。/ 歩いて 来ました。
> ⇨ 電車に 乗らないで 歩いて 来ました。

1. 手紙を 書かない。/ 電話を しました。
   ⇨
   _____

2. 友達を 待たない。/ そのまま 帰りました。
   ⇨
   _____

3. 言葉の 意味が わからない。/ 先生に 聞いて みた。
   ⇨
   _____

---

① 1) 彼は なかなか 背広を 着ない。　② 1) 手紙を 書かないで 電話を しました。
　2) 彼女は 面白い 番組しか 見ない。　　 2) 友達を 待たないで そのまま 帰りました。
　3) この 工場では 車を 造らない。　　　 3) 言葉の 意味が わからなくて 先生に 聞いて みた。

七夕〈たなばた〉

7월 7일 밤, 은하수를 끼고 빛나는 두 개의 별, 견우성과 직녀성이 1년에 한 번 이 날에 만난다

고 하는 중국에서 전해온 전설을 기초로 일본에서는 短冊(たんざく : 글씨를 쓰거나 물건을 매는 좁은 종이)에 원하는 것을 써서 おりがみ(종이접기)나 색종이 등과 함께 대나무 가지(笹/ささ)에 장식해서 붙이는 풍습이 남아 있다. 지금도 たなばた가 다가오면 문방구에서는 短冊가 팔리고, 꽃가게에서는 笹(ささ)를 팔기도 한다. 유치원이나 소학교 저학년은 그림이나 공작 수업중에

たなばた 장식품을 만든다. 대나무에 「~을 갖고 싶다」라든가 「~이 되고 싶다」라는 소원을 적은 短冊를 묶어 맨다. 옛날에는 집집마다 처마 끝에 笹(ささ)だけ가 장식되었지만, 맨션이나 아파트에 사는 사람이 많은 도시에서는 베란다에 장식하는 것이 고작이다. 仙台(せんだい)나 平塚(ひらづか)의 たなばた는 매우 유명하며, 상가의 장식은 해마다 화려해지고 있다. 원래는 음력 7월 7일에 이루어지던 것으로 지금도 한달 늦게 축하하는 지방이 많은 것 같다.

お盆〈ぼん〉

불교의 전설에 의하면 석가의 제자 중 한 사람이 죽은 어머니가 지옥에 떨어져 괴로워하고 있는 것을 구하기 위해 공양을 한 것에서 お盆이 유래한다. 8월 13일부터 15일 사이에 각 가정에서는 불단(仏壇)에 제물을 바치고 조상의 영을 위로한다. 절이나 공원묘지의 주차장은 어디나 만원으로 성묘를 하며 오랜만에 친척과 얼굴을 맞대고 묘지에 꽃을 장식하고 조상를 위해 공양하는 때이다. お盆 날 밤에는 각지에서 근처 사람들이 모여 피리나 북에 맞추어 윤무를 즐기고 폭죽도 쏘아 올려 여름의

풍물시를 펼친다. 이 기간에 도시에 사는 사람들도 일제히 고향으로 돌아오기 때문에 도시는 교통 체증도 없고 평온함을 되찾는다.

どうして 会社に 遅れたんですか

第7課

基 本 文 型

1. ~から ~이니까(하니까), ~하기 때문에
2. ~ので ~하기 때문에(이기 때문에), ~하므로(이므로)
3. ~のに ~는데(도)
4. ~て しまう ~해 버리다

会話 1

吉野 : あなたは どうして 会社に 遅れたんですか。
당신은 왜 회사에 늦었습니까?

キム : 今朝 朝寝坊を して 遅れて しまいました。
오늘 아침 늦잠을 자서 늦어버렸습니다.

吉野 : ゆうべ 遅くまで 起きて いたのですか。
어젯밤 늦게까지 자지 않았습니까?

キム : いいえ、ゆうべは 早く 寝ました。
아니오, 어젯밤은 일찍 잤습니다.

吉野 : 早く 寝たのに どうして 朝寝坊を したのですか。
일찍 잤는데, 왜 늦잠을 잤습니까?

キム : 車の 音が うるさくて よく 眠れなかったからです。
차 소리가 시끄러워서 잘 자지 못했습니다.

木村 : 静<small>しず</small>かですね。みんな 何<small>なに</small>を して いますか。

조용하군요. 모두 무엇을 하고 있습니까?

パク : あした 試験<small>しけん</small>が あるので、勉強<small>べんきょう</small>して います。

내일 시험이 있어서 공부하고 있습니다.

木村 : 試験<small>しけん</small>が あるのに あなたは どうして 遊<small>あそ</small>んで
いますか。

시험이 있는데, 당신은 왜 놀고 있습니까?

パク : ゆうべ 十分<small>じゅうぶん</small>に 勉強<small>べんきょう</small>したので 遊<small>あそ</small>んで います。

어젯밤 충분히 공부했기 때문에 놀고 있습니다.

木村 : 試験<small>しけん</small>は どうでしたか。

시험은 어떠했습니까?

パク : 時間<small>じかん</small>が 足<small>た</small>りなかったので、全部<small>ぜんぶ</small>できませんでした。

시간이 부족해서 전부 하지 못했습니다.

木村 : 一生<small>いっしょう</small>けんめい 勉強<small>べんきょう</small>したのに、残念<small>ざんねん</small>ですね。

열심히 공부했는데 유감이군요.

- 遅(おく)れる 늦다
- 今朝(けさ) 오늘 아침
- 朝寝坊(あさねぼう) 늦잠
- 遅(おそ)い 늦다
- 寝(ね)る 자다
- 車(くるま) 차
- 音(おと) 소리
- 眠(ねむ)る 자다
- 試験(しけん) 시험
- 遊(あそ)ぶ 놀다
- 足(た)りる 족하다
- 全部(ぜんぶ) 전부
- 一生懸命(いっしょうけんめい) 열심히
- 残念(ざんねん)だ 유감이다

1 眠れなかったからです (자지 못했기 때문입니다)

から는 여러 가지 용법이 있으나, 활용어에 접속하여 쓰일 때는 「~때문에, 이니까」의 뜻으로 두 개의 문장을 이어주기도 하고, 또 앞의 문장이 뒤의 문장의 원인이나 이유를 나타낸다. から는 주로 주관적인 원인·이유를 나타낸다. 따라서 뒤에 희망표현이나 명령, 요구, 의지를 나타내는 말이 온다. から가 명사나 형용동사에 접속할 때는 だから의 형태를 취한다.

예) 寒いから 窓を 閉めて ください。
    (추우니까 창문을 닫아 주세요.)

    これは 必要だから 買いたいです。
    (이것이 필요하니까 사고 싶습니다.)

    たくさん あるから どれが いいか 分からない。
    (많이 있으니까 어느 것이 좋은지 모르겠다.)

    あしたは 日曜日だから 会社へ 行きません。
    (내일은 일요일이니까 회사에 가지 않습니다.)

2 試験が あるので (시험이 있기 때문에)

ので는 활용어에 접속하여 から와 마찬가지로 두 개의 문장을 이어주거나 또는 앞의 문장이 뒤의 문장의 원인이나 이유를 나타낸다. 그러나 から가 주관적인 원인·이유인데 반해, ので는 객관적인 원인이나 이유를 나타낸다. 또, ので는 회화체에서 んで로 발음이 변하기도 하며, から보다 부드러운 느낌을 주기 때문에 강한 표현을 피하려는 여자들이 많이 쓴다.
ので가 명사나 형용동사에 접속할 때는 なので의 형태를 취한다.

예) 用事が あるので、どこへも 行きません。
    (볼일이 있어 어디에도 가지 않습니다.)

    景気が 悪いので 国民の 生活は よく ない。
    (경기가 나빠서 국민의 생활은 좋지 않다.)

ここは 交通が 便利なので 住みやすいです。

(여기는 교통이 편리해서 살기 편합니다.)

まだ 学生なので 勉強して います。

(아직 학생이어서 공부하고 있습니다.)

❸ 勉強したのに (공부했는데도)

のには「~하는데도, ~함에도 불구하고」의 뜻으로 역접조건을 나타내기도 하고,
「~인데, ~텐데, ~련만」의 뜻으로 의외의 결과에 대한 원망이나 불만의 기분을
나타낸다. のに가 명사나 형용동사에 접속할 때는 なのに의 형태를 취한다.

例 彼は まだ 学生なのに 勉強を しません。

(그는 아직 학생인데도 공부를 하지 않습니다.)

彼女は まだ 熱が あるのに 外出します。

(그녀는 아직 열이 있는데 외출합니다.)

この 周りは 汚いのに 人が 多いです。

(이 주위는 더러운데도 사람이 많습니다.)

こんなに 交通が 不便なのに、家賃が 高いです。

(이렇게 교통이 불편한데도 집세가 비쌉니다.)

❹ 遅れて しまいました (늦고 말았습니다)

しまうが 동사의 て형에 보조동사로 쓰이면, 그 동작이 완전히 끝난 것을 나타낸
다. 또한 자기의 의지와는 관계없이 그렇게 되어서 유감인 것을 나타내며, 우리말
의「~해 버리다, ~고 말다」등으로 해석한다. 회화체에서는 ちゃう로 줄여서 말
하기도 한다.

例 お金を 全部 使って しまった。

(돈을 전부 써 버렸다.)

約束の 時間に 遅れて しまいました。

(약속 시간에 늦어 버렸습니다.)

おとうとが 僕の パンを 食べて しまいました。

(동생이 내 빵을 먹어 버렸습니다.)

5 うるさくて _(시끄러워서)_

앞의 형용사와 뒤의 문장을 연결할 때는 형용사 어미 い를 く로 바꾸고 て를 접속 시킨다. ～くて의 용법은 앞, 뒤의 것을 나열해서 나타내는 경우와, 앞의 것이 뒤의 것의 원인이나 이유를 나타내는 용법이 있다. 그런데 경우에 따라서는 두 용법의 구별이 어려울 때가 있다.

예 私の 部屋は 広いです。 / 私の 部屋は 静かです。

→ 私の 部屋は 広くて 静かです。
　　(내 방은 넓고 조용합니다.)

私の 部屋は 狭いです。 / それで 嫌です。

→ 私の 部屋は 狭くて 嫌です。
　　(내 방은 좁아서 싫습니다.)

6 どうして _(왜, 어째서)_

どうして・なぜ・なんでが「왜, 어째서」의 뜻으로 원인과 이유를 묻는 데는 거의 비슷하지만, どうして는 수단이나 방법을 묻는 데도 쓰인다. 이 때는 「어떻게, 어떤 방법으로」의 뜻이 된다. 또한 なんで는 회화체이고 반어적 용법으로도 쓰인다.

예 なぜ だめなんですか。
　　(왜 안 됩니까?)

なぜだか わかりません。
　　(어째서인지 모르겠습니다.)

どうして 食べないんですか。
　　(어째서 먹지 않습니까?)

どうしてだか わたしにも わかりません。
　　(어째서인지 저도 모르겠습니다.)

①

寒い	から	窓を 閉めなさい。	➡	추우	니까	창문을 닫아라.
ここは 静かだ		いいです。		여기는 조용하		좋습니다.
もう 終った		帰っても いい。		이미 끝났으		돌아가도 된다.
また ある		それは 要らない。		또 있으		그건 필요없다.
あすは 試験だ		勉強すべきだ。		내일은 시험이		공부해야 한다.

②

結婚する	ので	お金が 要る。	➡	결혼하기	때문에	돈이 필요하다.
かぜを 引いた		会社を 休んだ。		감기에 걸렸기		회사를 쉬었다.
駅が 遠い		不便です。		역이 멀기		불편합니다.
静かな		よく 寝られる。		조용하기		잘 잘 수 있다.
日曜日な		銀行は 休みだ。		일요일이기		은행은 쉰다.

③ もう

ご飯を 食べて	しまいました。	➡ 이미	밥을 먹어	버렸습니다.
この 本を 読んで			이 책을 읽어	
レポートを 書いて			리포트를 써	
荷物を 送って			짐을 보내	
講義は 終わって			강의는 끝나	

한자읽기

寒(さむ)い 終(お)わる 試験(しけん) 窓(まど) 閉(し)める 要(い)る 勉強(べんきょう)
結婚(けっこん) 駅(えき) 遠(とお)い 会社(かいしゃ) 休(やす)む 不便(ふべん) 寝(ね)る
銀行(ぎんこう) 休(やす)み ご飯(はん) 荷物(にもつ) 送(おく)る 講義(こうぎ)

① Q : 今晩 一緒に 出かけませんか。
(오늘밤 함께 나가지 않겠어요?) *今晩(こんばん) 一緒(いっしょ) 出(で)かける

A : いいえ、疲れたので、早く 寝ます。
(아뇨, 피곤해서 일찍 자겠습니다.) *疲(つか)れる 早(はや)く 寝(ね)る

Q : ゆうべの 台風、びっくりしたでしょう。
(어젯밤 태풍, 깜짝 놀랐죠?) *台風(たいふう)

A : ええ、初めてなので、こわくて よく 眠れませんでした。
(예, 처음이라서 무서워 잘 자지 못했습니다.) *初(はじ)めて 眠(ねむ)る

Q : どうして 会社を 休みましたか。
(왜 회사를 쉬었었습니까?) *会社(かいしゃ) 休(やす)む

A : 少し 熱が ありましたから。
(조금 열이 있어서요.) *少(すこ)し 熱(ねつ)

② Q : もう ご飯を 食べましたか。
(벌써 밥을 먹었습니까?) *ご飯(はん) 食(た)べる

A : はい、もう 食べて しまいました。
(예, 벌써 먹어 버렸습니다.)

Q : どうしたんですか。
(어떻게 된 겁니까?)

A : 鍵を なくして しまったんです。
(열쇠를 잃어 버렸습니다.) *鍵(かぎ)

Q : あのう、財布を 落として しまったんですが…。
(저−, 지갑을 잃어 버렸는데요….) *財布(さいふ) 落(お)とす

A : どんな 財布ですか。
(어떤 지갑입니까?)

▶ 날씨의 표현

① いい お天気ですね。

　　(날씨가 좋군요.)

　　* 「날씨가 좋다」라고 할 때는 天気(てんき)가 いい라고 하지 않는다.

② あすの 天気は どうでしょうか。

　　(내일 날씨는 어떨까요?)

　　* 天気(てんき) : 날씨

③ 東京の 天気は どうですか。

　　(도쿄 날씨는 어떻습니까?)

　　* 東京(とうきょう) : 일본의 수도

④ すぐ 晴れるでしょう。

　　(곧 개일 겁니다.)

　　* 晴(は)れる : (날씨가) 맑다, 개다

⑤ 今、ソウルは 雨です。

　　(지금 서울은 비가 옵니다.)

　　* 雨(あめ)です의 です는 동사 降(ふ)ります의 대용이다.

⑥ ひどい 風ですね。

　　(바람이 심하네요.)

　　* ひどい : (정도가) 심하다

⑦ 天気予報に よると 雨が 降るそうです。

　　(일기예보에 의하면 비가 내린답니다.)

　　* ~によると ~そうだ : ~에 의하면 ~라고 한다

① 다음 예처럼 두 문을 하나로 연결하시오.

> 예) お金は たくさん ある。/ 心配は 要りません。
>   ⇨ お金は たくさん あるから 心配は 要りません。

1. 背広は 嫌いだ。/ なかなか 着ません。
   ⇨

2. あの 番組は 面白く ない。/ 見ません。
   ⇨

3. ここは 家電工場だ。/ 車は 造りません。
   ⇨

② 다음 예처럼 고쳐 말하시오.

> 예) 勉強も しないで 遊びました。
>   ⇨ 勉強も しないで 遊んで しまいました。

1. 何も 言わないで 帰りました。
   ⇨

2. 約束の 時間に 一時間も 遅れました。
   ⇨

3. ゆうべ お酒を 飲んで 酔いました。
   ⇨

---

① 1) 背広は 嫌いだから なかなか 着ません。　② 1) 何も 言わないで 帰って しまいました。
　2) あの 番組は 面白く ないから 見ません。　　2) 約束の 時間に 一時間も 遅れて しまいました。
　3) ここは 家電工場だから 車は 造りません。　　3) ゆうべ お酒を 飲んで 酔って しまいました。

__media__

七五三(しちごさん)

七五三(しちごさん)은 달력 나이로 3세와 5세의 남자 아이, 3세와 7세의 여자아이에게 나들이옷을 입혀서 신사에 참배하는 축하일로 11월 15일에 행해진다. 江戸(えど)시대의 武家(ぶけ)사회의 관습이 일반화된 것으로 당시 武家의 자녀는 3세에 남녀 모두 처음으로 머리를 늘어뜨리는 かみおけ의 의식을 행하고, 그 후 남자아이는 5세가 되면 처음으로 はかま를 입는 はかま의식을, 여자아이는 7세가 되면 처음으로 ひも(띠)를 풀고 정식으로 おび(띠)를 하는 띠풀기 의식을 행하였다. 七五三은 종교와 관계없이 참배를 하는 가정이 일반적이다. 七五三이라는 명칭이 쓰여지기 시작한 것은 明治(めいじ) 이후로 東京(とうきょう)에서 関西(かんさい)로 퍼져 지금은 전국적으로 행해지고 있다.

お祭(まつ)り

1년 내내 전국 어딘가에서 축제가 행해지고 있을 정도로 일본인은 축제를 좋아하는데, 특히 봄은 풍작을 기원하고 가을은 수확을 즐거워하는 등, 농업국이었던 옛날의 잔재가 祭(まつ)り로 전승되고 있다. 그러나 시대와 함께 祭り의 전후 사정이 변해서 지금은 祭り에 참가하는 사람도 구경하는 사람도 일종의 레크레이션으로서 취급하고 있고 관광화되고 있다. 祭り는 신체(神体)를 안치한 가마를 많은 사람들이 메고 발을 맞추어 걷고 흔들면서 위세를 더한다. 바야흐로 도시에서도 동 단위로 가마를 메고 발을 맞추어 걷는 등 축제가 되면 온 일본이 축제로 들뜬다.

243

行ったり 来たり しても 大丈夫ですか

第8課

基本文型

1. ～と 思う ～라고 생각하다
2. ～と 聞く ～라고 듣다
3. ～たり ～たり する ～하기도 ～하기도 하다

会話 1

キム：この 本_{ほん}の 名前_{なまえ}は 何_{なん}と 読_よみますか。

이 책의 이름은 뭐라고 읽습니까?

古田：「ゆきぐに(雪国)」と 読_よみます。

「유끼구니(눈 고장)」라고 읽습니다.

キム：「雪国_{ゆきぐに}」は 小説_{しょうせつ}の 名前_{なまえ}だと 思_{おも}いますが。

「유끼구니」는 소설의 이름이라고 생각합니다만.

古田：ええ、そうです。川端康成_{かわばたやすなり}の 小説_{しょうせつ}です。

예, 그렇습니다. 가와바타 야스나리의 소설입니다.

ノーベル文学賞_{ぶんがくしょう}の 作品_{さくひん}です。

노벨 문학상의 작품입니다.

キム：ああ、そうですか。

아, 그렇습니까

大野： キムさんは ずっと 病気だったと 聞きましたが。

　　　　김씨는 쭉 아팠다고 들었습니다만,

パク： 毎日 薬を 飲んだり、注射を したり しました。

　　　　매일 약을 먹기도 하고, 주사를 맞기도 했습니다.

大野： 今は 学校へ 行ったり 来たり しても 大丈夫ですか。

　　　　지금은 학교에 왔다 갔다 해도 괜찮습니까?

パク： お医者さんが よくなったと 言いましたから、
　　　　もう 大丈夫だと 思います。

　　　　의사 선생님이 좋아졌다고 하셨으니까, 이제 괜찮을 겁니다.

大野： それは よかったですね。お大事に。

　　　　그거 다행이군요. 몸조심하세요.

単語

- 名前(なまえ) 이름
- 小説(しょうせつ) 소설
- 思(おも)う 생각하다
- 文学賞(ぶんがくしょう) 문학상
- 作品(さくひん) 작품
- ずっと 쭉, 줄곧
- 病気(びょうき) 병
- 聞(き)く 듣다, 묻다

- 薬(くすり) 약
- 飲(の)む 마시다
- 注射(ちゅうしゃ) 주사
- 大丈夫(だいじょうぶ)だ 튼튼하다, 괜찮다
- 医者(いしゃ) 의사
- 良(よ)い 좋다
- 大事(だいじ)だ 소중하다

1 名前だと 思う (이름이라고 생각한다)

だ는 정중한 단정을 나타내는 です의 보통체로 우리말의 「~이다」에 해당한다. 주로 だ는 회화체에서 쓰이며, 문장체에서는 である를 쓴다. 단정하지 않고 완곡하게 표현할 때는 ~だと 思う(~라고 생각한다)의 형태로 쓴다.

예 彼は とても いい 方だと 思います。

(그는 매우 좋은 분이라고 생각합니다.)

あすから 彼は 出張だと 思います。

(내일부터 그는 출장이라고 생각합니다.)

2 病気だった (아팠다)

단정을 나타내는 だ는 형용동사의 어미와 동일하게 활용을 한다. 여기서 ~だった 는 과거·완료를 나타내는 た가 접속된 과거형이다. 부정형은 ~で(は) ない이다.

활용형	~だ (~이다)	~です(~입니다)
과 거 형	~だった	~でした
부 정 형	~では ない	~では ありません
과거부정	~では なかった	~では ありませんでした
추 측 형	~だろう	~でしょう

예 あしたから 楽しい 夏休みだ。

(내일부터 즐거운 여름방학이다.)

ことしは ひどい 不景気では ない。

(올해는 심한 불경기는 아니다.)

彼の お父さんは 昔 有名な 選手だった。

(그의 아버지는 옛날에 유명한 선수였다.)

彼は たぶん 学生だろう。

(그는 아마 학생일 것이다.)

❸ 学校へ 行ったり 来たり する *(학교에 가기도 하고 오기도 하다)*

たりは 여러 가지 동작이나 상태를 나열할 때 쓰이는 조사로 동사에 접속할 때는 접속조사 てや 과거·완료를 나타내는 た가 접속할 때와 마찬가지이다. 주로 ~たり ~たり する의 형태로 쓰이며 우리말의 「~하기도 하고, ~하기도 한다」의 뜻에 해당한다.

기본형	て 형	과거형	열거형
書く	書いて	書いた	書いたり
急ぐ	急いで	急いだ	急いだり
待つ	待って	待った	待ったり
乗る	乗って	乗った	乗ったり
言う	言って	言った	言ったり
飲む	飲んで	飲んだ	飲んだり
呼ぶ	呼んで	呼んだ	呼んだり
死ぬ	死んで	死んだ	死んだり
話す	話して	話した	話したり
見る	見て	見た	見たり
寝る	寝て	寝た	寝たり
来る	来て	来た	来たり
する	して	した	したり

☞ 예외적으로 行く(가다)는 い음편을 하지 않고 つまる음편을 한다.

예) コーヒーを 飲んだり 音楽を 聞いたり する。

(커피를 마시기도 하고 음악을 듣기도 한다.)

日曜日は 本を 読んだり テレビを 見たり します。

(일요일에는 책을 읽거나 텔레비전을 보거나 합니다.)

彼は ソウルへ 行ったり 来たり します。

(그는 서울에 왔다 갔다 합니다.)

① キムさんは | うちに いる | と 思います。 ➡ 김씨는 | 집에 있을 | 것입니다.
　　　　　　| お金が ない |　　　　　　　　　　돈이 없을
　　　　　　| 頭が いい |　　　　　　　　　　　머리가 좋을
　　　　　　| 研修生だ |　　　　　　　　　　　연수생일
　　　　　　| 歌が 上手だ |　　　　　　　　　노래를 잘할

② パクさんは | あした 試験が ある | と 言いました。 ➡ 김씨는 | 내일 시험이 있다 | 고 했습니다.
　　　　　　| この 漫画は 面白い |　　　　　　　　　　　이 만화는 재미있다
　　　　　　| あしたは 休みだ |　　　　　　　　　　　　내일은 쉰다
　　　　　　| 大変 元気だ |　　　　　　　　　　　　　　무척 건강하다
　　　　　　| 東京へ 行かない |　　　　　　　　　　　　도쿄에 가지 않는다

③ 暇な 時、| ギターを 弾いたり | 絵を 描いたり | します。 | 기타를 치거나 | 그림을 그리거나
한가한 때는 | テレビを 見たり | ラジオを 聞いたり | 합니다. | TV를 보거나 | 라디오를 듣거나
　　　　　| 散歩したり | 買い物したり |　　　　 | 산책을 하거나 | 쇼핑을 하거나
　　　　　| 小説を 読んだり | ぐっすり 寝たり |　　 | 소설을 읽거나 | 푹 자거나
　　　　　| 歌を 歌ったり | ダンスを したり |　　 | 노래를 부르거나 | 댄스를 하거나

한자읽기

お金(かね) 頭(あたま) 研修生(けんしゅうせい) 上手(じょうず) 試験(しけん) 漫画(まんが) 面白(おもしろ)い 大変(たいへん) 元気(げんき) 弾(ひ)く 散歩(さんぽ) 小説(しょうせつ) 歌(うた)う 絵(え) 描(か)く 聞(き)く 買(か)い物(もの) 寝(ね)る

① Q : 日本人は どう 思いますか。
(일본인은 어떻게 생각합니까?) *日本人(にほんじん)

A : 親切だと 思います。
(친절하다고 생각합니다.) *親切(しんせつ)

Q : きのうの 試験は どうでしたか。
(어제 시험은 어땠습니까?) *試験(しけん)

A : 非常に 難しかったと 思います。
(무척 어려웠다고 생각합니다.) *非常(ひじょう) 難(むずか)しい

Q : 先生は 何と 言いましたか。
(선생님은 뭐라고 했습니까?) *先生(せんせい)

A : 帰っても いいと 言いました。
(돌아가도 된다고 했습니다.) *帰(かえ)る

② Q : 日曜日は いつも 何を して いますか。
(일요일은 늘 무엇을 합니까?) *日曜日(にちようび)

A : 買い物したり、映画を 見たり して います。
(쇼핑을 하거나 영화를 보거나 합니다.) *買(か)い物(もの) 映画(えいが)

Q : うちに 帰ってから 何を しますか。
(집에 돌아와서 무엇을 합니까?)

A : 晩ご飯を 食べたり、テレビを 見たり します。
(저녁밥을 먹거나 텔레비전을 보거나 합니다.) *晩御飯(ばんごはん)

Q : このごろ 体の 調子は いかがですか。
(요즘 몸 상태는 어떠십니까?) *体(からだ) 調子(ちょうし)

A : よかったり 悪かったりです。
(좋기도 하고 나쁘기도 합니다.) *悪(わる)い

필수 회화

▶ 계절의 표현

① 今日は ずいぶん 寒いですね。
  (오늘은 무척 춥군요.)
  *寒(さむ)い : 춥다

② 私は 暖かい 春が いちばん 好きです。
  (저는 따뜻한 봄을 가장 좋아합니다.)
  *暖(あたた)かい : 따뜻하다. 구어체에서는 暖(あった)かい라고 한다.

③ 私は 蒸し暑い 夏が いちばん 嫌いです。
  (저는 무더운 여름을 가장 싫어합니다.)
  *蒸(む)し暑(あつ)い : 무덥다

④ 夏は ほとんど 海で 過ごします。
  (여름에는 거의 바다에서 보냅니다.)
  *夏(なつ) : 여름 / 過(す)ごす : 지내다, 보내다

⑤ もう 涼しい 秋に なりましたね。
  (벌써 시원한 가을이 되었군요.)
  *涼(すず)しい : 시원하다 / 秋(あき) : 가을

⑥ 日本は 四季の 変化が はっきりして います。
  (일본은 사계절의 변화가 뚜렷합니다.)
  *四季(しき) : 사계절 / 変化(へんか) 변화

⑦ ソウルは まだ 寒い 日が 続いて います。
  (서울은 아직 추운 날이 계속되고 있습니다.)
  *寒(さむ)い : 춥다 / 続(つづ)く : 계속되다

① 다음 예처럼 보통체로 고쳐 말하시오.

> 예) ぼくは この 会社の 平社員です。
>
>   ⇨ ぼくは この 会社の 平社員だ。

1. ここは 昔 きれいな 公園でした。

   ⇨ ＿＿＿＿＿＿＿＿＿＿＿＿＿＿＿＿＿＿＿

2. あの 人は あまり 有名な 選手では ありません。

   ⇨ ＿＿＿＿＿＿＿＿＿＿＿＿＿＿＿＿＿＿＿

3. 最近、ソウルの 物価は 高いでしょう。

   ⇨ ＿＿＿＿＿＿＿＿＿＿＿＿＿＿＿＿＿＿＿

② 다음 예처럼 두 문을 하나로 연결하시오.

> 예) 勉強を します。/ 外で 遊びます。
>
>   ⇨ 勉強を したり 外で 遊んだり します。

1. 洗濯を します。/ 掃除を します。

   ⇨ ＿＿＿＿＿＿＿＿＿＿＿＿＿＿＿＿＿＿＿

2. 試合に 勝ちます。/ 負けます。

   ⇨ ＿＿＿＿＿＿＿＿＿＿＿＿＿＿＿＿＿＿＿

3. 数学を 教えます。/ 国語を 教えます。

   ⇨ ＿＿＿＿＿＿＿＿＿＿＿＿＿＿＿＿＿＿＿

---

① 1) ここは 昔 きれいな 公園だった。　　② 1) 洗濯を したり 掃除を します。
2) あの 人は あまり 有名な 選手では ない。　　2) 試合に 勝ったり 負けたり します。
3) 最近、ソウルの 物価は 高いだろう。　　3) 数学を 教えたり 国語を 教えたり します。

散歩にでも 行こうか

第9課

基 本 文 型

1. **動詞 - う(よう)** ~하자, ~하겠다, ~할 것이다
2. **動詞 - ましょう** ~합시다
3. **動詞 - う(よう)と 思う** ~하려고 생각하다

会話 1

田中： あした 散歩にでも 行こうか。
　　　내일 산책이라도 갈까?

野村： そうね、約束が あるけど。
　　　글쎄, 약속이 있는데.

田中： じゃ、明後日は どう。
　　　그럼, 모레는 어때?

野村： いいね、そう しよう。
　　　좋아, 그렇게 하지.

会話 2

田中： 日本で 何を する つもりですか。
　　　일본에서 무엇을 할 생각입니까?

キム： 京都や　奈良を　見物しようと　思って　います。
교토랑 나라를 구경하려고 생각하고 있습니다.

田中： いつごろ　国へ　帰りますか。
언제쯤 고국에 돌아갑니까?

キム： 来週　帰ろうと　思います。
다음주에 돌아가려고 합니다.

会話　3

野村： ひまな　時　食事でも　しませんか。
한가할 때 식사라도 하지 않겠습니까?

パク： ええ、そう　しましょう。
예, 그렇게 합시다.

野村： いつ頃が　いいですか。
언제쯤이 좋겠습니까?

パク： 土曜日なら　都合が　いいと　思います。
토요일이라면 사정이 좋다고 생각합니다.

単語

- 散歩(さんぽ) 산책
- ～でも ～이라도
- 約束(やくそく) 약속
- 明後日(あさって) 모레
- 見物(けんぶつ) 구경
- 国(くに) 나라, 고향

- 来週(らいしゅう) 다음주
- 食事(しょくじ) 식사
- ～ましょう ～ㅂ시다
- いつごろ 언제쯤
- 都合(つごう) 형편, 사정
- ～なら ～이라면

문법 해설

1 散歩にでも (산책이라도)

でも는 접속사로 쓰일 때는 「하지만」의 뜻이지만, 조사로 쓰일 때는 「～이라도」의 뜻으로 분명하게 이것이라고 정해져 있지는 않다는 마음으로 일례를 들어 말할 때 쓰인다. 또한 극단적인 예를 들고, 다른 경우도 그렇다는 것을 유추시킬 때도 쓰인다. 여기서 にでも의 に는 방향을 나타내는 조사이다.

> (예) せっかく 会ったのだから コーヒーでも 飲んで 行こう。
> (모처럼 만났으니까 커피라도 마시고 가자.)
>
> あしたの 午前にでも 電話して ください。
> (내일 오전에라도 전화해 주세요.)
>
> そんな ことは 子供でも 簡単に できる。
> (그런 것은 어린이라도 간단히 할 수 있다.)

2 動詞 – う(よう) (～자, 겠다)

동사의 의지형은 어미에 う(よう)가 접속된 형태를 말한다. 5단동사에는 어미 う단이 お단으로 바뀌어 의지나 권유의 뜻을 나타내는 う가 접속되고, 상1단·하1단동사에는 어미 る가 탈락되어 よう가 접속된다.

기본형	의 미	의지형	의 미
行く	가다	行こう	가자, 겠다
急ぐ	서두르다	急ごう	서두르자, 겠다
待つ	기다리다	待とう	기다리자, 겠다
乗る	타다	乗ろう	타자, 겠다
買う	사다	買おう	사자, 겠다
飲む	마시다	飲もう	마시자, 겠다
飛ぶ	날다	飛ぼう	날자, 겠다
死ぬ	죽다	死のう	죽자, 겠다
話す	이야기하다	話そう	이야기하자, 겠다

기본형	의 미	의지형	의 미
見る	보다	見よう	보자, 겠다
寝る	자다	寝よう	자자, 겠다
来る	오다	来よう	오자, 겠다
する	하다	しよう	하자, 겠다

◦ 동사의 의지형을 만드는 う(よう)는 의지(~하겠다)의 뜻 이외에 권유의 뜻(~하자)을 나타 내기도 하며, 추측의 뜻(~할 것이다)도 나타낸다. 그러나 현대어에서는 동사의 기본형에 단정을 나타내는 だ의 추측형인 だろう를 접속하여 추측을 나타내는 것이 일반적이다.

例 もう 一度 よく 考えよう。
（다시 한 번 잘 생각하자.）

さ、時間が ないから 急ごう。
（자, 시간이 없으니까 서두르자.）

いつごろ 海へ 遊びに 行こうか。
（언제쯤 바다에 놀러 갈까?）

今晩は お前と いっしょに 飲もう。
（오늘밤은 너와 함께 마시겠다.）

この プレゼントは 君に 上げよう。
（이 선물은 자네에게 주겠다.）

③ しようと 思う *(하려고 하다)*

말하는 사람의 의지를 나타낼 때는 주로 동사의 의지형에 「~と 思う」를 접속하여 쓴다. う(よう)と 思う는 「~하려고 하다」로 해석한다.

例 友達に おみやげを 上げようと 思います。
（친구에게 선물을 주려고 합니다.）

あしたから 勉強を しようと 思います。
（내일부터 공부를 하려고 합니다.）

九時の バスに 乗ろうと 思います。
（9시 버스를 타려고 합니다.）

4 **約束が あるけど** *(약속이 있는데)*

けれども(하지만)는 구어체에서 けれど, けど로 줄여서 쓰기도 하며, 다른 말에 접속하여 앞의 것과 반대의 개념을 나타낼 때 쓴다.

예 彼は 金持ちだけれど 不幸だ。

(그는 부자이지만 불행하다.)

欠点が いろいろ あるけれども 彼は いい 人です。

(결점은 여러 가지 있지만 그는 좋은 사람입니다.)

努力は したけれども 失敗した。

(노력은 했지만 실패했다.)

犬は 好きだけど 猫は 嫌いだ。

(개는 좋아하지만 고양이는 싫어한다.)

5 **土曜日なら** *(토요일이라면)*

なら는 단정을 나타내는 だ의 가정형으로 ならば의 형태로도 쓰인다. なら는 다른 말 뒤에 와서 그 앞의 것을 조건으로 들어 말할 때 쓴다. 특히 명사 뒤에 와서 「~이라면」의 뜻을 나타낸다.

예 ジュースなら 僕も 飲みたいですね。

(주스라면 나도 마시고 싶군요.)

気分が 悪いなら 少し 休んで ください。

(몸이 안 좋으면 조금 쉬세요.)

知らせるなら 早い ほうが いいですよ。

(알리려면 빠른 편이 좋습니다.)

문형 연습

① 話しましょう ｜ 이야기합시다 ➡ 話そう ｜ 이야기하자
遊びましょう ｜ 놀시다 遊ぼう ｜ 놀자
買いましょう ｜ 삽시다 買おう ｜ 사자
待ちましょう ｜ 기다립시다 待とう ｜ 기다리자
頼みましょう ｜ 부탁합시다 頼もう ｜ 부탁하자

② キムさんの うちへ 行こう と 思います。➡ 김씨 집에 가려 ⌐고 합니다.
日曜日に 彼に 会おう 일요일에 그를 만나려
今晩 出かけよう 오늘밤에 나가려
旅行に 行く 日を 決めよう 여행을 가는 날을 정하려
来週 会社を 休もう 다음주 회사를 쉬려

③ ピアノ なら 少し できます。➡ 피아노 ⌐라면 조금 할 줄 압니다.
英語 영어
日本語 일본어
韓国語 한국어
中国語 중국어

한자읽기

話(はな)す 遊(あそ)ぶ 買(か)う 待(ま)つ 頼(たの)む 彼(かれ) 会(あ)う 今晩(こんばん)
出(で)かける 旅行(りょこう) 日(ひ) 決(き)める 来週(らいしゅう) 会社(かいしゃ) 休(や)
す)む 英語(えいご) 日本語(にほんご) 韓国語(かんこくご) 中国語(ちゅうごくご)

① Q : 散歩に 行こうか。
　　　(산책을 갈까?) *散歩(さんぽ)

　A : いいね、そう しよう。
　　　(좋지, 그렇게 하자.)

　Q : いつごろ 国へ 帰りますか。
　　　(언제쯤 고국에 갑니까?) *国(くに)　帰(かえ)る

　A : 来年の 六月ごろ 帰ろうと 思います。
　　　(내년 6월 쯤 가려고 합니다.) *来年(らいねん)　六月(ろくがつ)

　Q : 午後は 何を しますか。
　　　(오후에는 무엇을 합니까?) *午後(ごご)

　A : 友達と 映画を 見ようと 思います。
　　　(친구와 영화를 보려고 합니다.) *友達(ともだち)　映画(えいが)

② Q : 今から あしたの 試験の 勉強を します。
　　　(지금부터 내일 시험 공부를 하겠습니다.) *試験(しけん)　勉強(べんきょう)

　A : 勉強するなら、テレビを 消した ほうが いいですよ。
　　　(공부하려면 텔레비전을 끄는 게 좋겠어요.) *消(け)す

　Q : 12時までに 大阪へ 行きたいんですが。
　　　(12시까지 오사카에 가고 싶은데요.) *大阪(おおさか)

　A : 急ぐなら、飛行機で 行った ほうが いいですよ。
　　　(급하면 비행기로 가는 게 좋겠어요.) *急(いそ)ぐ　飛行機(ひこうき)

　Q : ずっと 話していたから、のどが 渇きました。
　　　(계속 이야기를 했더니 목이 말라요.) *話(はな)す　渇(かわ)く

　A : のどが 渇いたなら、何か 飲んだ ほうが いいですよ。
　　　(목이 마르면 무언가 마시는 게 좋겠어요.) *喉(のど)

▶ 전화를 걸 때의 표현

① もしもし、木村さんの お宅ですか。

　（여보세요, 기무라 씨 댁입니까?）

　* もしもし는 전화를 걸 때 상대를 부르는 소리이다.

② はい、マルイ貿易でございます。

　（네, 마루이 무역입니다.）

　* ~でございます는 ~です의 정중한 표현이다.

③ 企画部の 田中さん、お願いします。

　（기획부 다나까 씨를 부탁합니다.）

　* お願(ねが)いする는 願(ねが)う의 겸양 표현이다.

④ 木村先生、いらっしゃいますか。

　（기무라 선생님은 계십니까?）

　* 여기서 いらっしゃる는 いる(있다)의 존경어이다.

⑤ はい、少々 お待ちください。

　（네, 잠시 기다려 주십시오.）

　* お+동사의 중지형+ください는 ~て ください의 존경 표현이다.

⑥ あのう、金と 申しますが、金田さん、お願いします。

　（저, 김이라고 합니다만, 가네다 씨를 부탁합니다.）

　* ~と 申(もう)す는 ~と 言(い)う의 겸양 표현이다.

⑦ 田中は 席を はずして おりますが。

　（다나카는 자리에 없습니다만.）

　* 席(せき)を 外(はず)す : 자리를 비우다(떠나다)

① 다음 예처럼 보통체로 고쳐 말하시오.

> 예) あした 僕と いっしょに 行きましょう。
> ⇨ あした 僕と いっしょに 行こう。

1. いっしょに 日本語を 習いましょう。

⇨ _____

2. あした 公園で テニスでも やりましょう。

⇨ _____

3. みんなで 歌を 歌いましょう。

⇨ _____

② 다음 예처럼 고쳐 말하시오.

> 예) 風邪だ / 大した ことでは ありません
> ⇨ 風邪なら 大した ことでは ありません。

1. テニスだ / わたしも 自信が あります

⇨ _____

2. 交番だ / あの 角に あります

⇨ _____

3. 気持ちを 伝える / 手紙が いちばん いいです

⇨ _____

---

① 1) いっしょに 日本語を 習おう。　② 1) テニスなら わたしも 自信が あります。
　2) あした 公園で テニスでも やろう。　　2) 交番なら あの 角に あります。
　3) みんなで 歌を 歌おう。　　　　　　　3) 気持ちを 伝えるなら 手紙が いちばん いいです。

●年末(ねんまつ)

12월 28일은 관공서의 종무식의 날이다. 12월 29일부터 섣달 그믐날까지의 휴일은 일본의 가정에서는 대청소를 하거나 설날 준비를 하는 등 무척 바쁘다. 지방에서는 지금도 설날의 준비로 もちつき(떡치기)를 하는 곳이 있다. 가족이나 친척이 모여 절구와 절구공이로 떡살을 찧어 막나온 떡을 먹는다. 이것은 일종의 이벤트로서 이어져 가고 있는 것 같다. 연말에 하는 청소는 大掃除(おおそうじ/대청소)라고 하여 구석구석 청소를 한다. 집의 대청소를 끝내고 설날의 장식물인 しめなわ나 소나무 장식을 하며, 집에 따라서는 門松(かどまつ)도 세운다. 창문이나 바닥을 닦거나 서랍을 정리하기도 하고, 벽지나 ふすま(맹장지)를 새로 바르기도 한다. 대부분의 가정에서는 대청소가 가족 모두 단결하여 이루는 하나의 행사로 되어 있다. 12월 31일은 大晦日(おおみそか : 섣달 그믐날)이다. 대청소도 끝내고 설날을 맞이할 준비가 된 방에서는 「年越(としこ)しそば : 섣달 그믐날 밤에 먹는 메밀국수)」를 먹는다. 가까운 寺院(じいん)에서 울리는 제야의 종소리를 들으면서 무사히 1년을 보낸 것을 가족전원이 서로 기뻐하고 송구영신의 메밀국수를 먹는 것이 일반적이다. 年越しそば를 먹는 습관은 江戸(えど) 시대 중기부터 시작되었다. そば는 가늘고 길기 때문에 장수를 의미하고, 또 잘 끊어지는 것에서 병이나 채무와 「인연이 끊기다」라는 것을 뜻한다. 年越しそば를 다 먹고 새벽 12시가 지나면 설날이다. 「明けまして おめでとう(새해 복 많이 받으세요.)」라고 가족끼리 인사를 주고받는다. 이것이 끝나면 가까운 神社(じんじゃ)나 寺院에 첫 참배를 하는 사람도 있다.

● 東京神田(とうきょうかんだ)まつり

토쿄 神田(かんだ)는 세계 제일의 서점가로 유명한 곳이다. 이 神田의 祭(まつ)리는 德川家康(とくがわいえやす)가 関(せき)か原(はら) 전투에서 승리한 것을 기념하여 벌인 축제가 그 기원이다. 매년 5월 14일에서 15일에 행해진다. 옛날에는 日枝神社(ひえじんじゃ)의 山王祭(さんのうまつ)리, 深川祭(ふかがわまつ)리와 함께 江戸(えど)의 3대 祭り의 하나로 江戸 시대 '祭り의 꽃'이라고 할 수 있다. 108개의 자치회에서 90개의 御輿(みこし)를 선보일 정도로 그 규모는 엄청나다.

日本語で 手紙が 書けますか

第10課

基 本 文 型

1. 動詞 – ことが できる ~할 수가 있다
2. 動詞 – eる ~할 수 있다
3. 動詞 – られる ~할 수 있다

先生 : パクさんは もう 日本語が できますか。
박씨는 이제 일본어를 할 수 있습니까?

パク : できますが、あまり 上手では ありません。
할 수 있습니다만, 그다지 잘하지는 못합니다.

先生 : キムさんは 日本語を 話す ことが できますか。
김씨는 일본어를 말할 수 있습니까?

キム : はい、できます。しかし 上手には 話せません。
네, 할 수 있습니다. 그러나 능숙하게는 하지 못합니다.

先生 : ソンさんは 読む ことは どうですか。
손씨는 읽는 것은 어떻습니까?

ソン : 仮名は 読めますが、漢字は 少ししか 読めません。
가나는 읽을 수 있습니다만, 한자는 조금밖에 읽지 못합니다.

先生 : やはり 漢字(かんじ)は 難(むずか)しいでしょう。
역시 한지는 어렵죠?

ソン : はい、毎日(まいにち) 練習(れんしゅう)しても なかなか 覚(おぼ)えられません。
네, 매일 연습해도 좀처럼 외워지지 않습니다.

先生 : ホンさんは 日本語(にほんご)で 手紙(てがみ)が 書(か)けますか。
홍씨는 일본어로 편지를 쓸 수 있습니까?

ホン : いいえ、まだ 手紙(てがみ)は 書(か)けません。
아니오, 아직 편지는 쓰지 못합니다.

先生 : 書(か)く ことと 話(はな)す ことと どちらが 難(むずか)しいですか。
쓰는 것과 말하는 것과 어느 쪽이 어렵습니까?

ホン : 書(か)く ことの ほうが ずっと 難(むずか)しいです。
쓰는 것이 훨씬 어렵습니다.

単語

- できる 할 수 있다
- 話(はな)す 이야기하다
- ~ことが できる ~할 수가 있다
- しかし 그러나
- 上手(じょうず)だ 능숙하다
- 仮名(かな) 일본문자
- 漢字(かんじ) 한자

- 難(むずか)しい 어렵다
- 毎日(まいにち) 매일
- 練習(れんしゅう) 연습
- なかなか 좀처럼, 상당히
- 覚(おぼ)える 외우다, 느끼다
- 手紙(てがみ) 편지
- ずっと 훨씬

① 話す ことが できる (말할 수가 있다)

できる는 「할 수 있다, 완성되다, 생기다」의 뜻을 가진 동사로, 동사의 기본형에 ことが できる의 형태로 접속하면 「~할 수가 있다」의 뜻의 가능표현을 만든다. 이 때 조사 がと は, も 등으로 바꾸어 쓸 수 있다.

예 あなたは ピアノを 弾く ことが できますか。
(당신은 피아노를 칠 수가 있습니까?)

まだ 難しい 字は 書く ことが できません。
(아직 어려운 글자는 쓸 수가 없습니다.)

あの 子は 幼くて まだ 自転車に 乗る ことは できない。
(저 아이는 어려서 아직 자전거를 탈 수는 없다.)

② 동사의 가능형

일본어에는 「할 수 있다」의 가능표현은 두 가지로, 앞서 ことが できる의 형태와, 동사를 가능형으로 만들어 표현하는 경우가 있다.
5단동사의 가능형은 어미 う단을 え단으로 바꾸고 동사형 어미 る를 접속하여 하1단동사를 만들면 가능동사가 된다. 또, 상1단·하1단동사, 변격동사 くる의 경우는 부정형에 られる를 접속하면 가능동사가 된다. 단 する는 できる라는 독립된 가능동사가 있기 때문에 가능형은 없다. 가능형의 경우 그 행동의 대상이 되는 것에는 조사 が를 쓴다.

예 あなたは 日本語を 話す ことが できますか。
= あなたは 日本語が 話せますか。
(당신은 일본어를 할 수 있습니까?)

まだ 難しい 漢字は 読む ことが できません。
= まだ 難しい 漢字は 読めません。
(아직 어려운 한자는 읽을 수 없습니다.)

기본형	의 미	가능형	의 미
行く	가다	行ける	갈 수 있다
急ぐ	서두르다	急げる	서두를 수 있다
待つ	기다리다	待てる	기다릴 수 있다
乗る	타다	乗れる	탈 수 있다
買う	사다	買える	살 수 있다
飲む	마시다	飲める	마실 수 있다
飛ぶ	날다	飛べる	날 수 있다
死ぬ	죽다	死ねる	죽을 수 있다
話す	말하다	話せる	말할 수 있다
見る	보다	見られる	볼 수 있다
寝る	자다	寝られる	잘 수 있다
来る	오다	来られる	올 수 있다
する	하다	できる	할 수 있다

3 練習しても なかなか 覚えられない *(연습해도 좀처럼 외워지지 않는다)*

ても는 접속조사 て에 강조를 나타내는 조사 も가 이어진 형태로 「~해도」의 뜻을 나타낸다. なかなか는 「상당히, 꽤」의 뜻을 가진 부사이지만, 뒤에 부정어가 오면 「좀처럼」이라는 뜻이 된다. 따라서 ~ても なかなか ~ない는 「~해도 좀처럼 ~않다」의 문형을 만든다.

예 いくら 食べても なかなか 太りません。

(아무리 먹어도 좀처럼 살찌지 않습니다.)

いくら 探しても なかなか 見えません。

(아무리 찾아도 좀처럼 보이지 않습니다.)

문형 연습

① 私は │ 中国語 │ が │ 話せます。 ➡ 저는 │ 중국어 │ 를(을) │ 할 줄 압니다.
│ 漢字 │ │ 読めます。 │ 한자 │ │ 읽을 수 있습니다
│ ピアノ │ │ 弾けます。 │ 피아노 │ │ 칠 수 있습니다
│ 日本語 │ │ 書けます。 │ 일본어 │ │ 쓸 수 있습니다.
│ テレビ │ │ 修理できます。 │ TV │ │ 수리할 수 있습니다.

② 英語で 電話 │ が │ かけられます。 ➡ 영어로 전화 │ 을(를) │ 걸 수 있습니다.
この 魚 │ │ 食べられます。 이 생선 │ │ 먹을 수 있습니다
ここでは 海 │ │ 見られます。 여기서는 바다 │ │ 볼 수 있습니다
私は 日本語 │ │ 教えられます。 저는 일본어 │ │ 가르칠 수 있습니다.
ひらがな │ │ 覚えられます。 히라가나 │ │ 외울 수 있습니다.

③ 英語で 手紙を 書く │ ことが できます。 ➡ 영어로 편지를 쓸 │ 수가 있습니다.
難しい 漢字も 読む 어려운 한자도 읽을
自転車に 乗る 자전거를 탈
ギターを 弾く 기타를 칠
ひとりで 日本へ 行く 혼자서 일본에 갈

한자읽기

中国語(ちゅうごくご) 漢字(かんじ) 話(はな)す 読(よ)む 弾(ひ)く 書(か)く 修理(しゅうり) 英語(えいご) 電話(でんわ) 魚(さかな) 海(うみ) 見(み)る 教(おし)える 覚(おぼ)える 手紙(てがみ) 難(むずか)しい 自転車(じてんしゃ) 乗(の)る

266 第10課 日本語で 手紙が 書けますか

① Q : あなたは 漢字が 読めますか。

　　　 (당신은 한자를 읽을 수 있습니까?) *漢字(かんじ)　読(よ)む

　 A : はい、少し 読めます。

　　　 (네, 조금 읽을 수 있습니다.) *少(すこ)し

　 Q : あした、六時に 起きられますか。

　　　 (내일 6시에 일어날 수 있습니까?) *六時(ろくじ)　起(お)きる

　 A : いいえ、起きられないと 思います。

　　　 (아니오, 일어날 수 없을 것 같습니다.) *思(おも)う

　 Q : あなたは どのくらい 泳げますか。

　　　 (당신은 어느 정도 헤엄칠 수 있습니까?) *泳(およ)ぐ

　 A : 千メートルぐらい 泳げます。

　　　 (천 미터 정도 헤엄칠 수 있습니다.) *千(せん)

② Q : あした また 来る ことが できますか。

　　　 (내일 다시 올 수 있습니까?) *来(く)る

　 A : いいえ、忙しくて 来る ことが できません。

　　　 (아니오, 바빠서 올 수 없습니다.) *忙(いそが)しい

　 Q : あなたは 日本人の 名前を 覚える ことが できますか。

　　　 (당신은 일본인 이름을 외울 수 있습니까?) *名前(なまえ)　覚(おぼ)える

　 A : いいえ、難しくて 覚える ことが できません。

　　　 (아니오, 어려워서 외울 수 없습니다.) *難(むずか)しい

　 Q : あの 子は ひとりで 歩く ことが できますか。

　　　 (저 아이는 혼자서 걸을 수 있습니까?) *子(こ)　歩(ある)く

　 A : まだ 歩く ことが できません。

　　　 (아직 걸을 수 없습니다.)

필수 회화

▶ 전화상에서 말을 전할 때의 표현

① 電話が あったと お伝えください。

(전화가 왔었다고 전해 주십시오.)

＊伝(つた)える : 전하다

② お電話くださいと お伝えください。

(전화해 주시라고 전해 주십시오.)

＊한자어에는 보통 존경의 접두어 ご가 붙지만 お가 붙는 경우가 많다.

③ 九時に 到着すると お伝えください。

(9시에 도착한다고 전해 주십시오.)

＊～と : ～라고

④ さっき、男の人から 電話が ありました。

(아까 남자한테서 전화가 있었습니다.)

＊さっき : 아까, 앞서 / 先(さき) : 먼저, 앞

⑤ 電話してほしいと 言って いました。

(전화해 달라고 말했습니다.)

＊～てほしい ～해 주었으면 한다

⑥ 必ず お伝え致します。

(반드시 전해 드리겠습니다.)

＊お～致(いた)す : ～해 드리다

⑦ いいえ、こちらから かけなおします。

(아니오, 이쪽에서 다시 걸겠습니다.)

＊掛(か)け直(なお)す : 다시 걸다

① 다음 예처럼 고쳐 말하시오.

> 예) この 道は 安心して 歩く ことが できます。
> ⇨ この 道は 安心して 歩けます。

1. あなたは 日本語を 話す ことが できますか。

   ⇨ _____

2. この 川を 泳いで 渡る ことが できますか。

   ⇨ _____

3. この 部屋に 十人は 寝る ことが できます。

   ⇨ _____

② 다음 예처럼 고쳐 말하시오.

> 예) この スーパーでは 何でも 買えます。
> ⇨ この スーパーでは 何でも 買う ことが できます。

1. 未成年者は この 部屋に 入られません。

   ⇨ _____

2. アパートでは 犬や 猫 などが 飼えません。

   ⇨ _____

3. 迷わないで 地下鉄に 乗れます。

   ⇨ _____

---

① 1) あなたは 日本語を 話せますか。　　② 1) 未成年者は この 部屋に 入る ことが できません。
　 2) この 川を 泳いで 渡れますか。　　　　 2) アパートでは 犬や 猫 などを 飼う ことが できません。
　 3) この 部屋に 十人は 寝られます。　　　 3) 迷わないで 地下鉄に 乗る ことが できます。

時間が あれば 読みます

第 11 課

1. 동사 - ば　～하면
2. ～ば ～ほど　～하면 ～할수록
3. ～なければ ならない　～하지 않으면 안 된다

会話 1

キム : あなたは 毎朝 新聞を 読みますか。
　　　당신은 매일 아침 신문을 읽습니까?

本田 : 時間が あれば 読みますが、なければ 読みません。
　　　시간이 있으면 읽습니다만, 없으면 읽지 않습니다.

キム : では、毎朝 運動を しますか。
　　　그럼, 매일 아침 운동을 합니까?

本田 : はい、雨なら うちに いますが、
　　　네, 비가 오면 집에 있습니다만,

　　　いい 天気なら 運動を します。
　　　좋은 날씨라면 운동을 합니다.

キム : 私は 忙しくて 運動する 暇が ありません。
　　　저는 바빠서 운동할 시간이 없습니다.

パク：ああ、あれが 富士山(ふじさん)ですか。
　　　아, 저것이 후지산입니까?

田中：天気(てんき)が よければ もっと はっきり 見(み)えますよ。
　　　날씨가 좋으면 더욱 확실히 보여요

パク：それなら また いつか 来(き)たいですね。
　　　그렇다면 또 언제 오고 싶군요

キム：いつまでに レポートを 出(だ)さなければ なりませんか。
　　　언제까지 리포트를 내지 않으면 안 됩니까?

先生：早(はや)ければ 早(はや)いほど いいです。
　　　빠르면 빠를수록 좋습니다.

キム：それなら あした 出(だ)します。
　　　그렇다면 내일 내겠습니다.

- 毎朝(まいあさ) 매일 아침
- 新聞(しんぶん) 신문
- 時間(じかん) 시간
- ～ば ～하면
- 雨(あめ) 비
- 天気(てんき) 날씨
- 運動(うんどう) 운동
- はっきり 분명히, 확실히
- レポート 리포트
- 出(だ)す 내다, 제출하다
- それなら 그렇다면
- ～ほど 정도, ～수록

1 形容詞 -ければ (~하면)

형용사의 가정형은 어미 い가 けれ로 바뀌어 가정의 뜻을 나타내는 조사 ば가 접속하여 ければ의 형태를 취한다. 「좋다」라는 뜻의 형용사 よい・いい는 よければ이며, いければ라고는 하지 않는다.

예 お金が なければ 旅行が できません。

(돈이 없으면 여행을 할 수 없습니다.)

品物が よければ 値段も 高く なります。

(물건이 좋으면 가격도 비싸집니다.)

都合が 悪ければ 止めても いいです。

(사정이 안 좋으면 그만두어도 됩니다.)

2 動詞 -eば (~하면)

동사의 가정형은 5단동사의 경우는 어미 う단이 え으로 바뀌어 가정의 조사 ば가 접속한다. 또, 상1단·하1단동사와 변격동사의 경우는 れば의 형태를 취한다.
ば는 앞에 어떤 조건이 오면 뒤에 당연한 결과가 올 때에 흔히 쓴다. 이 때의 당연한 결과란 반복적인 일이나 자연 현상 등, 일반적인 사실일 때가 많다. 따라서 이론적이고 객관적인 느낌이 들며, 속담 등에 많이 쓰인다.

기본형	의 미	가정형	의 미
行く	가다	行けば	가면
急ぐ	서두르다	急げば	서두르면
待つ	기다리다	待てば	기다리면
乗る	타다	乗れば	타면
買う	사다	買えば	사면
飲む	마시다	飲めば	마시면
飛ぶ	날다	飛べば	날으면

기본형	의 미	가정형	의 미
死ぬ	죽다	死ねば	죽으면
話す	이야기하다	話せば	이야기하면
見る	보다	見れば	보면
寝る	자다	寝れば	자면
来る	오다	来れば	오면
する	하다	すれば	하면

囫 ソウル駅までは 地下鉄で 行けば すぐです。

　　(서울역까지는 지하철로 가면 금방입니다.)

　　勉強を すれば 成績は 上がります。

　　(공부를 하면 성적은 오릅니다.)

　　お金が たくさん あれば 高い 物も 買えます。

　　(돈이 많이 있으면 비싼 것도 살 수 있습니다.)

　　春に なれば きれいな 花が 咲きます。

　　(봄이 되면 예쁜 꽃이 핍니다.)

3 形容動詞 – ならば (~하면)

형용동사의 가정형은 어미 だ가 なら로 바뀌어 가정의 뜻을 나타내는 조사 ば가
이어져 ならば의 형태를 취한다. 그러나 형용동사의 경우는 조사 ば를 생략하고
なら의 형태로만 주로 쓰인다.

囫 この 会社は 日本語が 上手なら 入社できる。

　　(이 회사는 일본어를 잘하면 입사할 수 있다.)

　　この 方法が 駄目ならば 他の 方法を 考えよう。

　　(이 방법이 안되면 다른 방법을 생각하자.)

　　これが 必要なら いつでも 言って ください。

　　(이것이 필요하면 언제든지 말해 주세요.)

4 *出さなければ ならない* (내지 않으면 안 된다)

~なければ ならない는 동사의 이중부정으로 필연적으로 해야 한다는 강조의 용법으로 쓰인다. 우리말의 「~하지 않으면 안 된다(~해야 한다)」에 해당한다.

예 これから もっと 勉強しなければ ならない。
(이제부터 더욱 공부하지 않으면 안 된다.)

人は 秩序を 守らなければ なりません。
(사람은 질서를 지키지 않으면 안 됩니다.)

健康の ために たばこを 止めなければ なりません。
(건강을 위해 담배를 끊어야 합니다.)

5 *早ければ 早いほど* (빠르면 빠를수록)

형용사나 동사의 가정형과 함께 동일한 형용사나 동사의 기본형에 정도를 나타내는 조사 ほど가 이어지면 「~하면 ~할수록」이라는 뜻을 나타낸다.

예 連絡は 早ければ 速いほど いいです。
(연락은 빠르면 빠를수록 좋습니다.)

勉強すれば するほど 成績は 上がります。
(공부하면 할수록 성적은 오릅니다.)

あの 山は 見れば 見るほど 美しく 見えます。
(저 산은 보면 볼수록 아름답게 보입니다.)

① 時間が あれ ば　映画を 見たい。
　　急げ　　　　　間に合います。
　　修理すれ　　　使えます。
　　春に なれ　　　花が 咲きます。
　　辞書を 見れ　　わかります。

➡ 시간이 있으 면　영화를 보고 싶다.
　 서두르　　　　 댈 수 있습니다.
　 수리하　　　　 쓸 수 있습니다.
　 봄이 되　　　　꽃이 핍니다.
　 사전을 보　　　알 수 있습니다.

② 法律を 守らなければ　　　　　ならない。
　　熱心に 勉強しなければ
　　彼に 会わなければ
　　もっと 安くなければ
　　交通が 便利で なければ

➡ 법률을 지키지 않으면　안 된다.
　 열심히 공부하지 않으면
　 그를 만나지 않으면
　 더 싸지 않으면
　 교통이 편리하지 않으면

③ 軽けれ ば　軽い　ほど いいです。
　　近けれ　　近い
　　歩けれ　　歩く
　　読め　　　読む
　　多けれ　　多い

➡ 가벼우 면　가벼울 수록 좋습니다.
　 가까우　　가까울
　 걸으　　　걸을
　 읽으　　　읽을
　 많으　　　많을

한자읽기

時間(じかん)　急(いそ)ぐ　修理(しゅうり)　春(はる)　辞書(じしょ)　映画(えいが)　間(ま)に合(あ)う
使(つか)う　花(はな)　咲(さ)く　法律(ほうりつ)　守(まも)る　熱心(ねっしん)　勉強(べんきょう)　彼(かれ)　会(あ)う　安(やす)い　交通(こうつう)　便利(べんり)　軽(かる)い　近(ちか)い　多(おお)い

① Q : 毎朝 ニュースを 見ますか。
(매일 뉴스를 봅니까?) *毎朝(まいあさ)　新聞(しんぶん)　見(み)る

　 A : 時間が あれば 見ますが、なければ 見ません。
(시간이 있으면 봅니다만, 없으면 보지 않습니다.) *時間(じかん)

　 Q : いつ 東京へ 行きますか。
(언제 도쿄에 갑니까?) *東京(とうきょう)

　 A : できれば 土曜日に 行きたいです。
(될 수 있으면 토요일에 가고 싶습니다.) *土曜日(どようび)

　 Q : 山田さんの 電話番号は 何番ですか。
(야마다 씨 전화번호는 몇 번입니까?) *電話番号(でんわばんごう)

　 A : 受付で 聞いて ください。そう すれば わかると 思います。
(접수처에서 물어 보세요. 그러면 알 수 있을 겁니다.) *受付(うけつけ)

② Q : お金を 持って 行かなければ なりませんか。
(돈을 가지고 가지 않으면 안 됩니까?) *金(かね)　持(も)つ

　 A : ええ、多ければ 多いほど いいです。
(예, 많으면 많을수록 좋습니다.) *多(おお)い

　 Q : この 本を 読まなければ なりませんか。
(이 책을 읽지 않으면 안 됩니까?) *本(ほん)

　 A : ええ、読めば 読むほど いいです。
(예, 읽으면 읽을수록 좋습니다.)

　 Q : いつまでに 工事を 仕上げなければ なりませんか。
(언제까지 공사를 마무리해야 합니까?) *工事(こうじ)　仕上(しあ)げる

　 A : 早ければ 早いほど いいです。
(빠르면 빠를수록 좋습니다.) *早(はや)い

▶ 주말에 관한 표현

① 土曜日は お暇ですか。

(토요일은 한가합니까?)

*暇(ひま)だ : 한가하다

② はい、何の 約束も ありません。

(네, 아무런 약속도 없습니다.)

*約束(やくそく) : 약속

③ いいえ、別に ありません。

(아니오, 별로 없습니다.)

*別(べつ)に : 별로

④ 今週の 日曜日は 何か 約束が ありますか。

(이번 일요일에는 무슨 약속 있으세요?)

*今週(こんしゅう) : 이번 주, 금주

⑤ 一緒に 映画でも 見ませんか。

(함께 영화라도 보지 않겠습니까?)

*~でも ~ませんか : ~라도 ~하지 않겠어요?

⑥ 今週の 土曜日に 一杯 やりませんか。

(이번 토요일에 한 잔 하지 않겠어요?)

*一杯(いっぱい) やる : (술을) 한 잔 하다

⑦ いいですね。じゃ、土曜日に 会いましょう。

(좋아요. 그럼, 토요일에 만나요.)

*~に 会(あ)う : ~을(를) 만나다

① 다음 예처럼 두 문을 하나로 연결하시오.

> 예) 果物は 市場で 買う / 安いです
> ⇨ 果物は 市場で 買えば 安いです。

1. 結果は あしたに なる / わかります
   ⇨
   _____

2. 物価は 安い / 生活しやすいです
   ⇨
   _____

3. 勉強が 嫌いだ / やめても いいです。
   ⇨
   _____

② 다음 예처럼 고쳐 말하시오.

> 예) 学生は 熱心に 勉強します。
> ⇨ 学生は 熱心に 勉強しなければ なりません。

1. 健康の ために 運動します。
   ⇨
   _____

2. あしたは 朝早く 出かけます。
   ⇨
   _____

3. ここで 彼女を 待ちます。
   ⇨
   _____

⑴ 1) 結果は あしたに なれば わかります
   2) 物価は 安ければ 生活しやすいです
   3) 勉強が 嫌いならば やめても いいです。

⑵ 1) 健康の ために 運動しなければ なりません。
   2) あしたは 朝早く 出かけなければ なりません。
   3) ここで 彼女を 待たなければ なりません。

京都祇園〈きょうときおん〉まつり

京都〈きょうと〉는 서기 1868년까지 1000년이상 일본 수도였던 도시이다. 京都祇園〈きょうときおん〉まつり는 전염병을 퇴치하기 위해 기원했던 御霊会(어령회)가 그 기원이다. 매년 7월 1일부터 31일까지 행해지는데, 하이라이트는 17일에 거행되는 やまぼこ(가마)행진이다. 이 やまぼこ를 보기 위해 각 지역뿐만 아니라 세계 각국에서 많은 사람들이 모여든다.

生花〈いけばな〉

꽃꽂이의 역사는 이미 15세기경, 일본의 가옥에 床の間(とこのま)라는 독특한 공간이 만들어지면서 시작되었다. 결국 床の間에 서화를 걸고 꽃꽂이를 장식해서 감상하는 것이 마음의 평온의 장이었다. 16세기경부터 다도가 번성하게 되자, 종래에 床の間에 세우는 꽃으로서 장식하던 것에서 차석에 꽃꽂이로 장식하는 것으로 변했다. 그러나, 전통적인 꽃꽂이에 대해서 제2차세계대전 후, 생명이 없는 철편, 석고, 유리 등을 소재로 해서, 그것에 생

명감을 주고 생명력이 있는 모양으로 표현하려고 하는 전위적인 꽃꽂이가 생겨났다. 꽃꽂이의 기초기술로서는 소재를 화기에 정착시키는 방법, 여분의 가지와 잎을 가르는 방법, 소재를 구부리는 법, 비뚤어진 것을 바로 하는 법 등의 기법이 있다. 일찍이 일본에서는 결혼전의 기호로서 여성이 꽃꽂이를 배우는 것이 일반적으로 행해져 왔지만, 오늘날에는 그것보다도 실내 장식의 하나로서, 또 생활을 즐기는 취미로서 가볍게 생활 속에 침투하고 있다.

何を 買って あげましたか

第12課

基 本 文 型

1. ~て あげる ~해 주다(드리다)
2. ~て くれる ~해 주다
3. ~て もらう ~해 받다

会話 1

田中 : キムさんの 誕生日の 時、何か あげましたか。
김씨 생일 때 무언가 주었습니까?

パク : はい、キムさんに 万年筆を あげました。
네, 김씨에게 만년필을 주었습니다.

田中 : イさんの 入社の 時、何を 買って あげましたか。
이씨의 입사 때 무엇을 사 주었습니까?

パク : デパートで 背広を 買って あげました。
백화점에서 양복을 사 주었습니다.

会話 2

田中 : あなたは キムさんに 何か もらいましたか。
당신은 김씨에게 무언가 받았습니까?

パク : はい、キムさんは 私(わたし)に カメラを くれました。
네, 김씨는 나에게 카메라를 주었습니다.

田中 : ひとりで この 荷物(にもつ)を 持(も)って 来(き)たんですか。
혼자서 이 짐을 들고 왔습니까?

パク : いいえ、キムさんが 手伝(てつだ)って くれました。
아니오, 김씨가 거들어 주었습니다.

会話 3

田中 : 誰(だれ)に この プレゼントを もらいましたか。
누구에게 이 선물을 받았습니까?

パク : 先生(せんせい)に この プレゼントを いただきました。
선생님께 이 선물을 받았습니다.

田中 : 誰(だれ)に この 本(ほん)を 貸(か)して もらいましたか。
누가 이 책을 빌려 주었습니까?

パク : 先生(せんせい)に この 本(ほん)を 貸(か)して いただきました。
선생님이 이 책을 빌려 주셨습니다.

単語

- 誕生日(たんじょうび) 생일
- 万年筆(まんねんひつ) 만년필
- 入社(にゅうしゃ) 입사
- デパート 백화점
- 背広(せびろ) 양복
- 買(か)う 사다
- 上(あ)げる 주다, 드리다
- もらう 받다

- カメラ 카메라
- ひとりで 혼자서
- 荷物(にもつ) 짐
- 手伝(てつだ)う 거들다
- くれる 주다
- プレゼント 선물
- いただく 받다
- 貸(か)す 빌리다

1 **動詞 – て あげる** (~해 주다)

あげる는 자기나 자기 쪽 사람이 다른 사람에게 물건을 주는 동작을 나타낸다. 손 아랫사람이거나 동식물에게 주는 동작을 나타낼 때는 やる를 쓰며, 손윗사람에게 주는 동작을 나타낼 때는 さしあげる를 쓴다. 동사의 て형에 やる、あげる、さし あげる가 접속하면 그 사람을 위해 행동을 해 주다라는 뜻을 나타낸다.

예 犬に えさを やりました。
(개에게 먹이를 주었습니다.)

子供に 本を 読んで やりました。
(어린이에게 책을 읽어 주었습니다.)

友達に 結婚祝いに ネクタイを 上げました。
(친구에게 결혼축하로 넥타이를 주었습니다.)

吉村さんに 写真を 見せて 上げました。
(요시무라 씨에게 사진을 보여 주었습니다.)

先生に お土産を 差し上げました。
(선생님께 선물을 드렸습니다.)

先生に おいしい 料理を 作って 差し上げました。
(선생님께 맛있는 요리를 만들어 드렸습니다.)

2 **動詞 – て くれる** (~해 주다)

くれる는 자기, 또는 자신 쪽으로 상대가 뭔가를 주다라는 뜻을 나타내는 말이다. くれる는 자신과 대등하거나 손아랫사람이 자신이나 자기 쪽으로 「주다」라는 뜻을 나타내고, くださる는 「주시다」의 뜻으로 손윗사람이 자기나 자신 쪽으로 뭔가를 주다를 나타낸다.
~て くれる(くださる)는 상대가 자신이나 자기 쪽을 위해 뭔가의 행동을 해 주다라는 뜻을 나타낸다.

예 友達が 僕に カメラを くれました。
(친구가 나에게 카메라를 주었습니다.)

彼女（かのじょ）が 僕（ぼく）に 時計（とけい）を 買（か）って くれました。
(그녀는 나에게 시계를 사 주었습니다.)

先生（せんせい）が 私（わたし）に 本（ほん）を くださいました。
(선생님이 저에게 책을 주셨습니다.)

先生（せんせい）が 私（わたし）に 本（ほん）を 読（よ）んで くださいました。
(선생님이 저에게 책을 읽어 주셨습니다.)

3 動詞（どうし） - て もらう (~해 받다)

もらう는 상대에게 뭔가를 「받다」라는 뜻으로, 동등한 관계나 손아랫사람에게 받을 때 쓴다. 손윗사람에게 뭔가를 받다라고 할 때는 いただく를 쓴다.
또, ~て もらう(いただく)는 상대에게 행동을 받다라는 뜻이지만, 우리말로 표현하면 어색하므로「~해 주다(주시다)」로 해석한다.

예 僕（ぼく）は 友達（ともだち）に プレゼントを もらいました。
(나는 친구에게 선물을 받았습니다.)

弟（おとうと）に 切符（きっぷ）を 買（か）って きて もらいました。
(동생이 표를 사와 주었습니다.)

先生（せんせい）に 推薦状（すいせんじょう）を いただきました。
(선생님께 추천장을 받았습니다.)

先生（せんせい）に いい 職場（しょくば）を 紹介（しょうかい）して いただきました。
(선생님이 좋은 직장을 소개해 주셨습니다.)

① 私は 娘に 本を 読んで やりました。 ➡ 나는 딸에게 책을 읽어 주었습니다.
　　　　 絵を 描いて　　　　　　　　　　　　　　　 그림을 그려
　　　　 服を 買って　　　　　　　　　　　　　　　 옷을 사
　　　　 英語を 教えて　　　　　　　　　　　　　　 영어를 가르쳐
　　　　 写真を 見せて　　　　　　　　　　　　　　 사진을 보여

② 娘は 私に 写真を 送って くれました。 ➡ 딸은 나에게 사진을 보내 주었습니다.
　　　　 時計を 選んで　　　　　　　　　　　　　　 시계를 골라
　　　　 彼を 紹介して　　　　　　　　　　　　　　 그를 소개해
　　　　 料理を 作って　　　　　　　　　　　　　　 요리를 만들어
　　　　 歌を 歌って　　　　　　　　　　　　　　　 노래를 불러

③ 私は 先生に 日本語を 教えて いただきました。
　　　　 辞書を 貸して　　　　 ➡ 선생님은 저에게 일본어를 가르쳐 주셨습니다.
　　　　 町を 案内して　　　　　　　　　　　　　　 사전을 빌려
　　　　 写真を 見せて　　　　　　　　　　　　　　 도시를 안내해
　　　　 意味を 説明して　　　　　　　　　　　　　 사진을 보여
　　　　　　　　　　　　　　　　　　　　　　　　　 의미를 설명해

한자읽기

娘(むすめ) 絵(え) 描(か)く 服(ふく) 買(か)う 英語(えいご) 教(おし)える 写真(しゃしん) 見(み)せる 送(おく)る 時計(とけい) 選(えら)ぶ 紹介(しょうかい) 料理(りょうり) 作(つく)る 歌(うた) 歌(うた)う 辞書(じしょ) 貸(か)す 町(まち) 案内(あんない) 意味(いみ) 説明(せつめい)

① Q : ご主人の お誕生日に 何を あげましたか。
   (남편 생일에 무엇을 주었습니까?) *主人(しゅじん) 誕生日(たんじょうび)

   A : ネクタイを やりました。
   (넥타이를 주었습니다.)

   Q : この ハンカチは 誰が くれましたか。
   (이 손수건은 누가 주었습니까?) *誰(だれ)

   A : 木村さんが くれました。
   (기무라 씨가 주었습니다.) *木村(きむら)

   Q : あなたは 野村さんに 何を もらいましたか。
   (당신은 노무라 씨에게 무엇을 받았습니까?) *野村(のむら)

   A : 万年筆を いただきました。
   (만년필을 받았습니다.) *万年筆(まんねんひつ)

② Q : 奥さんに 何を 買って あげましたか。
   (부인에게 무엇을 사 주었습니까?) *奥(おく)さん 買(か)う

   A : 日本の 着物を 買って やりました。
   (일본 기모노를 사 주었습니다.) *着物(きもの)

   Q : ひとりで この 荷物を 持って 来たんですか。
   (혼자서 이 짐을 들고 왔습니까?) *荷物(にもつ) 持(も)つ

   A : いいえ、友達が 手伝って くれました。
   (아니오, 친구가 거들어 주었습니다.) *友達(ともだち) 手伝(てつだ)う

   Q : 誰に この 本を 貸して もらいましたか。
   (누가 이 책을 빌려 주었습니까?) *貸(か)す

   A : 田中さんに 貸して いただきました。
   (다나카 씨가 빌려 주셨습니다.) *田中(たなか)

▶ 약속에 관한 표현

① 金さん、あした 何か 約束が ありますか。
(김씨, 내일 무슨 약속이 있습니까?)
*約束(やくそく) : 약속

② いいえ、何の 約束も ありません。
(아니오, 아무런 약속도 없습니다.)
*何(なん)の : 아무런, 어떤

③ 今日、お会いしたいんですが。
(오늘 만나고 싶은데요.)
*お会(あ)いする는 会う(만나다)의 겸양 표현이다.

④ 駅前の 居酒屋は いかがですか。
(역 앞의 술집은 어떻습니까?)
*居酒屋(いざかや) : 대폿집, 선술집

⑤ すみません。今日は ちょっと…。
(미안합니다. 오늘은 좀….)
*今日(きょう) : 오늘

⑥ すみません。他の 日なら いいんですが…。
(미안합니다. 다른 날이라면 괜찮겠는데요….)
*～なら : ～라면

⑦ 約束を 破って 本当に すみません。
(약속을 어겨서 정말 미안합니다.)
*破(やぶ)る : 깨다, 어기다

① 다음 예처럼 주어진 말로 고쳐 말하시오.

> 예) 果物を 市場で 買う
> ⇨ 母が 私に 果物を 市場で 買って くれました。

1. 本を 選ぶ。
   ⇨ 先輩が 私に

2. プレゼント 買う。
   ⇨ 先生が 私に

3. 数学を 教える。
   ⇨ 彼女が おとうとに

② 다음 예처럼 고쳐 말하시오.

> 예) 友達は 僕に 日本語を 教えて くれました。
> ⇨ 僕は 友達に 日本語を 教えて もらいました。

1. 弟が 僕に 切符を 買って きて くれました。
   ⇨

2. みんなが 仕事を 手伝って くれました。
   ⇨

3. 先生が 私に 吉村さんを 紹介して くれました。
   ⇨

---

① 1) 先輩が 私に 本を 選んで くれました。
  2) 先生が 私に プレゼント 買って くださいました。
  3) 彼女が おとうとに 数学を 教えて くれました。

② 1) 僕は 弟に 切符を 買って きて もらいました。
  2) みんなに 仕事を 手伝って もらいました。
  3) 私は 先生に 吉村さんを 紹介して いただきました。

あなたは うれしそうですね

第13課

1. ～ても いい ～해도 좋다
2. ～そうだ ～라고 한다・～한(인) 것 같다
3. ～すぎる 너무 ~하다

会話 1

キム : タバコを 吸っても いいですか。
담배를 피워도 됩니까?

山田 : はい、吸っても いいですよ。
네, 피워도 됩니다.

キム : 山田さんは タバコが 好きだそうですね。
야마다 씨는 담배를 좋아한다더군요.

山田 : ええ、よく 吸います。
예, 자주 피웁니다.

キム : でも、あまり 吸いすぎない ほうが いいですよ。
하지만, 너무 지나치게 피우지 않는 것이 좋아요.

たばこは 体に よくないそうですから。
담배는 몸에 좋지 않다고 하니까요.

野村 : いやな 天気ですね。
날씨가 우중충하군요.

パク : ええ、今にも 雨が 降りそうですね。
예, 당장이라도 비가 내릴 것 같군요.

野村 : でも、あなたは 嬉しそうですね。
하지만, 당신은 기쁜 것 같군요.

何か いい ことが ありますか。
무슨 좋은 일이 있습니까?

パク : ええ、入社試験に 合格したんです。
예, 입사시험에 합격했습니다.

野村 : それは、おめでとう。
그거 축하해요.

単語

- タバコ 담배
- 吸(す)う 빨다, 흡입하다
- ~すぎる 너무~하다
- 体(からだ) 몸, 신체
- 嫌(いや)だ 싫다

- 嬉(うれ)しい 기쁘다
- 入社(にゅうしゃ) 입사
- 試験(しけん) 시험
- 合格(ごうかく) 합격
- おめでとう 축하하다

1 **好きだそうですね** (좋아한다면서요)

そうだは 活用語의 基本形에 接続하여「~라고 한다, ~란다」의 뜻으로 전문(伝聞)을 나타낸다. 이것은 자신의 눈으로 직접 확인한 것이 아니라 남에게 전해 들어서 안다는 뜻이다. 명사에 접속할 때는 반드시 ~だそうだ의 형태를 취하며, 정중형은 そうです이다.

예 来週、橋本さんは 結婚するそうです。
   (다음주에 하시모토 씨는 결혼한답니다.)

   吉村先生の 講義は 休講だそうです。
   (요시무라 선생님 강의는 휴강이랍니다.)

   山下さんの 部屋は きれいだそうです。
   (야마시타 씨 방은 깨끗하답니다.)

   ソウルより 東京は 暑いそうです。
   (서울보다 도쿄는 덥다고 합니다.)

   大阪には 大雨が 降ったそうです。
   (오사카에는 많은 비가 내렸답니다.)

   山口さんは 忙しくて 来られないそうです。
   (야마구치 씨는 바빠서 올 수 없답니다.)

2 **ふりそうですね** (내릴 것 같군요)

そうだは 전문의 용법 이외에 양태(様態)를 나타내기도 한다. 이것은「금방이라도 ~할 것 같다」또는「그렇게 보인다」라는 뜻을 나타내는데, 확인하지 못하지만 외견상 판단해서 그런 성질이나 상태가 추측된다는 것을 나타낸다. 따라서 말하는 사람이 주관적인 판단에 의한 것이 많다.

전문의 そうだ는 활용어의 기본형에 접속하지만, 양태를 나타내는 そうだ는 동사의 중지형, 형용사와 형용동사의 어간에 접속하며 명사에는 접속하지 않는다. 단, 형용사의 よい나 ない처럼 두 음절로 이루어진 것은 어미 い가 さ로 바뀌어 そう

だが 이어진다.

활용은 형용동사와 동일하고, 동사에 접속할 때는 부정형 そうではない가 아니라 そうに ない가 된다.

예 すぐにも 雨が 降りそうです。
　　(금방이라도 비가 내릴 것 같습니다.)

　　彼女は とても 嬉しそうな 顔を して います。
　　(그녀는 매우 기쁜 듯한 표정을 짓고 있습니다.)

　　ここは とても 静かそうに 見えますね。
　　(여기는 매우 조용해 보이는군요.)

　　この 新型の 車は なかなか よさそうですね。
　　(이 신형 차는 상당히 좋아 보이네요.)

　　きょうも 雨が 止みそうに ありませんね。
　　(오늘도 비가 그칠 것 같지 않군요.)

　　雨が 降りそうで、行きませんでした。
　　(비가 내릴 것 같아 가지 않았습니다.)

　　この お菓子は 甘そうでは ないですね。
　　(이 과자는 달 것 같지는 않군요.)

3 吸っても いい (피워도 좋다)

접속조사 て에 ～も いい가 접속하여 ～ても いい형태로 쓰이면「～해도 좋다(된다)」는 뜻으로 허가나 승낙을 나타낸다.

예 今、うちへ 帰っても いいですか。
　　(지금 집에 가도 됩니까?)

　　この 薬を 飲んでも いいですか。
　　(이 약을 먹어도 됩니까?)

　　あしたは 会社に 来なくても いいです。
　　(내일은 회사에 오지 않아도 됩니다.)

4 吸いすぎる *(지나치게 피우다)*

すぎる는 「지나치다」의 뜻을 가진 동사로, 다른 말에 접미어적으로 접속하여 「너무(지나치게) ~하다」라는 뜻의 복합어를 만든다.
동사에는 중지형에, 형용사나 형용동사에는 어간에 이어진다.

> 예) ゆうべ 飲みすぎて 会社へ 遅れて しまいました。
>
> (어젯밤 과음을 해서 회사에 늦고 말았습니다.)
>
> 彼は 働きすぎて 病気に なりました。
>
> (그는 너무 일해서 병이 났습니다.)
>
> この 辺りは 静かすぎて こわいですね。
>
> (이 주위는 너무 조용해서 무섭군요.)
>
> この もちは 甘すぎて 食べにくいです。
>
> (이 떡은 너무 달아서 먹기 힘듭니다.)

5 吸いすぎない ほうが いい *(지나치게 피우지 않는 게 좋다)*

ほうが いい는 동사의 부정형이나 과거형에 접속하여 우리말의 「~하는 게 좋다」의 뜻으로 충고를 나타낸다.

> 예) 今日は 早く 帰った ほうが いいですね。
>
> (오늘은 일찍 돌아가는 게 좋겠군요.)
>
> 健康に よくないから お酒を 飲まない ほうが いいですね。
>
> (건강에 좋지 않으니까 술을 마시지 않는 게 좋겠군요.)

① キムさんは | 日本へ 来る | そうです。 ➡ 김씨는 | 일본에 온 | 답(랍)니다.
時間が ない		시간이 없
勉強したい		공부하고 싶
歌が 好きだ		노래를 좋아한
まだ 学生だ		아직 학생이

② | 彼は お金が あり | そうです。 ➡ | 그는 돈이 있는 | 것 같습니다.
いい 物が なさ		좋은 것이 없는
この 料理は おいし		이 요리는 맛있는
キムさん 元気		김씨는 건강한
今にも 雨が 降り		금방이라도 비가 올

③ | たばこを 吸って | も いいです。 ➡ | 담배를 피워 | 도 됩니다.
写真を 撮って		사진을 찍어
酒を 飲んで		술을 마셔
靴を 脱がなくて		구두를 벗지 않아
いすに 座って		의자에 앉아

한자읽기

時間(じかん) 勉強(べんきょう) 歌(うた) 好(す)き 学生(がくせい) お金(かね) 物(もの) 料理(りょうり)
元気(げんき) 雨(あめ) 降(ふ)る 吸(す)う 酒(さけ) 飲(の)む 靴(くつ) 脱(ぬ)ぐ 座(すわ)る

① Q : 空が 曇って いますね。
　　　(하늘이 흐려 있군요.) *空(そら)　曇(くも)る

　　A : ええ、今にも 雨が 降りそうですね。
　　　(예. 금방이라도 비가 내릴 것 같군요.) *雨(あめ)　降(ふ)る

　　Q : うれしそうですね。何か いい ことが ありましたか。
　　　(즐거워 보이네요. 무슨 좋은 일이 있었습니까?)

　　A : ええ、恋人から 手紙が 来たんです。
　　　(예. 애인한테 편지가 왔어요.) *恋人(こいびと)　手紙(てがみ)

　　Q : キムさんから 連絡が ありましたか。
　　　(김씨한테 연락이 있었습니까?) *連絡(れんらく)

　　A : ええ、あした 飛行機に 乗って 来るそうです。
　　　(예. 내일 비행기를 타고 온답니다.) *飛行機(ひこうき)　乗(の)る

② Q : もう 帰っても いいですか。
　　　(이제 가도 됩니까?) *帰(かえ)る

　　A : はい、帰っても いいです。
　　　(네. 가도 됩니다.)

　　Q : ここで たばこを 吸っても いいですか。
　　　(여기서 담배를 피워도 됩니까?) *吸(す)う

　　A : いいえ、禁煙だから、だめです。
　　　(아니오, 금연이라서 안 됩니다.) *禁煙(きんえん)

　　Q : ここで 靴を 脱がなければ なりませんか。
　　　(여기서 구두를 벗어야 합니까?) *靴(くつ)　脱(ぬ)ぐ

　　A : いいえ、脱がなくても いいです。
　　　(아니오, 벗지 않아도 됩니다.)

▶ 취미에 관한 표현

① ご趣味は 何ですか。

(취미는 무엇입니까?)

* ご趣味(しゅみ)의 ご는 한자어에 붙은 존경의 접두어이다.

② 私の 趣味は スポーツです。

(제 취미는 스포츠입니다.)

* スポーツ : 스포츠 = 運動(うんどう) : 운동

③ カメラにも 興味が あります。

(카메라에도 흥미가 있습니다.)

* 興味深(きょうみぶかい) : 흥미깊다

④ いい 趣味を お持ちですね。

(좋은 취미를 가지고 계시는군요.)

* お~です는 존경 표현이다.

⑤ それは すばらしい 趣味ですね。

(그거 멋진 취미이군요.)

* 素晴(すば)らしい : 멋지다, 근사하다

⑥ いい 趣味ですね。

(좋은 취미이군요.)

* ~ですね : ~이군요

⑦ この 趣味は 相当 お金が かかります。

(이 취미는 상당히 돈이 듭니다.)

* お金(かね)が かかる : 돈이 들다

연습 문제

① 다음 예처럼 고쳐 말하시오

> 예) 吉村さんは 韓国へ 行きます。
> ⇨ 吉村さんは 韓国へ 行くそうです。

1. 山下さんは 登山が 好きです。
   ⇨ _____

2. 竹下さんは 足が 痛いです。
   ⇨ _____

3. 彼女の お父さんは 弁護士です。
   ⇨ _____

② 다음 예처럼 고쳐 말하시오

> 예) この 小説は 面白いです。
> ⇨ この 小説は 面白そうです。

1. 寒くて 風邪を 引きます。
   ⇨ _____

2. 吉村さんは とても 元気です。
   ⇨ _____

3. 今回の 成績は よいです。
   ⇨ _____

---

① 1) 山下さんは 登山が 好きだそうです。　② 1) 寒くて 風邪を 引きそうです。
　 2) 竹下さんは 足が 痛いそうです。　　　 2) 吉村さんは とても 元気そうです。
　 3) 彼女の お父さんは 弁護士だそうです。　 3) 今回の 成績は よさそうです。

● 神道〈しんとう〉

538년 불교가 백제로부터 전래되기까지 神道(しんとう)는 일본에 있어서 유일한 종교였다. 처음에는 자연물이나 자연현상을 신으로 하는 샤마니즘적인 성격을 갖고 있었지만, 차츰 조상을 모시게 되었다. 따라서 불교·기독교·유교 등과 같이 교조나 경전도 없기 때문에 불교 전래 후, 종교로서 대결하기 위해 이론무장을 할 필요를 느꼈다. 8~9세기부터는 불교와 융합해서 신사에 불상을 놓기도 하고 절에 돌(기둥문)을 세우기도 하여 부처가 인류와 전생물을 구제하기 위해 일본의 신이 되어 나타났다는 등의 설도 나왔다.

● 仏教〈ぶっきょう〉

기원전 5세기에 인도의 석가모니에 의해 일어난 종교인데 백제에서 일본으로 전해졌다. 그때까지 농경과 관계가 깊은 자연 현상을 신으로 모시고 이것을 참배하던 일본인에게 있어서 불교의 가르침은 신선한 감동과 공감을 불러일으켰다. 7

세기초 聖德(しょうとく) 태자는 고구려의 승려 혜자로부터 불교를 배우고, 또 백제로부터 기술자를 불러 法隆寺(ほうりゅうじ) 등의 절을 지었다. 불교는 처음에 주로 귀족 사이에 침투했지만, 13세기경부터는 서민들 사이에 급속히 퍼졌으며, 마침내 무사 사이에서는 禪(ぜん)으로 발전한다.

雨に ぬれたのが 悪かったようです

第14課

基 本 文 型

1. ～らしい　～인(한) 것 같다, ～듯하다
2. ～ようだ　～인(한) 것 같다
3. ～し ～し　～하고 ～하고

医者 : どうしましたか。
어떻게 된 겁니까?

キム : 先生、どうも 風邪を 引いたらしいんです。
선생님, 아무래도 감기에 걸린 것 같습니다.

体も だるいし、食欲も ないし、…。
몸도 나른하고, 식욕도 없고, ….

医者 : それは いけませんね。どれどれ 口を 開けて…。
그거 안됐군요. 어디, 입을 벌리세요 ….

ああ、喉が 赤いですね…。
아, 목이 빨갛군요….

やっぱり 風邪ですね。
역시 감기이군요.

キム : きのう 雨(あめ)に ぬれたのが 悪(わる)かったようです。
어제 비에 젖은 것이 좋지 않았던 것 같습니다.

医者 : いま、 とても 流行(はや)って いるんですよ。
지금, 매우 유행하고 있어요.

風邪(かぜ)で 休(やす)みに なった 学校(がっこう)も あるそうです。
감기로 쉬게 된 학교도 있답니다.

キム : そうですか。
그렇습니까?

医者 : じゃあ、 この 薬(くすり)を 飲(の)んで ください。
그럼, 이 약을 먹으세요.

どうぞ、 お大事(だいじ)に。
자, 몸조심하세요.

キム : どうも ありがとう ございました。
대단히 고맙습니다.

単語

- どうも 아무래도, 매우
- 体(からだ) 몸, 신체
- だるい 나른하다
- 食欲(しょくよく) 식욕
- いけない 안됐다
- どれどれ 자, 어디
- 口(くち) 입
- 開(あ)ける 열다, 벌리다

- 喉(のど) 목
- 赤(あか)い 빨갛다
- やっぱり 역시
- 濡(ぬ)れる 젖다
- 悪(わる)い 나쁘다
- 流行(はや)る 유행하다
- ~らしい ~것 같다, 듯하다
- ~ようだ ~것 같다

제14과 비에 젖은 것이 좋지 않았던 것 같습니다 299

1 **かぜを 引いたらしい** (감기에 걸린 것 같다)

らしい는 어떤 일에 대해 확정적으로 말할 수 없지만, 여러 가지 객관적인 사실들을 근거로 하여 그 일의 진위에 대한 확신도가 높지 않을 때, 또는 그 정보의 근원이 직접적이지 못할 때 많이 쓴다. 또한 타인으로부터 들어서 안다든가 근거가 있더라도 확실한 표현을 피할 때 쓴다. 즉, 말하는 사람 자신이 직접 관여하고 있지 않다는 느낌으로 쓰는 경우가 많다.

らしい는 동사와 형용사의 기본형, 형용동사의 어간에 접속하며 명사에는 직접 접속한다. 그밖에 활용어의 부정형 및 과거형에도 접속한다. 또, らしい는 형태상 형용사의 꼴을 취하므로 형용사처럼 활용을 한다. 그러나 らしい는 과거형이나 부정형, 가정형 등은 어법상으로 만들 수 있으나 활용어의 부정형이나 과거형에 접속하여 쓰인다.

예 ことしは 梅雨明けが 遅いらしいです。

　　(올해는 장마가 늦게 걷히는 것 같습니다.)

　　彼の 話を 聞くと、かなり 大変らしいです。

　　(그의 이야기를 들으면 상당히 힘든 것 같습니다.)

　　どこか 出かけたらしく、鍵が かかって いる。

　　(어디 나갔는지 열쇠가 잠겨 있다.)

　　電車の 中で 吉村さんらしい 人を 見ました。

　　(전차 안에서 요시무라 씨 같은 사람을 보았습니다.)

　　彼女は 会社を 辞めたらしいです。

　　(그녀는 회사를 그만둔 것 같습니다.)

2 **悪かったようだ** (나빴던 것 같다)

ようだ는 불확실한 단정·비유·예시의 용법으로 쓰인다. 형용동사처럼 활용을 하며, 동사와 형용사의 기본형이나 과거형에 접속하며, 형용동사에 접속할 때는 연체형, 즉 ~なようだが 되며, 명사에 접속할 때는 ~のようだ의 형태를 취한다. 또한 회화체에서는 みたいだ의 형태로도 쓰인다.

1. 불확실한 단정의 ようだ

불확실한 단정을 나타내는 ようだ는 어떤 것에 대하여 그 때의 상황이나 주어진 정보를 바탕으로 하여 불확실하지만 그렇게 볼 수 있는 상황이라는 판단이 설 때 쓴다. 또한, 명확한 근거가 없이 지극히 주관적인 판단에 의해서만 쓰기도 한다.

예 彼女は 何も 知らないようです。
(그녀는 아무것도 모르는 것 같습니다.)

この 公園は なかなか 静かなようですね。
(이 공원은 상당히 조용한 것 같군요.)

その 話は どこかで 聞いたようです。
(그 이야기는 어디선가 들은 것 같습니다.)

きょうは だいぶ 暑いようですね。
(오늘은 꽤 더운 것 같군요.)

あそこ いる 人は 吉村さんのようですね。
(저기에 있는 사람은 요시무라 씨 같군요.)

2. 비유의 ようだ

비유를 나타내는 ようだ는 그 모습이나 상태가 「마치 ~인 것 같다」라는 뜻을 나타낸다.

예 まるで 夢を 見て いるようです。
(마치 꿈을 꾸고 있는 것 같습니다.)

まだ 五月なのに、夏のような 暑さです。
(아직 5월인데 여름 같은 더위입니다.)

彼女は ささやくような 声で 話しました。
(그녀는 속삭이는 듯한 목소리로 이야기했습니다.)

彼女の 皮膚は まるで 雪の ように 白いです。
(그녀의 피부는 마치 눈처럼 하얗습니다.)

2. 예시의 ようだ

예시의 ようだ는 비슷한 것, 조건에 맞는 것을 구체적인 예를 들어 설명하거나 그 것 자체에 대해 말할 때 쓴다.

예 車の ような 大きな 物は 船で 運送する。

(차 같은 큰 것은 배로 운송한다.)

コーラの ような 冷たい 物が 飲みたいです。

(콜라 같은 차가운 것을 마시고 싶습니다.)

彼の ように 正直な 人は 少ないです。

(그처럼 정직한 사람은 적습니다.)

3 どうも *(매우, 대단히 · 아무래도, 도무지)*

どうも는 인사말 앞에 붙어「정말로, 대단히」의 뜻을 가진 부사어이지만 뒤에 부정어가 오면「도무지, 아무래도」의 뜻을 나타낸다. 또 확실히는 모르겠지만「왠지, 아무래도」의 뜻으로도 쓰인다.

4 どうぞ *(부디, 어서)*

どうぞ는 남에게 매우 정중하게 부탁할 때나 바랄 때 쓰이는 말로 우리말의「부디, 아무쪼록」에 해당한다. 또 남에게 권유할 때나 허락할 때도 쓰인다
일본어에서 다른 것은 몰라도 どうも와 どうぞ만 알고 있으면 일본에서 생활하는데 지장이 없다고 할 정도로 간편하게 일상생활에 많이 쓰인다.

① キムさんは

日本語が わかる
友達が ない
約束を 忘れた
頭が 痛い
子供が 好き

らしいです。 ➡ 김씨는

일본어를 아는
친구가 없는
약속을 잊은
머리가 아픈
어린이를 좋아한

듯합니다.

② 彼は

困って いる
お酒が 飲めない
気分が 悪い
暇な
独身の

ようです。 ➡ 그는

난처한
술을 못 마시는
기분이 나쁜
한가한
독신인

것 같습니다.

③

寒い	し	雨だ
頭も 痛い		熱も ある
疲れた		体の 調子も 悪い
時間も ない		仕事も ある
不便だ		遠い

し、どこも 行きません。

➡

춥	고	비가 오
머리도 아프		열도 있
피곤하		몸도 안 좋
시간도 없		일도 있
불편하		멀

고 하여, 어디에도 안 갑니다.

한자읽기

友達(ともだち) 約束(やくそく) 忘(わす)れる 頭(あたま) 痛(いた)い 子供(こども) 好(す)き 彼(かれ)
困(こま)る 酒(さけ) 飲(の)む 気分(きぶん) 悪(わる)い 暇(ひま) 独身(どくしん) 寒(さむ)い 頭(あたま)
痛(いた)い 疲(つか)れる 時間(じかん) 不便(ふべん) 雨(あめ) 熱(ねつ) 体(からだ) 調子(ちょうし)
仕事(しごと) 遠(とお)い

① Q : 二階の 部屋は 静かに なりましたね。
(2층 방은 조용해졌군요.) *二階(にかい) 部屋(へや) 静(しず)か

A : はい、もう 子供たちは 寝たらしいです。
(네, 이제 아이들은 자는 듯합니다.) *子供(こども) 寝(ね)る

Q : あの 人は さっきから 地図を 見て いますが。
(저 사람은 아까부터 지도를 보고 있는데요.) *地図(ちず)

A : はい、道が わからないらしいです。
(네, 길을 모르는 듯합니다.) *道(みち)

Q : キムさんの ご家族は お元気ですか。
(김씨 가족은 건강합니까?) *家族(かぞく) 元気(げんき)

A : いいえ、奥さんが 病気らしいです。
(아니요, 부인이 아픈 것 같습니다.) *奥(おく)さん 病気(びょうき)

② Q : ここに 何が 建つか 知って いますか。
(여기에 무엇이 서는지 알고 있습니까?) *建(た)つ 知(し)る

A : 十階建ての マンションが 建つようです。
(10층 건물의 맨션이 서는 것 같습니다.) *十階建(じゅっかいだ)て

Q : 小林さんは、このごろ 元気が ありませんね。
(고바야시 씨는 요즘 힘이 없군요.) *小林(こばやし)

A : はい、だいぶ 疲れているようです。
(네, 무척 피곤한 것 같습니다.) *疲(つか)れる

Q : キムさんは また 出かけたんですか。
(김씨는 또 나갔습니까?) *出(で)かける

A : はい、今週も とても 忙しいようです。
(네, 이번 주도 무척 바쁜 것 같습니다.) *今週(こんしゅう) 忙(いそが)しい

▶ 학교 수업에 관한 표현

① では、始(はじ)めます。

(그럼, 시작하겠습니다.)

*始(はじ)める : 시작하다 / 始(はじ)まる : 시작되다

② テキストの 五(ご)ページを 開(あ)けて ください。

(교과서 5쪽을 펴세요.)

*テキスト : 교재 / 教科書(きょうかしょ) : 교과서

③ よく 聞(き)いて ください。

(잘 들으세요.)

*聞(き)く : 듣다, 묻다

④ 黒板(こくばん)を 見(み)て ください。

(칠판을 보세요.)

*黒板(こくばん) : 칠판 / チョーク : 분필

⑤ 分(わ)からない ところは ありませんか。

(모르는 곳은 없습니까?)

*分(わ)かる : 알다, 알 수 있다 / 理解(りかい)する : 이해하다

⑥ もう 一度(いちど) くりかえして ください。

(다시 한번 반복해 주세요.)

*繰(く)り返(かえ)す : 반복하다

⑦ 今日(きょう)は これで 終(お)わります。

(오늘은 이만 마치겠습니다.)

*終(お)わる : 끝나다 / 終(お)える : 끝내다, 마치다

① 다음 예처럼 고쳐 말하시오.

> 예) 彼は 学校を やめました。
> ⇨ 彼は 学校を やめたらしいです。

1. ことしの 冬は なかなか 寒いです。

   ⇨ _____

2. 財布を どこかで 落としました

   ⇨ _____

3. 彼女は あす 東京から 帰ります。

   ⇨ _____

② 다음 예처럼 고쳐 말하시오.

> 예) この 小説は 面白いです。
> ⇨ この 小説は 面白ようです。

1. 彼女は まだ 東京から 帰って いません。

   ⇨ _____

2. 夢を 見て います。

   ⇨ まるで _____

3. 彼は まだ 日本語が 下手です。

   ⇨ _____

---

① 1) ことしの 冬は なかなか 寒いらしいです。　② 1) 彼女は まだ 東京から 帰って いないようです。
　2) 財布を どこかで 落としたらしいです。　　　2) まるで 夢を 見て いるようです。
　3) 彼女は あす 東京から 帰るらしいです。　　　3) 彼は まだ 日本語が 下手なようです。

能(のう)

약 1000년 전 한반도로부터 대륙의 음악이 일본으로 전해졌다. 그것을 散楽(さんがく)라고 한다. 이것을 다시 흉내 예능인 猿楽(さるがく)가 되고, 猿楽와 전통예능인 田楽(でんがく)가 서로 결합하여 能(のう)로 발전하였다. 일본 최고의 연극인 能는 室町(むろまち) 시대에 칸아미가 흉내 본위의 猿楽에 음악성과 가무적인 성격을 가미시켰고, 그 아들 제아미가 유연성을 추구하여 노를 한층 더 높은 무대 예술로 발전시켰다. 安土桃山(あずちももやま)시대 때는 豊臣秀吉(とよとみひでよし)가 能를 좋아해 스스로 연출한 것은 유명한 일화이다. 歌舞伎(かぶき)나 文楽(ぶんらく)가 서민들의 연극인 것에 대해, 能는 무사계급의 것이었다. 江戸(えど) 시대에도 能는 大名(だいみょう)들의 보호를 받아 무사의 식락(式楽)으로서 번성하였다. 그 때문에 메이지가 되어 무가사회가 폐지되자 能도 쇠퇴하는 운명에 처해졌고, 제2차세계대전 등으로 수많은 위기에 직면하게 되었다. 그러나 관계자들의 노력으로 뭔가 생명을 보존하면서 오늘날에 이르렀고, 최근에는 고전 예능의 재발견의 기운도 있어, 젊은 사람들 사이에 애호자가 늘고 있다.

文楽(ぶんらく)

歌舞伎(かぶき)와 같이 근세 연극을 대표하는 文楽(ぶんらく)는 文楽座(ざ)에서 발상한 꼭두각시 인형 연극의 명칭이고, 다른 이름으로는 人形浄瑠璃(にんぎょうじょうるり)라고도 불러진다. 文楽의 기원은 室町(むろまち) 시대부터이며, 江戸(えど) 시대로 이어지면서 京都(きょうと)와 大阪(おおさか)를 중심으로 발전하여 완성되었다. 三味線(しゃみせん) 연주에 맞추어 인형을 조정한다. 더구나 하나의 인형을 세 사람이 조정한다. 인형은 목, 어깨, 몸체, 손으로 되어 있고 발은 원칙적으로 남자밖에 없다. 1m에서 1.5m의 크기이고 무거운 것은 10kg이나 된다. 文楽는 현재 중요무형문화재가 되어 인간문화재로 몇 사람이 지정되어 있다.

307

心配しないで くれ

基本文型

1. 動詞の **命令形**
2. 動詞 – **な** ～하지 마라
3. 動詞 – **たばかり** 막 ～하다

山田： 野口君、あした 暇なの。
노구치, 내일 한가하니?

野口： うん、何の 約束も ないよ。
응, 아무 약속도 없어.

山田： 実は きのう 友達から 映画の 切符を 三枚
실은 어제 친구한테 영화 표 3장

もらったけど、いっしょに 行かない。
받았는데, 함께 가지 않을래?

野口： どんな 映画。
어떤 영화?

山田： アメリカから 入ったばかりの アクション映画だよ。
미국에서 막 들어온 액션 영화야.

野口 : いいね。どこで 会おうか。
  좋아, 어디서 만날까?

山田 : 駅前の 本屋は どう。
  역 앞 책방은 어때?

野口 : うん、何時ごろ。
  응, 몇 시 무렵에?

山田 : 午後 三時までには 来て くれ。遅れるなよ。
  오후 3시까지는 와 줘. 늦지 마라.

  あ、吉田君も 映画に 来いと 言って くれ。
  아, 요시다도 영화를 보러 오라고 말해 줘.

野口 : わかったから、心配しないで くれ。
  알았으니까, 걱정하지 마.

  じゃあ、また あした。
  그럼, 내일 만나.

単語	
・暇(ひま)だ 한가하다	・会(あ)う 만나다
・約束(やくそく) 약속	・駅前(えきまえ) 역전
・実(じつ)は 실은	・本屋(ほんや) 책방
・友達(ともだち) 친구	・遅(おく)れる 늦다
・映画(えいが) 영화	・~君(くん) ~군
・切符(きっぷ) 표	・わかる 알다, 알 수 있다
・入(はい)る 들어오다	・心配(しんぱい) 걱정
・アクション 액션	・明日(あした) 내일

1 来いと 言って くれ (오라고 말해 줘)

일본어 동사의 명령형은 그 어감이 직접적이고 거칠기 때문에 일상생활에는 그다지 쓰이지 않지만 인용문이나 설명문에 쓰이므로 익혀 두어야 한다.

5단동사의 명령형은 어미 う단을 え으로 바꾼다. 뒤에 접속하는 말은 없다. 또, 상1단·하1단동사의 경우는 어미 る를 ろ로 바꾸어 주면 된다.

기본형	의 미	명령형	의 미
行く	가다	行け	가(라)
急ぐ	서두르다	急げ	서둘러(라)
待つ	기다리다	待て	기다려(라)
乗る	타다	乗れ	타(라)
買う	사다	買え	사(라)
飲む	마시다	飲め	마셔(라)
飛ぶ	날다	飛べ	날아(라)
死ぬ	죽다	死ね	죽어(라)
話す	이야기하다	話せ	이야기해(라)
見る	보다	見ろ	봐(라)
寝る	자다	寝ろ	자(라)
来る	오다	来い	와(라)
する	하다	しろ·せよ	해(라)

☞ 변격동사 する의 경우는 しろ와 せよ가 있다. せよ는 주로 문장체에서만 쓰인다.

(예) ひとりで 全部 食べろ。
(혼자 전부 먹어라.)

時間が ないから もっと 早く 歩け。
(시간이 없으니까 더 빨리 걸어.)

向こうで 新聞を 持って 来い。

(저쪽에서 신문을 가져 와라.)

吉村さんは もっと しっかり しろと 言いました。

(요시무라 씨는 더 확실히 하라고 말했습니다.)

社長は 早く 終えと 命令しました。

(사장은 빨리 끝내라고 명령했습니다.)

❷ 遅れるなよ (늦지 마라)

なと 동사의 기본형에 접속하여 「~지 마라」의 뜻으로 금지의 뜻을 나타낸다. 부드럽게 표현하기 위해 종조사 よ를 접속하여 なよ의 형태로도 쓰인다.
그러나 な가 동사의 중지형, 즉 ます가 접속하는 꼴에 이어지면 가벼운 명령을 나타내기도 한다.

예) 終わった ことを いつまでも 悔やむな。

(끝난 일을 언제까지고 후회하지 마라.)

お酒を 飲みすぎるなよ。

(술을 너무 마시지 마라.)

早く 歩きな。 さあ、食べな。

(빨리 걸어라. 자, 먹어라.)

❸ 入ったばかりだ (막 들어왔다)

동사의 과거형에 ばかりだ가 접속하면 어떤 동작을 하고 나서 시간이 얼마 경과되지 않은 상태를 나타낸다.

예) 今、着いたばかりです。

(지금 막 도착했습니다.)

赤ちゃんが 生まれたばかりです。

(아기가 막 태어났습니다.)

① | 確かめろ | | | 確実히 하라 |
|---|---|---|---|
| 持ってこい | | | 가지고 오라 |
| 勉強しろ | と 言いました。 ➡ | | 공부하라 |
| がんばれ | | | 힘내라 |
| 捨てろ | | | 버리라 |

と 言いました。 ➡ ___고 했습니다.

② | 危ないから触るな | | | 위험하니까 만지지마 |
|---|---|---|---|
| 車を 止めるな | | | 차를 세우지마 |
| 遅刻するな | と 書いてあります。 ➡ | | 지각하지마 |
| 一人で 歩くな | | | 혼자 걷지마 |
| お金を 持ってくるな | | | 돈을 가지고 오지마 |

と 書いてあります。 ➡ ___라고 쓰여 있습니다.

③ たった今 | 帰った | | 방금 막 | 돌아왔 |
|---|---|---|---|
| 聞いた | | | 들었 |
| 始めた | ばかりです。 ➡ | | 시작했 |
| 会った | | | 만났 |
| 眠った | | | 잠들었 |

ばかりです。 ➡ ___습니다.

한자읽기

確(たし)かめる 勉強(べんきょう) 捨(す)てる 危(あぶ)ない 触(さわ)る 車(くるま)
止(と)める 遅刻(ちこく) 歩(ある)く 金(かね) 帰(かえ)る 聞(き)く 始(はじ)める
会(あ)う 眠(ねむ)る

① Q : 用意、できたか。
(준비, 되었니?) *用意(ようい)

A : 悪い、もう ちょっと 待って くれ。
(미안, 좀더 기다려 줘.) *悪(わる)い

Q : 何か 手伝おうか。
(뭐 거들어줄까?) *手伝(てつだ)う

A : じゃあ、食器を 新聞紙で 包んで くれ。
(그럼, 식기를 신문지에 싸 줘.) *食器(しょっき) 新聞紙(しんぶんし)

Q : おい、大丈夫か。
(어이, 괜찮니?) *大丈夫(だいじょうぶ)

A : うん。大した 怪我じゃないから 心配しないでくれ。
(응. 크게 다친 게 아니니까 걱정 말게.) *怪我(けが) 心配(しんぱい)

② Q : 日本へ 来る とき、お友達は 何と 言いましたか。
(일본에 올 때 친구는 뭐라고 말했습니까?) *友達(ともだち)

A : 元気で がんばれと 言いました。
(건강하고 열심히 하라고 했습니다.) *元気(げんき)

Q : お母さんは 君の 成績を 見て、何て 言ったの。
(어머니는 네 성적을 보고 뭐라고 말했니?) *成績(せいせき)

A : 来年は もっと 勉強しろと 言いました。
(내년에는 더 공부하라고 했습니다.) *勉強(べんきょう)

Q : 何と 書いて ありますか。
(뭐라고 쓰여 있습니까?)

A : 危ないから さわるなと 書いて あります。
(위험하니까 만지지 마라고 쓰여 있습니다.) *危(あぶ)ない

▶ 연예·오락에 관한 표현

① 日本で いちばん 有名な 歌手は 誰ですか。
   (일본에서 가장 유명한 가수는 누구입니까?)
   *歌手(かしゅ) : 가수

② 最近 流行って いる 歌は 何ですか。
   (요즘 유행하는 노래는 무엇입니까?)
   *流行(はや)る : 유행하다

③ あの 芸能人の 名前は 何でしょう。
   (저 연예인 이름은 뭐죠?)
   *芸能人(げいのうじん) : 연예인 / タレント : 탤런트

④ 最近、人気の ある テレビの 番組は 何ですか。
   (요즘 인기 있는 텔레비전 프로그램은 무엇입니까?)
   *番組(ばんぐみ) : 방송 프로그램

♪ カラオケ屋でも 行って 歌を 歌いましょう。
   (가라오케라도 가서 노래를 부릅시다.)
   * 歌(うた)を 歌(うた)う : 노래를 부르다

⑥ パチンコ屋へ 行って みませんか。
   (파친코에 가보지 않을래요?)
   *~て みる : ~해 보다

⑦ あの 歌手は 韓国でも よく 知られて います。
   (저 가수는 한국에도 잘 알려져 있습니다.)
   *~でも 知(し)られて いる : ~에서도 알려져 있다

① 다음 예처럼 바꿔 말하시오.

> 예) もっと 早く 歩きなさい。
> ⇨ もっと 早く 歩け。

1. 時間が ないから 急ぎなさい。

⇨ _____

2. 雨が 降って いるから 早く 帰りなさい。

⇨ _____

3. この 仕事は ひとりで 全部 やりなさい。

⇨ _____

② 다음 예처럼 바꿔 말하시오.

> 예) 危ないから ここで 遊ばないで ください。
> ⇨ 危ないから ここで 遊ぶな。

1. あしたは 学校に 来ないで ください。

⇨ _____

2. 詳しく 説明しないで ください。

⇨ _____

3. 体に 悪いから タバコを 吸いすぎないで ください。

⇨ _____

① 1. 時間が ないから 急げ。
　 2. 雨が 降って いるから 早く 帰れ。
　 3. この 仕事は ひとりで 全部 やれ。

② 1. あしたは 学校に 来るな。
　 2. 詳しく 説明するな。
　 3. 体に 悪いから タバコを 吸いすぎるな。

学生に 作文を 書かせましたか

第16課

基 本 文 型

1. ～(さ)せる ～하게 하다, ～시키다
2. ～たら ～한다면
3. ～ことに する ～하기로 하다

山田: 金さん、今日も 学生に 作文を 書かせましたか。
김씨, 오늘도 학생들에게 작문을 쓰게 했습니까?

キム: いいえ、作文は しばらく やめて、今日から
아니오, 작문은 잠시 그만두고 오늘부터

ニュースを テープに 録音して 聞かせる ことに
しました。
뉴스를 테이프에 녹음해서 듣게 하기로 했습니다.

山田: 聞かせた あと、どうするのですか。
듣게 한 후, 어떻게 합니까?

キム: いろいろな 質問を して 答えさせるのです。
여러 가지 질문을 하고 대답하게 합니다.

山田: 答えは 口で 言わせるのですか。
대답은 입으로 말하게 합니까?

キム： いいえ、紙に 書かせました。

아니오, 종이에 쓰게 했습니다.

山田： どうですか。皆 よく できましたか。

어떻습니까? 모두 잘 했습니까?

キム： 今、直して いますが、かなり よく できて います。

지금, 고치고 있습니다만, 꽤 잘 했습니다.

山田： 金さん、李さんは どこかへ 行きましたか。

김씨, 이씨는 어딘가에 갔습니까?

キム： 今 社長室に 書類を 持って 行かせて いますが。

지금, 사장실에 서류를 가지고 가게 했습니다만.

山田： ああ、そう。じゃ 帰ってきたら 私の ところへ

아, 그래요. 그럼 돌아오면 나한테

報告書を 持って くるように 言って ください。

보고서를 가지고 오도록 말해 주세요.

キム： はい、承知しました。

네, 알겠습니다.

単語

- 作文(さくぶん) 작문
- しばらく 잠시, 잠깐
- 止(や)める 그만두다
- テープ 테이프
- 録音(ろくおん) 녹음
- 質問(しつもん) 질문
- 答(こた)える 대답하다
- 口(くち) 입
- 紙(かみ) 종이
- 直(なお)す 고치다
- 社長室(しゃちょうしつ) 사장실
- 書類(しょるい) 서류
- 報告書(ほうこくしょ) 보고서
- 承知(しょうち)する 알다, 승낙하다

1 **書かせましたか** (쓰게 했습니까?)

사역동사(使役動詞)란, 말 그대로 다른 사람에게 어떤 행위나 동작을 명령하거나, 또는 요구하여 그대로 실행하는 것을 말한다. 일본어의 사역형은 동사의 부정형, 즉 ない가 접속하는 형태에 せる(させる)를 접속하여 우리말의 「~하게 하다, 시키다」의 뜻을 나타낸다.

1) 사역형(~せる/させる)
사역의 뜻을 나타내는 せる는 5단동사에 접속하고, させる는 상1단·상1단동사와 변격동사의 부정형에 접속한다.

기본형	의 미	사역형	의 미
行く	가다	行かせる	가게 하다
急ぐ	서두르다	急がせる	서두르게 하다
待つ	기다리다	待たせる	기다리게 하다
乗る	타다	乗らせる	타게 하다
買う	사다	買わせる	사게 하다
飲む	마시다	飲ませる	마시게 하다
飛ぶ	날다	飛ばせる	날게 하다
死ぬ	죽다	死なせる	죽게 하다
話す	이야기하다	話させる	이야기하게 하다
見る	보다	見させる	보게 하다
寝る	자다	寝させる	자게 하다
来る	오다	来させる	오게 하다
する	하다	させる	하게 하다, 시키다

2) 사역형의 활용

사역의 의미를 나타내는 せる(させる)는 형태상 끝 음절인 る 바로 앞의 음이 え 단에 속하므로 하1단동사와 마찬가지로 활용을 한다.

활용형	させる(する)	의 미
부정형	させない	시키지 않다
정중형	させます	시킵니다
과거형	させた	시켰다
て 형	させて	시키고
연체형	させる 時	시킬 때
가정형	させれば	시키면
의지형	させよう	시키자

② 帰ってきたら (돌아오면)

たら는 과거·완료를 나타내는 た의 가정·조건형으로 우리말의 「~했더니, ~하면」의 뜻을 나타낸다. たら는 앞서 배운 たて たり가 접속할 때와 마찬가지며, 5단동사에서는 음편이 있다.

たら는 앞서 배운 가정형의 ば와 거의 비슷하지만 용법에서 차이가 있다. ば는 일반적인 사실을 나타내는데 비해, たら는 개별적인 경우 등에 쓰인다. 즉, 「만일 ~한다면」처럼 말하는 사람의 주관적인 가정이 강하다. 따라서 たら는 뒤에 권유나 허가, 명령, 의지 등 말하는 사람의 뜻을 나타내는 말이 올 경우에 쓰인다.

예 時間が あったら 手伝って ください。
  (시간이 있으면 거들어 주세요.)

  冬休みに なったら、国へ 行く つもりです。
  (겨울방학이 되면 고향에 갈 생각입니다.)

또한, たら는 「~했더니」의 뜻으로 그와 모순되지 않는 사항이 일어났을 때나, 예기치 못했던 사항이 이미 일어났을 때도 쓰인다.

예 ご飯を たくさん 食べたら、体が 太りました。
  (밥을 많이 먹었더니 살이 쪘습니다.)

❸ 聞かせる ことに しました (듣게 하기로 했습니다)

ことは「일」이나 「사항」을 나타내는 형식명사이고, ~に する(~으로 하다)는 어떤 것을 선택할 때 쓰이는 표현이다. 따라서 ことに する는 우리말의 「~하기로 하다」로 해석하며, 또한 「~하기로 정하다」의 뜻으로 말하는 사람의 의지결정을 나타낸다.

囫 もう タバコは 吸わない ことに しました。
  (이제 담배는 피우지 않기로 했습니다.)

반대로 ことに なる는 어떤 동작을 하게 되는 상태를 뜻한다. 즉, 자신의 의지와는 관계없이 「~하게 되다」라는 뜻을 나타낸다.

囫 来月 大阪へ 転勤する ことに なりました。
  (다음달 오사카로 전근가게 되었습니다.)

❹ 持って くるように (가지고 오도록)

ように는 동사의 기본형에 접속하여 「~하도록」의 뜻으로 의도하는 동작의 목적을 나타낸다.

囫 よく わかるように 説明して ください。
  (잘 알 수 있도록 설명해 주세요.)

  朝早く 起きるように 言って ください。
  (아침 일찍 일어나도록 말해 주세요.)

❺ 聞かせた あと (듣게 한 후)

동사의 과거형에 後(あと)가 접속하면 「~한 후」의 뜻으로 동작이 완료된 이후를 나타낸다. 반대로 기본형에 前(まえ)가 접속하면 「~하기 전」의 뜻으로 동작완료의 이전을 나타낸다.

囫 食事を した 後、彼は 出かけました。
  (식사를 한 후 그는 나갔습니다.)

  食事を する 前に 彼は 出かけました。
  (식사를 하기 전에 그는 나갔습니다.)

① 学生に 本を 読ませました。 ➡ 학생들에게 책을 읽게 했습니다.

作文を 書かせました。 작문을 쓰게 했습니다.

運動を させました。 운동을 시켰습니다.

一人ずつ 歩かせました。 한 사람씩 걷게 했습니다.

テープを 聞かせました。 테이프를 듣게 했습니다.

② 電話が あったら 行きます。 ➡ 전화가 있으면 가겠습니다.

雨が 止んだら 비가 그치면

宿題を 終えたら 숙제를 끝내면

彼に 会ったら 그를 만나면

子供が 寝たら 아이가 자면

③ 留学に 行く ことに しました。 ➡ 유학을 가기 로 했습니다.

会社を 休む 회사를 쉬기

車を 借りる 차를 빌리기

ホテルに 泊まる 호텔에 머물기

一括で 支払う 일괄로 지불하기

한자읽기

読(よ)む 作文(さくぶん) 書(か)く 歩(ある)く 聞(き)く 電話(でんわ) 雨(あめ) 止(や)む
宿題(しゅくだい) 終(お)える 彼(かれ) 子供(こども) 寝(ね)る 留学(りゅうがく) 会社(か
いしゃ) 休(やす)む 車(くるま) 借(か)りる 泊(と)まる 一括(いっかつ) 支払(しはら)う

① Q : 全部 できましたか。
(전부 되었습니까?) * 全部(ぜんぶ)

A : はい、弟に 少し 手伝わせましたから。
(네, 동생에게 좀 거들게 했어요.) * 手伝(てつだ)う

Q : これは 日本語を 勉強している 人にとって わかりやすい 本です。
(이건 일본어를 공부하는 사람에게 있어서 이해하기 쉬운 책입니다.) * 勉強(べんきょう)

A : そうですか。じゃあ、今度 学生に 読ませます。
(그렇습니까? 그럼 이번에 학생들에게 읽게 하겠습니다.) * 学生(がくせい)

Q : シャーベットは、どう 作るか 知っていますか。
(셔벗은 어떻게 만든지 알고 있습니까?) * 作(つく)る

A : ええ、シャーベットは 果汁を 凍らせて 作ります。
(예, 셔벗은 과즙을 얼려서 만듭니다.) * 果汁(かじゅう) 凍(こお)る

② Q : 日本の 大学に 留学する 話は どうしましたか。
(일본 대학으로 유학가는 이야기는 어떻게 되었습니까?) * 留学(りゅうがく)

A : 今年の 四月から 東京の 大学に 行く ことに しました。
(이번 4월에 도쿄에 있는 대학으로 가기로 했습니다.) * 大学(だいがく)

Q : 卒業論文は 何に ついて 書くか 決めましたか。
(졸업논문은 무엇에 대해 쓸지 정했습니까?) * 卒業論文(そつぎょうろんぶん)

A : はい。日本の 戦後の 経済に ついて 書く ことに しました。
(네, 일본 전후 경제에 대해 쓰기로 했습니다.) * 戦後(せんご) 経済(けいざい)

Q : 木村君、転校するんですってね。
(기무라군, 전학한다면서요?) * 転校(てんこう)

A : はい。今度 横浜に 引っ越す ことに なりましたので。
(네, 이번에 요코하마로 이사를 가게 되어서요.) * 引(ひ)っ越(こ)す

▶ 물건을 살 때

① これは どうですか。

(이건 어떠세요?)

*どう : 어떻게

② どうぞ ご遠慮なく ご覧ください。

(자 부담갖지 마시고 보십시오.)

*遠慮(えんりょ) : (타인에 대해 언동을) 삼감, 조심, 사양함

③ あれを 見せて ください。

(저걸 보여 주세요.)

*見(み)せる : 보이다, 보여 주다

④ それは 気に 入りません。

(그건 마음에 들지 않습니다.)

*気(き)に 入(い)る : 마음에 들다

⑤ 他の ものは ありませんか。

(다른 것은 없습니까?)

*他(ほか) : 다른

⑥ よく お似合いです。

(잘 어울립니다.)

*似合(にあ)う : 어울리다, 맞다

⑦ ご予算は どのくらいですか。

(예산은 어느 정도입니까?)

*予算(よさん) : 예산

① 다음 예처럼 (　)의 주어진 말로 바꿔서 말하시오.

> 예) 学生が 本を 読みます。(先生が)
>
> ⇨ 先生が 学生に 本を 読ませます。

1. 選手が 練習を します。(コーチが)

   ⇨

2. 学生たちは テープを 聞きました。(先生は)

   ⇨

3. 妹は 買物に 行きました。(母は)

   ⇨

② 다음 예처럼 두 문을 하나로 완성하시오.

> 예) 会議が 終わる / 連絡する
>
> ⇨ 会議が 終わったら 連絡して ください。

1. 用が ある / 電話する

   ⇨

2. 仕事が 終わる / 帰る

   ⇨

3. 暇が ある / 手伝う

   ⇨

---

① 1. コーチが 選手に 練習を させます。
　 2. 先生は 学生たちに テープを 聞かせました。
　 3. 母は 妹に 買物に 行かせました。

② 1. 用が あったら 電話して ください。
　 2. 仕事が 終わったら 帰って ください。
　 3. 暇が あったら 手伝って ください。

● 歌舞伎(かぶき)

歌舞伎(かぶき)는 일본의 대표적인 서민연극이다. 1603년, 이즈모타이샤의 무녀였던 오쿠니라고 하는 여성이 교토에 나와 종교적인 염불 춤을 사람들에게 보여 대단한 평판을 받았다. 그러나 풍속을 흐린다는 이유로 금지처분을 받고, 이윽고 남성만으로 연기하는 歌舞伎로 변해간다. 오늘날의 歌舞伎가 여자역도 여자모양을 한 남성으로 연기되고 있는 것은 이러한 역사적인 배경을 갖고 있기 때문이다. 歌舞伎의 무대장치에는 화도나 회전무대 등 독특한 것이 있다. 화도는 무대를 향해 관객석을 가로질러 설치된 통로이다. 이것은 배우가 등장하고 퇴장하기 위해서 뿐만 아니라, 배우와 관객과의 교류를 목적으로 하는 것이다. 연극으로서의 성격을 말하면, 歌舞伎는 음악극이고 무용극이다. 그 많은 작품이 三味線(しゃみせん) 등에 의한 일본 고유음악을 반주로 하고, 대사에도 동작에도 독특한 음악적 리듬감이 요구된다. 그리고 생략, 과장, 형식화된 움직임이 하나로 창출되어 근대적 리얼리즘에 입각한 연극과는 크게 다르다. 歌舞伎의 주제로는 옛날 귀족이나 무사의 세계를 그린 것과 서민 생활을 그린 것 두 종류가 있다.

● 初節句(はつぜっく)

여자아이가 태어나서 첫 3월 3일을 初節句(생후 처음 맞는 節句)라 한다. 이 때 외가에서는 内裏雛(だいりびな / 천황과 황후 모양을 본떠서 만든 남녀 한 쌍의 인형)을 선물하는 것이 보통이다. 5월 5일은 나쁜 병이 유행하여 재난이 일어나는 날이있다. 이 날에는 사람들은 자기 집 입구에 鍾馗(しょうき / 액막이로 단오에 인형으로 장식함)의 그림을 붙여 병이나 재난이 들어오는 것을 막으려고 하였다고 한다. 鍾馗란 귀신을 죽여서 먹었다고 하는 신의 이름이다. 일본에서는 5월 5일에 무사가 여러 가지 행사를 행하게 되었으며, 그것이 남자아이의 節句로 변했다. 남자아이의 初節句는 친가에서도 축하한다.

足を 踏まれたり しました

基 本 文 型

1. 〜(ら)れる 〜받다, 〜당하다
2. 〜たまま 〜한 채
3. 〜ばかり 〜ている 〜하고만 있다

山田：去年の お正月に お寺へ 行きましたが、ひどい
目に あって しまいました。

작년 설날에는 절에 갔습니다만, 혼쭐나고 말았습니다.

キム：どんな 事が あったんですか。

어떤 일이 있었어요?

山田：人が 多すぎて 大変だったのです。長い 間 ずっと

사람이 너무 많아 힘들었습니다. 오랫동안 계속

立ったままでした。帰り道では 背中を 押されたり、

선 채로 있었습니다. 돌아오는 길에는 등을 밀치기도 하고

足を 踏まれたり しました。

발을 밟히기도 했습니다.

キム：それは 大変でしたね。

그거 힘들었겠군요.

山田: それで、今度は 近くの 小さな お寺に 行く
그래서 이번에는 근처의 조그만 절에 갈

つもりです。金さんも 一緒に いかがですか。
생각입니다. 김씨도 함께 가시겠어요?

キム: いいですね。ぜひ 誘って ください。
좋아요. 꼭 데리고 가 주세요.

野村: 山田さんは、歌の 番組を よく 見ますか。
야마다 씨는 노래 프로그램을 자주 봅니까?

山田: はい、歌の 番組ばかり 見て います。
네, 노래 프로그램만 보고 있습니다.

野村: この頃は 昔 流行った 歌が よく 放送されますね。
요즘은 옛날에 유행한 노래가 자주 방송되고 있어요.

山田: 昔 みんなに 愛された 歌には、今 聞いても
옛날에 모두에게 사랑받은 노래는 지금 들어도

やっぱり いい 歌が 多いですね。
역시 좋은 노래가 많아요.

単語

- 去年(きょねん) 작년
- お正月(しょうがつ) 설날
- お寺(てら) 절
- ひどい 심하다, 지독하다
- 多(おお)い 많다
- 背中(せなか) 등
- 足(あし) 발

- 踏(ふ)む 밟다
- 誘(さそ)う 권유하다, 꾀다
- 歌(うた) 노래
- 番組(ばんぐみ) (방송)프로그램
- 流行(はや)る 유행하다
- 放送(ほうそう) 방송
- 愛(あい)する 사랑하다

➊ 足を 踏まれたり しました (발을 밟히기도 했습니다)

1) 일본어의 수동표현

수동(受動)이란 れる(られる)로 표현되는 형식을 말하며, 주어의 의지로 행동이 이루어지는 것이 아니라, 주어가 자신의 의지와는 관계없는 요인으로 행동을 받는 것을 말한다.

2) 수동형(~れる/らせる)

수동의 뜻을 나타내는 れる는 5단동사에 접속하고, らせる는 상1단·하1단동사와 변격동사의 부정형에 접속한다. 사역형과 동일하다.

기본형	의 미	사역형	수동형
行く	가다	行かせる	行かれる
急ぐ	서두르다	急がせる	急がれる
待つ	기다리다	待たせる	待たれる
乗る	타다	乗らせる	乗られる
買う	사다	買わせる	買われる
飲む	마시다	飲ませる	飲まれる
飛ぶ	날다	飛ばせる	飛ばれる
死ぬ	죽다	死なせる	死なれる
話す	이야기하다	話させる	話される
見る	보다	見させる	見られる
寝る	자다	寝させる	寝られる
来る	오다	来させる	来られる
する	하다	させる	される

3) 수동형의 활용
사역의 의미를 나타내는 れる(らせる)는 형태상 끝 음절인 る 바로 앞의 음이 え
단에 속하므로 하1단동사와 마찬가지로 활용을 한다.

활용형	誉(ほ)める	의 미
부정형	誉められない	칭찬받지 않다
정중형	誉められます	칭찬받습니다
과거형	誉められた	칭찬받았다
て 형	誉められて	칭찬받고
연체형	誉められる 時	칭찬받을 때
가정형	誉められれば	칭찬받으면
의지형	誉められよう	칭찬받자

4) 수동형의 용법
어떤 행동으로 인하여 그 영향을 받는 경우로서, 동작주의 행위가 직접 피동작주
에게 미치는 것을 나타낸다. 이 때는 우리말의 「~당하다, ~받다」등으로 해석되
며, 수동의 대상어에는 조사 に 또는 から가 쓰인다.

예) 母が 弟を 叱る。(어머니가 동생을 꾸짖다.)
  → 弟は 母に 叱られる。(동생은 어머니에게 꾸중듣다.)

2 ~れる(られる)의 여러 가지 용법

1) 피해의 수동
일본어의 수동표현에 있어서 직접적으로 행동을 받는 경우에 쓰는 수동 이외에,
상대방이나 다른 것의 행동으로 인하여 자기가 피해를 받는다고 생각하는 경우에
습관적으로 수동표현을 쓴다. 이것은 흔히 피해의 수동이라고 하며, 또 간접수동
이라고도 한다. 이 피해의 수동은 일본어에만 있는 독특한 표현으로 자동사를 수
동으로 하는 경우가 많다. 또 피해의 원인이 되는 대상을 나타내는 명사 뒤에는
조사 に를 쓴다.

예) 夜中に 子供が 泣きました。
    (밤중에 아이가 울었습니다.)

  → 夜中に 子供に 泣かれて こまりました。
    (밤중에 아이가 울어서 혼났습니다.)

2) ~れる(られる)의 존경 용법

れる(られる)는 수동의 용법 이외에 상대방의 행동을 높여서 말하는 존경의 용법
으로도 쓰인다. 이 때는 우리말의 「~하시다」로 해석한다.

> 예 先生が 書かれた お手紙を いただきました。
> (선생님이 쓰신 편지를 받았습니다.)

3) ~れる(られる)의 가능 용법

れる(られる)는 「~할 수 있다」의 뜻으로 가능의 용법으로도 쓰인다. 참고로 5단
동사는 가능형이 있기 때문에 주로 상1단·하1단동사와 변격동사 くる의 경우에
한정되어 쓰인다.

> 예 この 魚は 食べられません。
> (이 생선을 먹을 수 없습니다.)

4) ~れる(られる)의 자발 용법

자발(自発)의 용법이란 심리적인 활동을 나타내는 일정한 동사인 「思(おも)う/생
각하다, 感(かん)じる/느끼다, 思(おも)い出(だ)す/생각나다」 등에만 쓰이며, 일
부러 그렇게 하려는 것이 아니라 저절로 그렇게 된다는 것을 나타낸다.

> 예 この頃は 昔の ことが 思い出されます。
> (요즘은 옛날 일이 생각납니다.)

❸ 立ったままでした (선 채로 있었습니다)

まま는 「~대로, ~채로」의 뜻을 가진 말로 과거형에 접속하면 그 상태나 사항이
계속해서 변하지 않는 것을 나타낸다.

> 예 彼は 家を 出た まま 帰って 来ません。
> (그는 집을 나간 채로 돌아오지 않습니다.)
>
> 人に 頼まれる ままに 承知しました。
> (남에게 부탁받은 대로 승낙했습니다.)

④ 歌の 番組ばかり 見て います (노래 프로그램만 보고 있습니다)

ばかり는 수량을 나타내는 말에 접속하여 대강의 분량 정도를 나타낸다. 그러나 명사 뒤에 붙어 ~て いる의 형태로 쓰이면 그 외에는 없고 그 뿐이라는 뜻이 된다. 보통 명사 뒤에 오지만, て형에 접속하여 ~てばかり いる의 형태로도 쓰인다.

예 一万円ばかり 貸して ください。

　　(만엔만 빌려 주세요.)

　　彼は 毎日 テレビばかり 見て います。

　　(그는 매일 텔레비전만 보고 있습니다.)

　　彼女は 何も 言わないで 泣いてばかり います。

　　(그녀는 아무 말도 하지 않고 울고만 있습니다.)

暑中お伺い申し上げます

① だれに 呼ばれましたか。　　➡　누구에게(누가)　　호출받았습니까?
　　　　誉められましたか。　　　　　　　　　　　칭찬받았습니까?
　　　　頼まれましたか。　　　　　　　　　　　　부탁받았습니까?
　　　　送られましたか。　　　　　　　　　　　　보냈습니까?
　　　　踏まれましたか。　　　　　　　　　　　　밟혔습니까?

② 服を 着た　　　ままだった。　➡　옷을 입은　　　채로였다.
　　帽子を 被った　　　　　　　　모자를 쓴
　　ずっと 立った　　　　　　　　계속 선
　　窓ガラスは 破れた　　　　　　유리창은 깨진
　　本を 見た　　　　　　　　　　책을 본

③ いつも けがして　ばかり います。　➡　늘 다치기　　만 합니다(있습니다).
　　赤ちゃん 泣いて　　　　　　　　　　아기가 울고
　　朝から 食べて　　　　　　　　　　　아침부터 먹기
　　いつも 遊んで　　　　　　　　　　　늘 놀고
　　雨が 降って　　　　　　　　　　　　비가 내리고

한자읽기

呼(よ)ぶ　誉(ほ)める　頼(たの)む　送(おく)る　踏(ふ)む　服(ふく)　着(き)る　帽子(ぼうし)
被(かぶ)る　立(た)つ　窓(まど)　破(やぶ)れる　赤(あか)ちゃん　泣(な)く　朝(あさ)　食(た)べ
る　遊(あそ)ぶ　雨(あめ)　降(ふ)る

① Q : お使いに 行くんですか。
　　　(심부름을 가세요?) ＊使(つか)い

　A : はい。母に 晩ご飯の 買い物を 頼まれました。
　　　(네. 어머니가 저녁 찬거리를 사오라고 해서요.) ＊晩御飯(ばんごはん)　頼(たの)む

　Q : 今日の 授業は どうでしたか。
　　　(오늘 수업은 어땠어요?) ＊授業(じゅぎょう)

　A : しっかり 予習して いったので、先生に 誉められました。
　　　(단단히 예습을 해가서 선생님께 칭찬받았습니다.) ＊予習(よしゅう)　誉(ほ)める

　Q : 豆腐は 何から できていますか。
　　　(두부는 무엇으로 되어 있습니까?) ＊豆腐(とうふ)

　A : 豆腐は 大豆から 作られます。
　　　(두부는 콩으로 만들어집니다.) ＊大豆(だいず)　作(つく)る

② Q : 昨日 ゴルフに 行ったそうですね。
　　　(어제 골프를 갔다면서요?) ＊昨日(きのう)

　A : はい。でも 途中から 雨に 降られて 困りました。
　　　(네. 그런데 도중에 비를 맞아 난처했습니다.) ＊途中(とちゅう)　困(こま)る

　Q : 昨日は 遅くまで 仕事を していたそうですね。
　　　(이제는 늦게까지 일을 했다면서요?) ＊仕事(しごと)

　A : はい。遅く 帰ったので 父に 叱られました。
　　　(네. 늦게 가서 아버지께 야단맞았습니다.) ＊叱(しか)る

　Q : このごろ 元気が ありませんね。どうしたんですか。
　　　(요즘 힘이 없어 보이네요. 무슨 일이 있어요?) ＊元気(げんき)

　A : いやあ、ずっと かわいがっていた 犬に 死なれてしまったんですよ。
　　　(아뇨. 줄곧 귀여워했던 개가 죽어버렸어요.) ＊犬(いぬ)　死(し)ぬ

▶ 물건값을 지불할 때

① どこで 支払_{し はら}うんですか。

(어디서 지불합니까?)

* 支払(しはら)う : 지불하다

② 全部_{ぜん ぶ}で おいくらですか。

(전부해서 얼마입니까?)

* 全部(ぜんぶ)で : 전부해서, 전부 합해서

③ もっと 安_{やす}いのを 見_みせて ください。

(더 싼 것을 보여 주세요.)

* もっと : 더, 더욱

④ 高_{たか}すぎますよ。

(너무 비싸요.)

* ~すぎる : 너무(지나치게) ~하다

⑤ もっと 安_{やす}く なりませんか。

(더 싸게 안 되겠습니까?)

* ~く なる : ~하게 되다, 해지다

⑥ 少_{すこ}し 負_まけて ください。

(좀 깎아 주세요.)

* 負(ま)ける : (값을) 싸게 하다, 깎다, (경기에서) 지다, 패하다

⑦ 十パーセント お引_ひき致_{いた}します。

(10퍼센트 할인해 드리겠습니다.)

* 引(ひ)く : 빼다

연습 문제

① 다음 예처럼 질문에 답하시오.

> 예) バスの 中で 足を 踏んだ。
> ⇨ バスの 中で 足を 踏まれた。

1. 家内が 僕に ケーキを 頼みました。
   ⇨

2. お母さんが 子供を 誉めました。
   ⇨

3. この ビルは 三年前に 建てました。
   ⇨

② 다음 예처럼 질문에 답하시오.

> 예) 先生は いつも 図書館で 本を 読みます。
> ⇨ 先生は いつも 図書館で 本を 読まれます。

1. 田中先生が これから 発表します。
   ⇨

2. 金先生は いつも 李先生に 手紙を 書きます。
   ⇨

3. 木村先生は 仕事で アメリカへ 行きました。
   ⇨

---

① 1. 僕は 家内に ケーキを 頼まれました。　② 1. 田中先生が これから 発表されます。
　 2. 子供は お母さんに 誉められました。　　 2. 金先生は いつも 李先生に 手紙を 書かれます。
　 3. この ビルは 三年前に 建てられました。　 3. 木村先生は 仕事で アメリカへ 行かれました。

この カードに お書きください

基 本 文 型

1. お～になる　～하시다
2. お～する　～하다. ～해 드리다
3. お～ください　～해 주십시오

ホテル : いらっしゃいませ。
어서 오십시오.

旅行客 : あの、予約を して いないんですが、今夜 部屋は
空いて いますか。
저, 예약을 하지 않았는데, 오늘밤 방은 비어 있습니까?

ホテル : はい、ございます。この カードに お書きください。
네, 있습니다. 이 카드에 적어 주십시오.

お泊まりに なるのは 一泊で よろしいですか。
머무르실 것은 1박으로 괜찮으십니까?

旅行客 : ええ、その つもりです。
예, 그렇습니다.

ホテル : 少々 お待ちください。
잠시 기다려 주십시오.

はい、ルームナンバーは 三階の 三百三号室
でございます。ボーイが ご案内致します。

자, 방 번호는 3층 303호실입니다. 보이가 안내해 드리겠습니다.

旅行客 : ありがとう。

고마워요.

ホテル : 何か ご用が ございましたら、フロントの 方へ
ご連絡ください。

무슨 용무가 있으시면 프런트에 연락 주십시오.

旅行客 : あの、あしたの 飛行機の 時間が 知りたいん
ですが。

저, 내일 비행기 시간을 알고 싶은데요.

ホテル : では、のちほど 時刻表を お部屋へ お届けし
ます。

그럼, 나중에 시각표를 방으로 보내드리겠습니다.

単語

- 予約(よやく) 예약
- 今夜(こんや) 오늘밤
- 空(あ)く 비다
- 泊(と)まる 머물다, 묵다
- 少々(しょうしょう) 잠시, 잠깐
- 案内(あんない) 안내
- 致(いた)す 하다

- ご用(よう) 용무
- 連絡(れんらく) 연락
- 飛行機(ひこうき) 비행기
- 知(し)る 알다
- 時刻表(じこくひょう) 시각표
- 後程(のちほど) 나중에, 뒤에
- 届(とど)ける 보내다, 전하다

1 日本語の 敬語 (일본어 경어)

경어(敬語)란 말하는 사람이 듣는 사람에 대하여 존경하고, 겸손하고, 정중한 마음으로 표현하는 말이다. 일본어의 경어에는 그 쓰임에 따라 존경어·겸양어·정중어가 있다.

1. 존경어 (尊敬語)
존경어란 상대방이나 화제에 나오는 제3자 및 그 사람의 동작이나 상태, 또는 그 사람이 가지고 있는 것을 높여서 말하는 경우에 쓰이는 경어를 말한다.

> 예 この カードに お書きください。
>
> (이 카드에 적어 주십시오.)

2. 겸양어 (謙讓語)
겸양어는 존경어와는 달리 대화 상대자나 화제의 등장인물이 아닌, 말하는 사람 자신의 동작을 겸손한 마음으로 낮추어 표현함으로써 그 동작이 향해지는 상대를 존경하게 되는 경우에 쓰는 경어이다.

> 예 時刻表を お部屋へ お届けします。
>
> (시각표를 방으로 보내드리겠습니다.)

3. 정중어 (丁寧語)
정중어는 존경어나 겸양어처럼 듣는 사람이나 화제에 오른 어떤 인물을 공경하거나, 말하는 사람, 곧 자기 자신을 낮추어서 표현하는 것이 아니라, 오로지 이야기를 듣는 사람에 대해 정중한 표현을 하는 것이다. 정중어에는 ます·です·ございます가 주로 쓰인다.

> 예 ルームナンバーは 三階の 三百三号室でございます。
>
> (방 번호는 3층 303호실입니다.)

2 お泊まりに なる (머무르시다)

우리말에 있어서 존경의 접미어 「~시」를 접속하여 「읽다」를 「읽으시다」로 존경화하는 방법이 있듯이, 일본어에도 존경의 뜻을 가진 동사와 ~(ら)れる로 표현하는 존경어, 그리고 「お+동사의 중지형+になる」로 표현하는 방법이 있다. お~に

なる는 가장 일반적인 존경표현이다. 단, 존경의 뜻을 가진 동사가 있는 경우는 제외한다.

기 본 형	중 지 형	お~になる	의 미
書く	書き	お書きになる	쓰시다
読む	読み	お読みになる	읽으시다
帰る	帰り	お帰りになる	돌아오시다

例 先生は いつ頃 お宅に お帰りになりますか。
(선생님은 언제쯤 댁에 돌아오십니까?)

この 小説は お読みになりましたか。
(이 소설은 읽으셨습니까?)

③ 여러 가지 존경표현

1) 존경동사
일본어 동사 중에는 독립된 어휘 자체로 존경의 뜻을 나타내는 말이 있다. 우리말에서도 「드시다, 하시다」 등처럼 따로 분류되어 있고, 이것을 대상에 따라 구분하여 사용하는 것이 중요하듯이 일본어에서도 이것을 구분하여 쓰는 것이 중요하다. 그 대표적인 존경동사를 들면 다음과 같다.

보통어	의 미	존경어	의 미
いる	있다		계시다
来る	오다	いらっしゃる	오시다
行く	가다		가시다
する	하다	なさる	하시다
言う	말하다	おっしゃる	말씀하시다
見る	보다	ご覧になる	보시다
知る	알다	ご存じだ	아시다
食べる	먹다	召し上がる	드시다
飲む	마시다		

2) お ~ください

의뢰나 요구표현인 ~て ください를 존경표현으로는 할 때는「お+동사의 중지형
+ください」로 나타낸다.

기 본 형	~てください	お~ください
書く (쓰다)	書いてください	お書きください
読む (읽다)	読んでください	お読みください
待つ (기다리다)	待ってください	お待ちください

例 申し訳ありませんが、少々 お待ちください。

　　(죄송합니다만, 잠시 기다려 주십시오.)

3) お ~です

동사의 중지형에 존경의 뜻을 나타내는 접두어 お를 붙이고 뒤에 정중한 단정을 나
타내는 です를 접속하면 앞서 배운 お~になる와 같이 존경의 뜻을 나타낸다. お~
です는 동사의 성질에 따라 과거, 현재, 미래의 동작의 상태를 나타낼 수 있다.

기 본 형	중 지 형	お~です
書く (쓰다)	書き(ます)	お書きです
読む (읽다)	読み(ます)	お読みです
ある (있다)	あり(ます)	おありです

例 この 本は もう お読みですか。

　　(이 책은 벌써 읽으셨습니까?)

4) ~ていらっしゃる

동사의 진행이나 상태를 나타내는 ~て いる는 いる의 존경동사인 いらっしゃる
를 접속하여 표현한다.

기 본 형	~て いる	~て いらっしゃる
書く (쓰다)	書いて いる	書いて いらっしゃる
読む (읽다)	読んで いる	読んで いらっしゃる
待つ (기다리다)	待って いる	待って いらっしゃる

예 先生は あなたを 待って いらっしゃいます。

(선생님은 당신을 기다리고 계십니다.)

5) ~れる(られる)

앞서 배웠듯이 수동형을 만드는 ~れる(られる)도 존경의 용법으로 쓰인다. 이 표현은 주로 제3자를 화제로 올려 말할 때 쓰인다.

예 天皇陛下は 大阪から 上京される ご予定です。

(천황 폐하는 오사카에서 상경하실 예정입니다.)

4 お届けします (보내 드리겠습니다)

일본어 겸양표현은 단어 자체가 겸양어인 것도 있지만, 일반적으로 동사의 중지형 앞에 접두어 お(ご)를 붙이고, 중지형 뒤에 する를 접속하여 만든다.
お~する는 경우에 따라 「~해 드리다」로 해석되는 경우가 많아 ~て あげる로 표현하기 쉬우나, 이것은 상대에게 은혜를 베푸는 것 같은 느낌을 주므로 실례가 되는 경우가 많다. 따라서 이럴 때는 お~する로 쓰는 것이 적합하다. 또한 する 대신에 いたす를 쓰면 더욱 겸양스런 표현이 된다.

기 본 형	중 지 형	お~する	의 미
待つ	待ち	お待ちする	기다리다
送る	送り	お送りする	보내드리다
知らせる	知らせ	お知らせする	알려드리다
借りる	借り	お借りする	빌리다

예 見本は 来週までに お送りします。

(견본은 다음주까지 보내 드리겠습니다.)

合格の 可否は 電話で お知らせ致します。

(합격의 가부는 전화로 알려 드리겠습니다.)

商店街は 私が ご案内致します。

(상가는 제가 안내해 드리겠습니다.)

1) 겸양동사

존경동사와 마찬가지로 독립된 그 어휘 자체가 겸양의 뜻을 가진 것이 있다. 대표적인 겸양동사를 보면 다음과 같다.

보 통 어	의 미	겸 양 어	의 미
いる	있다	おる	있다
する	하다	致す	하다
行く 来る	가다 오다	参る	가다 오다
会う	만나다	お目にかかる	만나뵙다
見る	보다	拝見する	뵙다
もらう	받다	いただく	받다
言う	말하다	申す 申し上げる	말씀드리다
食べる	먹다	いただく	먹다
聞く	묻다	うかがう	여쭈다

2) ~て おる

~て おる는 진행이나 상태를 나타내는 ~て いる의 겸양표현으로 「~하고 있다」의 뜻이다.

⑩ 私は 貿易の 仕事を やって おります。

  (저는 무역 일을 하고 있습니다.)

3) ~て いただく

~て いただく는 ~て もらう의 겸양어로 우리말로 해석하면 「~해 받다」의 뜻이 되지만 「~해 주시다」로 해석하는 것이 자연스럽다.

⑩ 先生から 数学を 教えて いただきました。

  (선생님께 수학을 배웠습니다.)

6 정중표현

1) ~です/~ます

일본에서 가장 일반적이고 정중한 말은 정중한 단정을 나타내는 です와 ます이다. 이것만 정확히 알고 있어도 큰 실수를 하지 않고 일본어를 할 수 있다.

예 この 公園は ずいぶん きれいですね。

　　(이 공원은 무척 깨끗하군요.)

　　吉村さんは 今 どこへ 行きますか。

　　(요시무라 씨는 지금 어디에 갑니까?)

2) ~でございます

ございます는 あります의 정중한 표현이고, ~でございます는 ~です의 정중체이다. 또한 상대방을 확인할 때는 ~でございますか라고 하지 않고, ~でいらっしゃいますか로 표현한다.

예 お探しの 商品は こちらでございます。

　　(찾으시는 상품은 이쪽입니다.)

　　紳士服の 売り場は 三階に ございます。

　　(신사복 매장은 3층에 있습니다.)

　　山田さんでいらっしゃいますか。

　　(야마다 씨이십니까?)

① 先生は もう お 出かけ に なりました。 ➡ 선생님은 벌써 외출하 셨습니다.

着き	도착하
買い	사
見	보
読み	읽으

② これだけ お願い します。 ➡ 이것만 부탁 (드리)겠습니다.

早速, お送り	빨리 보내
タクシーを お呼び	택시를 불러
必ず お届け	반드시 배달해
ここで お待ち	여기서 기다리

③ お 読み ください。 ➡ 읽어 주십시오.

待ち	기다려
話し	이야기해
使い	사용해
上がり	올라와

한자읽기

出(で)かける　着(つ)く　買(か)う　見(み)る　読(よ)む　願(ねが)う　早速(さっそく)
送(おく)る　呼(よ)ぶ　必(かなら)ず　届(とど)く　待(ま)つ　読(よ)む　待(ま)つ
話(はな)す　使(つか)う　上(あ)がる

① Q : 横山先生は どちらでしょうか。
   (요코아마 선생님은 어느 분이십니까?)

   A : 横山先生は 30分ほど 前に お出かけになりました。
   (요코아마 선생님은 30분쯤 전에 나가셨습니다.)

   Q : お客様は まだ いらっしゃいませんか。
   (손님은 아직 오시지 않았습니까?)

   A : いいえ。ただ今 お車が お着きになりました。
   (아니오. 방금 차로 도착하셨습니다.)

   Q : 社長の 奥様は どの方ですか。
   (사장님 사모님은 어느 분이십니까?)

   A : 今、真ん中の 席に お掛けになった 方です。
   (지금 한가운데 좌석에 앉아 계신 분입니다.)

② Q : 小林さん、重そうですね。お持ちしましょうか。
   (고바야시 씨, 무거워 보이네요. 들어드릴까요?)

   A : はい。じゃあ、これだけ お願いします。
   (네. 그럼 이것만 부탁드리겠습니다.)

   Q : 入学案内書を 送って いただきたいんですが。
   (입학안내서를 보내 주셨으면 하는데요.)

   A : わかりました。早速、お送りします。
   (알겠습니다. 곧바로 보내드리겠습니다.)

   Q : いつまでに 届けて もらえますか。
   (언제까지 배달해 줄 수 있나요?)

   A : 土曜日の 4時までに 必ず お届けします。
   (토요일 4시까지 반드시 배달해드리겠습니다.)

▶ 몸이 아플 때

① 怪我を して、一人で 動けないんです。

（다쳐서 혼자서 움직일 수 없습니다.）

* 怪我(けが)を する : 다치다, 부상을 당하다

② 頭が 痛いんです。

（머리가 아픕니다.）

* 痛(いた)い : 아프다 / 痛(いた)む : 아픔을 느끼다, 아프다

③ せきが 止まらないんです。

（기침이 멈추지 않습니다.）

* せきが 出(で)る : 기침이 나다

④ どこが 悪いんですか。

（어디가 아픕니까?）

* 悪(わる)い : 좋지 않다, 나쁘다

⑤ 歯が 痛いんです。

（이가 아픕니다.）

* 歯(は) : 이, 이빨 / 歯医者(はいしゃ) : 치과의사

⑥ 食欲が ありません。

（식욕이 없습니다.）

* 食欲(しょくよく) : 식욕

⑦ この まわりが 痛いんですか。

（이 주위가 아픕니까?）

* 周(まわ)り : 주위

① 다음 예처럼 존경표현으로 바꿔서 말하시오.

> 예) 先生は 出かけました。
>   ⇨ 先生は お出かけになりました。

1. 吉田先生は 毎日 新聞を 読みますか。

   ⇨

2. 先生、いつ 日本へ 帰りますか。

   ⇨

3. ここに 座って ください。

   ⇨

② 다음 예처럼 겸양표현으로 바꿔서 말하시오.

> 예) あした 電話して あげます。
>   ⇨ あした お電話します。

1. テストの 結果は 明日までに 知らせて あげます。

   ⇨

2. その 荷物は 私が 持って あげます。

   ⇨

3. この 本は 読み終わったら すぐ 返して あげます。

   ⇨

---

① 1. 吉田先生は 毎日 新聞を お読みになりますか。 ② 1. テストの 結果は 明日までに お知らせします。
　 2. 先生、いつ 日本へ お帰りになりますか。 　 2. その 荷物は 私が お持ちします。
　 3. ここに お座りになって ください。 　 3. この 本は 読み終わったら すぐ お返しします。

PART 4

부록

◆ 대명사 ·······

1. 인칭대명사

1인칭	2인칭	3인칭			부정칭
		근 칭	중 칭	원 칭	
わたくし (저) わたし (저·나) ぼく (나) おれ (나)	あなた (당신) きみ (자네·너) おまえ (너)	このかた (이 분) このひと (이 사람)	そのかた (그 분) そのひと (그 사람)	あのかた (저 분) あのひと (저 사람) かれ (그·그이) かのじょ (그녀)	どなた (어느 분) だれ (누구) どのひと (어느 사람)

2. 지시대명사

	근 칭	중 칭	원 칭	부정칭
사 물	これ (이것)	それ (그것)	あれ (저것)	どれ (어느 것)
장 소	ここ (여기)	そこ (거기)	あそこ (저기)	どこ (어디)
방 향	こちら こっち (이쪽)	そちら そっち (그쪽)	あちら あっち (저쪽)	どちら どっち (어느 쪽)

3. 연체사·부사

	근 칭	중 칭	원 칭	부정칭
연체사1	この (이)	その (그)	あの (저)	どの (어느)
연체사2	こんな (이런)	そんな (그런)	あんな (저런)	どんな (어떤)
부 사	こう (이렇게)	そう (그렇게)	ああ (저렇게)	どう (어떻게)

1. 고유어 수사

一つ	二つ	三つ	四つ	五つ
ひとつ (하나)	ふたつ (둘)	みっつ (셋)	よっつ (넷)	いつつ (다섯)
六つ	七つ	八つ	九つ	十
むっつ (여섯)	ななつ (일곱)	やっつ (여덟)	ここのつ (아홉)	とお (열)

2. 한자어 수사

一	いち	三十	さんじゅう
二	に	四十	よんじゅう
三	さん	五十	ごじゅう
四	し(よん)	六十	ろくじゅう
五	ご	七十	ななじゅう
六	ろく	八十	はちじゅう
七	しち(なな)	九十	きゅうじゅう
八	はち	百	ひゃく
九	きゅう(く)	二百	にひゃく
十	じゅう	三百	さんびゃく
十一	じゅういち	四百	よんひゃく
十二	じゅうに	五百	ごひゃく
十三	じゅうさん	六百	ろっぴゃく
十四	じゅうよん	七百	ななひゃく
十五	じゅうご	八百	はっぴゃく
十六	じゅうろく	九百	きゅうひゃく
十七	じゅうしち(なな)	千	せん
十八	じゅうはち	一万	いちまん
十九	じゅうきゅう	一億	いちおく
二十	にじゅう	一兆	いっちょう

◆ 조수사

1. ~枚 冊 個 階 台

	~枚 (장)	~冊 (권)	~個 (개)	~階 (층)	~台 (대)
一	いちまい	いっさつ	いっこ	いっかい	いちだい
二	にまい	にさつ	にこ	にかい	にだい
三	さんまい	さんさつ	さんこ	さんがい	さんだい
四	よんまい	よんさつ	よんこ	よんかい	よんだい
五	ごまい	ごさつ	ごこ	ごかい	ごだい
六	ろくまい	ろくさつ	ろっこ	ろっかい	ろくだい
七	ななまい	ななさつ	ななこ	ななかい	ななだい
八	はちまい	はっさつ	はっこ	はっかい	はちだい
九	きゅうまい	きゅうさつ	きゅうこ	きゅうかい	きゅうだい
十	じゅうまい	じゅっさつ	じゅっこ	じゅっかい	じゅうだい
何	なんまい	なんさつ	なんこ	なんがい	なんだい

2. ~本 匹 杯 人 円

	~本 (자루)	~匹 (마리)	~杯 (잔)	~人 (사람)	~円 (엔)
一	いっぽん	いっぴき	いっぱい	ひとり	いちえん
二	にほん	にひき	にはい	ふたり	にえん
三	さんぼん	さんびき	さんばい	さんにん	さんえん
四	よんほん	よんひき	よんはい	よにん	よんえん
五	ごほん	ごひき	ごはい	ごにん	ごえん
六	ろっぽん	ろっぴき	ろっぱい	ろくにん	ろくえん
七	ななほん	ななひき	ななはい	しちにん	しちえん
八	はっぽん	はっぴき	はっぱい	はちにん	はちえん
九	きゅうほん	きゅうひき	きゅうはい	きゅうにん	きゅうえん
十	じゅっぽん	じゅっぴき	じゅっぱい	じゅうにん	じゅうえん
何	なんぼん	なんびき	なんばい	なんにん	いくら

1. 月 읽기

一月	いちがつ	1월	七月	しちがつ	7월
二月	にがつ	2월	八月	はちがつ	8월
三月	さんがつ	3월	九月	くがつ	9월
四月	しがつ	4월	十月	じゅうがつ	10월
五月	ごがつ	5월	十一月	じゅういちがつ	11월
六月	ろくがつ	6월	十二月	じゅうにがつ	12월

2. 日 읽기

一 日	ついたち	十七日	じゅうしちにち
二 日	ふつか	十八日	じゅうはちにち
三 日	みっか	十九日	じゅうくにち
四 日	よっか	二十日	はつか
五 日	いつか	二十一日	にじゅういちにち
六 日	むいか	二十二日	にじゅうににち
七 日	なのか	二十三日	にじゅうさんにち
八 日	ようか	二十四日	にじゅうよっか
九 日	ここのか	二十五日	にじゅうごにち
十 日	とおか	二十六日	にじゅうろくにち
十一日	じゅういちにち	二十七日	にじゅうしちにち
十二日	じゅうににち	二十八日	にじゅうはちにち
十三日	じゅうさんにち	二十九日	にじゅうくにち
十四日	じゅうよっか	三十日	さんじゅうにち
十五日	じゅうごにち	三十一日	さんじゅういちにち
十六日	じゅうろくにち	何 日	なんにち

◆ 요일 · 때 읽기

1. 曜日 읽기

日曜日	月曜日	火曜日	水曜日
にちようび (일요일)	げつようび (월요일)	かようび (화요일)	すいようび (수요일)
木曜日	**金曜日**	**土曜日**	**何曜日**
もくようび (목요일)	きんようび (금요일)	どようび (토요일)	なんようび (무슨 요일)

2. 때의 표현

年(とし)	月(つき)	週(しゅう)	日(ひ)
一昨年 おととし (재작년)	先先月 せんせんげつ (지지난 달)	先先週 せんせんしゅう (지지난 주)	一昨日 おととい (그제)
去年 きょねん (작년)	先月 せんげつ (지난 달)	先週 せんしゅう (지난 주)	昨日 きのう (어제)
今年 ことし (금년)	今月 こんげつ (이번 달)	今週 こんしゅう (이번 주)	今日 きょう (오늘)
来年 らいねん (내년)	来月 らいげつ (다음 달)	来週 らいしゅう (다음 주)	明日 あした (내일)
再来年 さらいねん (내후년)	再来月 さらいげつ (다다음 달)	再来週 さらいしゅう (다다음 주)	明後日 あさって (모레)

▼ 시간 읽기

時・分・秒 읽기

時(じ) / 시	分(ふん) / 분	秒(びょう) / 초
一時(いちじ)	一分(いっぷん)	一秒(いちびょう)
二時(にじ)	二分(にふん)	二秒(にびょう)
三時(さんじ)	三分(さんぷん)	三秒(さんびょう)
四時(よじ)	四分(よんぷん)	四秒(よんびょう)
五時(ごじ)	五分(ごふん)	五秒(ごびょう)
六時(ろくじ)	六分(ろっぷん)	六秒(ろくびょう)
七時(しちじ)	七分(ななふん)	七秒(ななびょう)
八時(はちじ)	八分(はっぷん)	八秒(はちびょう)
九時(くじ)	九分(きゅうふん)	九秒(きゅうびょう)
十時(じゅうじ)	十分(じゅっぷん)	十秒(じゅうびょう)
十一時(じゅういちじ)	十一分(じゅういっぷん)	十一秒(じゅういちびょう)
十二時(じゅうにじ)	十二分(じゅうにふん)	十二秒(じゅうにびょう)
何時(なんじ)	何分(なんぷん)	何秒(なんびょう)

⬙ 가족 호칭

친족명사

자기 가족을 부를 때	남의 가족을 부를 때	가족끼리 부를 때
祖父(そふ)	お祖父(じい)さん	お祖父(じい)さん
祖母(そぼ)	お祖母(ばあ)さん	お祖母(ばあ)さん
父(ちち)	お父(とう)さん	お父(とう)さん
母(はは)	お母(かあ)さん	お母(かあ)さん
兄(あに)	お兄(にい)さん	お兄(にい)さん
姉(あね)	お姉(ねえ)さん	お姉(ねえ)さん
弟(おとうと)	弟(おとうと)さん	이름
妹(いもうと)	妹(いもうと)さん	이름
主人(しゅじん)	ご主人(しゅじん)	あなた, 이름
夫(おっと)		(〜さん)
家内(かない)	奥(おく)さん	あなた, 이름
妻(つま)		(〜さん)
息子(むすこ)	息子(むすこ)さん	이름
娘(むすめ)	娘(むすめ)さん	이름
	お嬢(じょう)さん	
子供(こども)	お子(こども)さん	
両親(りょうしん)	ご両親(りょうしん)	

🔷 기본 단어

위치·방향		
上(うえ)	우에	위
下(した)	시따	아래
横(よこ)	요꼬	옆
後(うし)ろ	우시로	뒤
向(む)かい	무까이	맞은편
中(なか)	나까	안, 속
左(ひだり)	히다리	왼쪽
右(みぎ)	미기	오른쪽
外(そと)	소또	밖
東(ひがし)	히가시	동쪽
西(にし)	니시	서쪽
南(みなみ)	미나미	남쪽
北(きた)	기따	북쪽
真(ま)ん中(なか)	만나까	한가운데
隅(すみ)	스미	구석
近(ちか)く	치까꾸	가까이
遠(とお)く	도―꾸	멀리
間(あいだ)	아이다	사이

신 체		
体(からだ)	가라다	몸
肌(はだ)	하다	살갗
頭(あたま)	아따마	머리
顔(かお)	가오	얼굴
目(め)	메	눈
鼻(はな)	하나	코
耳(みみ)	미미	귀
口(くち)	구찌	입
首(くび)	구비	목
肩(かた)	가따	어깨
手(て)	데	손
腕(うで)	우데	팔
胸(むね)	무네	가슴
背中(せなか)	세나까	등
腹(はら)	하라	배
腰(こし)	고시	허리
お尻(しり)	오시리	엉덩이
足(あし)	아시	발

357

◈ 기본 단어

생리현상		
涙(なみだ)	나미다	눈물
汗(あせ)	아세	땀
唾(つば)	쓰바	침
鼻水(はなみず)	하나미즈	콧물
咳(せき)	세끼	기침
息(いき)	이끼	숨
くしゃみ	구샤미	재채기
のび	노비	기지개
あくび	아꾸비	하품
おしっこ	오싯꼬	오줌
おなら	오나라	방귀
便(べん)・糞(くそ)	벵·구소	똥
鼻糞(はなくそ)	하나꾸소	코딱지
目糞(めくそ)	메꾸소	눈곱
にきび	니끼비	여드름
肉(にく)	나꾸	살
骨(ほね)	호네	뼈
血(ち)	치	피

체 격		
禿頭(はげあたま)	하게아따마	대머리
縮(ちぢ)れ毛(げ)	치지레게	곱슬머리
白髪(しらが)	시라가	흰머리
ふたえまぶた	후따에마부따	쌍꺼풀
口髭(くちひげ)	구찌히게	콧수염
背(せ)が 高(たか)い	세가 다까이	키가 크다
背(せ)が 低(ひく)い	세가 히꾸이	키가 작다
太(ふと)る	후또루	살찌다
痩(や)せる	야세루	마르다
ハンサムだ	한사무다	잘생겼다
ブスだ	부스다	못생겼다
健康(けんこう)だ	겡꼬―다	건강하다
弱(よわ)い	요와이	약하다
腹(はら)が 出(で)る	하라가 데루	배가 나오다
男(おとこ)らしい	오또꼬라시이	남자답다
女(おんな)らしい	온나라시이	여자답다
美男(びなん)	비낭	미남
美人(びじん)	비징	미녀

일상생활		
起(お)きる	오끼루	일어나다
顔(かお)を 洗(あら)う	가오오 아라우	세수를 하다
歯(は)を 磨(みが)く	하오 미가꾸	이를 닦다
ご飯(はん)を 食(た)べる	고항오 다베루	밥을 먹다
水(みず)を 飲(の)む	미즈오 노무	물을 마시다
トイレに 行(い)く	토이레니 이꾸	화장실에 가다
化粧(けしょう)する	게쇼―스루	화장하다
出勤(しゅっきん)する	슛낀스루	출근하다
働(はたら)く	하따라꾸	일하다
忙(いそが)しい	이소가시이	바쁘다
遊(あそ)ぶ	아소부	놀다
暇(ひま)だ	히마다	한가하다
帰(かえ)って来(く)る	가엣떼구루	돌아오다
休(やす)む	야스무	쉬다
風呂(ふろ)に はいる	후로니 하이루	목욕을 하다
シャワーを 浴(あ)びる	샤와오 아비루	샤워를 하다
寝(ね)る	네루	자다
夢(ゆめ)を 見(み)る	유메오 미루	꿈을 꾸다

일생		
暮(く)らす	구라스	생활하다
生(い)きる	이끼루	살다
生(う)まれる	우마레루	태어나다
育(そだ)つ	소다쓰	자라다
育(そだ)てる	소다떼루	키우다
年(とし)を 取(と)る	도시오 도루	나이를 먹다
老(お)いる	오이루	늙다
死(し)ぬ	시누	죽다
婚約(こんやく)する	곤야꾸스루	약혼하다
結婚(けっこん)する	겍꼰스루	결혼하다
離婚(りこん)する	리꼰스루	이혼하다
娘(むすめ)	무스메	딸
息子(むすこ)	무스꼬	아들
若者(わかもの)	와까모노	젊은이
誕生日(たんじょうび)	단죠―비	생일
還暦(かんれき)	간레끼	환갑
葬式(そうしき)	소―시끼	장례식
お墓(はか)	오하까	묘

🔻 기본 단어

동 작			
掴(つか)む	쓰까무	잡다
押(お)す	오스	밀다
引(ひ)く	히꾸	끌다
触(さわ)る	사와루	만지다
殴(なぐ)る	나구루	때리다
揺(ゆ)する	유스루	흔들다
破(やぶ)る	야부루	찢다
投(な)げる	나게루	던지다
受(う)ける	우께루	받다
抱(いだ)く	이다꾸	안다
持(も)つ	모쯔	들다
拾(ひろ)う	히로우	줍다
指(さ)す	사스	가리키다
叩(たた)く	다따꾸	두드리다
押(お)さえる	오사에루	누르다
蹴(け)る	게루	차다
歩(ある)く	아루꾸	걷다
走(はし)る	하시루	달리다

감 각			
考(かんが)える	강가에루	생각하다
覚(おぼ)える	오보에루	기억하다
忘(わす)れる	와스레루	잊다
後悔(こうかい)する	고―까이스루	후회하다
悩(なや)む	나야무	고민하다
反省(はんせい)する	한세이스루	반성하다
狂(くる)う	구루우	미치다
気(き)に なる	기니 나루	걱정되다
気(き)が きく	기가 기꾸	눈치가 빠르다
気(き)が きかない	기가 기까나이	눈치가 없다
気(き)を 使(つか)う	기오 쓰까우	신경을 쓰다
気(き)を つける	기오 쓰께루	조심하다
誤解(ごかい)する	고까이스루	오해하다
錯覚(さっかく)する	삭까구스루	착각하다
信(しん)じる	신지루	믿다
相談(そうだん)する	소―단스루	의논하다
決(き)める	기메루	결정하다
疑(うたが)う	우따가우	의심하다

🔷 기본 단어

	감정·1		
	嬉(うれ)しい	우레시―	기쁘다
	楽(たの)しい	다노시―	즐겁다
	面白(おもしろ)い	오모시로이	재미있다
	つまらない	쓰마라나이	시시하다
	気分(きぶん)が いい	기붕가 이―	기분이 좋다
	きぶんが 悪(わる)い	기붕가 와루이	기분이 나쁘다
	可笑(おか)しい	오까시―	우습다
	幸福(こうふく)だ	고―후꾸다	행복하다
	興奮(こうふん)する	고―훈스루	흥분하다
	感動(かんどう)する	간도―스루	감동하다
	まあまあだ	마―마―다	그저 그렇다
	愛(あい)する	아이스루	사랑하다
	好(す)きだ	스끼다	좋아하다
	嫌(きら)いだ	기라이다	싫어하다
	不愉快(ふゆかい)だ	후유까이다	불쾌하다
	嫉妬(しっと)する	싯또스루	질투하다
	満足(まんぞく)だ	만조꾸다	만족하다
	残念(ざんねん)だ	잔넹다	섭섭하다
감정·2	悲(かな)しい	가나시―	슬프다
	寂(さび)しい	사비시―	쓸쓸하다
	辛(つら)い	쓰라이	괴롭다
	恐(こわ)い	고와이	무섭다
	がっかりする	각까리스루	실망하다
	おじけづく	오지께즈꾸	겁나다
	悔(くや)しい	구야시―	분하다
	腹立(はらだ)つ	하라다쯔	화나다
	驚(おどろ)く	오도로꾸	놀라다
	息苦(いきぐる)しい	이끼구루시―	답답하다
	我慢(がまん)する	가만스루	참다
	かわいそうだ	가와이소―다	불쌍하다
	恨(うら)む	우라무	원망하다
	憎(にく)む	니꾸무	미워하다
	慌(あわ)てる	아와떼루	당황하다
	心配(しんぱい)する	심빠이스루	걱정하다
	恥(は)ずかしい	하즈까시―	부끄럽다
	困(こま)る	고마루	난처하다

◆ 기본 단어

성격			
怠(なま)ける	나마께루	게으르다
まめだ	마메다	착실하다
落(お)ち着(つ)く	오찌쓰꾸	침착하다
そそっかしい	소속까시―	덜렁거리다
立派(りっぱ)だ	립빠다	훌륭하다
善良(ぜんりょう)だ	젠료―다	착하다
生意気(なまいき)だ	나마이끼다	건방지다
傲慢(ごうまん)だ	고―만다	거만하다
大人(おとな)しい	오또나시―	점잖다
優(やさ)しい	야사시―	상냥하다
親切(しんせつ)だ	신세쓰다	친절하다
純真(じゅんしん)だ	쥰신다	순진하다
利口(りこう)だ	리꼬―다	똑똑하다
勇敢(ゆうかん)だ	유―깐다	용감하다
朗(ほが)らかだ	호가라까다	명랑하다
冷(つめ)たい	쓰메따이	냉정하다
男(おとこ)らしい	오또꼬라시이	남자답다
女(おんな)らしい	온나라시이	여자답다

때			
今(いま)	이마	지금
すぐに	스구니	곧, 곧장
早(はや)く	하야꾸	일찍
遅(おそ)く	오소꾸	늦게
いつも	이쓰모	늘, 항상
普段(ふだん)	후당	평소
先(さき)に	사끼니	먼저
まず	마즈	우선
この前(まえ)に	고노마에니	지난번에
ただ今(いま)	다다이마	방금
後(あと)で	아또데	나중에
これから	고레까라	앞으로
次(つぎ)に	쓰기니	다음에
もう	모―	벌써
再(ふたた)び	후따따비	다시
たまに	다마니	가끔
度々(たびたび)	다비따비	자주
急(きゅう)に	규―니	갑자기

▼ 기본 단어

날 씨		
天気(てんき)	뎅끼	날씨
晴(は)れ	하레	맑음
曇(くも)り	구모리	흐림
雲(くも)	구모	구름
雨(あめ)	아메	비
雪(ゆき)	유끼	눈
晴(は)れる	하레루	맑다
台風(たいふう)	다이후—	태풍
稲妻(いなずま)	이나즈마	번개
雷(かみなり)	가미나리	천둥
気温(きおん)	기옹	기온
気圧(きあつ)	기아쓰	기압
地震(じしん)	지싱	지진
洪水(こうずい)	고—즈이	홍수
日照(ひで)り	히데리	가뭄
夕立(ゆうだち)	유—다찌	소나기
梅雨(つゆ)	쓰유	장마
津波(つなみ)	쓰나미	해일

기 후		
気候(きこう)	기꼬—	기후
空(そら)	소라	하늘
空気(くうき)	구—끼	공기
湿気(しっけ)	식께	습기
霧(きり)	기리	안개
露(つゆ)	쓰유	이슬
霜(しも)	시모	서리
虹(にじ)	니지	무지개
暖(あたた)かい	아따까이	따뜻하다
暑(あつ)い	아쓰이	덥다
蒸(む)し暑(あつ)い	무시아쓰이	무덥다
涼(すず)しい	스즈시—	시원하다
寒(さむ)い	사무이	춥다
氷(こおり)	고—리	얼음
つつら	쓰쓰라	고드름
陽炎(かげろう)	가게로오	아지랑이
天気予報(てんきよほう)	뎅끼요호—	일기예보
気象(きしょう)	기쇼—	기상

✦ 기본 단어

동물		
飼(か)う	가우	기르다
餌(えさ)を やる	에사오 야루	먹이를 주다
犬(いぬ)	이누	개
猫(ねこ)	네꼬	고양이
ねずみ	네즈미	쥐
ゴキブリ	고끼부리	바퀴벌레
蚊(か)	가	모기
はえ	하에	파리
鳥(とり)	도리	새
牛(うし)	우시	소
馬(うま)	우마	말
虎(とら)	도라	호랑이
魚(さかな)	사까나	물고기
虫(むし)	무시	벌레
鶏(にわとり)	니와또리	닭
ウサギ	우사기	토끼
スズメ	스즈메	참새
豚(ぶた)	부따	돼지

식물		
植物(しょくぶつ)	쇼꾸부쓰	식물
稲(いね)	이네	벼
麦(むぎ)	무기	보리
草(くさ)	구사	풀
松(まつ)	마쓰	소나무
柳(やなぎ)	야나기	버드나무
むくげ	무꾸게	무궁화
花(はな)	하나	꽃
咲(さ)く	사꾸	피다
桜(さくら)	사꾸라	벚
実(み)	미	열매
新芽(しんめ)	심메	새싹
根(ね)	네	뿌리
葉(は)	하	잎
紅葉(もみじ)	모미지	단풍
落葉(おちば)	오찌바	낙엽
芝生(しばふ)	시바후	잔디
木(き)	기	나무

💎 기본 단어

의 복			
	服(ふく)	후꾸	옷
	紳士服(しんしふく)	신시후꾸	신사복
	婦人服(ふじんふく)	후징후꾸	숙녀복
	洋服(ようふく)	요―후꾸	양복
	和服(わふく)	와후꾸	일본 옷
	ズボン	즈봉	바지
	スカート	스까―또	치마
	上着(うわぎ)	우와기	윗도리
	ワンピース	왐피―스	원피스
	オーバー	오―바―	오버코트
	セーター	세―따―	스웨터
	ワイシャツ	와이샤쓰	와이셔츠
	下着(したぎ)	시따기	속옷
	ランニング	란닝구	런닝
	シュミーズ	슈미―즈	속치마
	靴下(くつした)	구쓰시따	양말
	着(き)る	기루	입다
	脱(ぬ)ぐ	누구	벗다

장신구			
	帽子(ぼうし)	보―시	모자
	眼鏡(めがね)	메가네	안경
	腕時計(うでどけい)	우데도께이	손목시계
	手袋(てぶくろ)	데부꾸로	장갑
	襟巻(えりま)き	에리마끼	목도리
	ベルト	베루또	허리띠
	ハンカチ	항까찌	손수건
	財布(さいふ)	사이후	지갑
	履物(はきもの)	하끼모노	신발
	靴(くつ)	구쓰	구두
	運動靴(うんどうぐつ)	운도―구쓰	운동화
	指輪(ゆびわ)	유비와	반지
	腕輪(うでわ)	우데와	팔찌
	首飾(くびかざ)り	구비까자리	목걸이
	イヤリング	이야링구	귀걸이
	かつら	가쓰라	가발
	ハンドバック	한도박꾸	핸드백
	アクセサリー	아꾸세사리―	액세서리

식 사	空腹(くうふく)だ	구―후꾸다	배고프다
	満腹(まんぷく)だ	맘뿌꾸다	배부르다
	おいしい	오이사―	맛있다
	まずい	마즈이	맛없다
	食欲(しょくよく)	쇼꾸요꾸	식욕
	朝食(ちょうしょく)	쵸―쇼꾸	아침밥
	昼食(ちゅうしょく)	츄―쇼꾸	점심
	夕食(ゆうしょく)	유―쇼꾸	저녁밥
	間食(かんしょく)	간쇼꾸	간식
	ご飯(はん)	고항	밥
	おかず	오까즈	반찬
	食(た)べる	다베루	먹다
	汁(しる)	시루	국
	腐(くさ)る	구사루	썩다
	食事(しょくじ)	쇼꾸지	식사
	飲(の)む	노무	마시다
	箸(はし)	하시	젓가락
	割箸(わりばし)	와리바시	나무젓가락
조미료·맛	調味料(ちょうみりょう)	쵸―미료―	조미료
	塩(しお)	시오	소금
	砂糖(さとう)	사또―	설탕
	醤油(しょうゆ)	쇼―유	간장
	味噌(みそ)	미소	된장
	酢(す)	스	식초
	こしょう	고쇼―	후춧가루
	油(あぶら)	아부라	기름
	ごま油(あぶら)	고마아부라	참기름
	ごま	고마	깨
	ねぎ	네기	파
	生姜(しょうが)	쇼―가	생강
	辛(から)い	가라이	맵다
	塩辛(しおから)い	시오까라이	짜다
	薄(うす)い	우스이	싱겁다
	酸(す)っぱい	습빠이	시다
	甘(あま)い	아마이	달다
	苦(にが)い	니가이	쓰다

기본 단어

교 통	車(くるま)	구루마	차
	タクシー乗場(のりば)	다꾸시―노리바	택시 승강장
	マイカー	마이까―	자가용
	電車(でんしゃ)	덴샤	전철
	地下鉄(ちかてつ)	지까떼쓰	지하철
	バス	바스	버스
	運転(うんてん)	운뗑	운전
	小銭(こぜに)	고제니	거스름돈
	バス停(てい)	바스떼―	버스 정류장
	終点(しゅうてん)	슈―뗑	종점
	自転車(じてんしゃ)	지뗀샤	자전거
	船(ふね)	후네	배
	フェリー	훼라―	페리
	港(みなと)	미나또	항구
	切符(きっぷ)	깁뿌	표
	切符売場(きっぷうりば)	깁뿌우리바	매표소
	列車(れっしゃ)	렛샤	열차
	特急(とっきゅう)	독뀨―	특급
가전제품	洗濯機(せんたくき)	센따꾸끼	세탁기
	電気釜(でんきがま)	뎅끼가마	전기 밥솥
	扇風機(せんぷうき)	셈뿌―끼	선풍기
	エアコン	에아꽁	에어컨
	スイッチ	스잇찌	스위치
	ドライヤー	도라이야―	드라이어
	乾電池(かんでんち)	간뎅찌	건전지
	スタンド	스딴도	스탠드
	電子(でんし)レンジ	덴시렌지	전자렌지
	冷蔵庫(れいぞうこ)	레―조―꼬	냉장고
	テレビ	테레비	텔레비전
	カセット	카셋또	카세트
	ビデオ	비데오	비디오
	コンピューター	콤뿌―따―	컴퓨터
	ワープロ	와―뿌로	워드프로세서
	停電(ていでん)	데―뎅	정전
	点(つ)ける	쓰께루	켜다
	切(き)る	기루	끄다

367

🔻 기본 단어

질병		
痛(いた)い	이따이	아프다
熱(ねつ)が ある	네쓰가 아루	열이 있다
仮病(けびょう)	게뵤―	꾀병
食中毒(しょくちゅうどく)	쇼꾸쮸―도꾸	식중독
蕁麻疹(じんましん)	짐마싱	두드러기
皮膚病(ひふびょう)	히후뵤―	피부병
恋煩(こいわずら)い	고이와즈라이	상사병
ふけ	후께	비듬
痔(じ)	지	치질
にきび	니끼비	여드름
神経痛(しんけいつう)	싱께이쓰―	신경통
飲(の)み過(す)ぎ	노미스기	과음
食(た)べ過(す)ぎ	다베스기	과식
治(なお)る	나오루	낫다
疼(うず)く	우즈꾸	쑤시다
かゆい	가유이	가렵다
もたれる	모따레루	체하다
吐(は)く	하꾸	토하다

상태·1		
横(よこ)	요꼬	가로
縦(たて)	다떼	세로
大(おお)きい	오―까―	크다
小(ちい)さい	치―사이	작다
多(おお)い	오―이	많다
少(すく)ない	스꾸나이	적다
長(なが)い	나가이	길다
短(みじか)い	미지까이	짧다
高(たか)い	다까이	높다
低(ひく)い	히꾸이	낮다
厚(あつ)い	아쓰이	두껍다
薄(うす)い	우스이	얇다
太(ふと)い	후또이	굵다
細(ほそ)い	호소이	가늘다
重(おも)い	오모이	무겁다
軽(かる)い	가루이	가볍다
丸(まる)い	마루이	둥글다
四角(しかく)だ	시까꾸다	네모지다

◆ 기본 단어

상태 · 2			
	良(よ)い	요이	좋다
	悪(わる)い	와루이	나쁘다
	強(つよ)い	쓰요이	강하다
	弱(よわ)い	요와이	약하다
	新(あたら)しい	아따라시—	새롭다
	古(ふる)い	후루이	낡다
	同(おな)じだ	오나지다	같다
	違(ちが)う	치가우	다르다
	簡単(かんたん)だ	간딴다	간단하다
	複雑(ふくざつ)だ	후꾸자쓰다	복잡하다
	変(へん)だ	헨다	이상하다
	広(ひろ)い	히로이	넓다
	狭(せま)い	세마이	좁다
	深(ふか)い	후까이	깊다
	浅(あさ)い	아사이	얕다
	美(うつく)しい	우쓰꾸시—	아름답다
	奇麗(きれい)だ	기레이다	예쁘다
	可愛(かわい)い	가와이—	귀엽다

색 깔			
	濃(こ)い	고이	진하다
	薄(うす)い	우스이	연하다
	白(しろ)い	시로이	하얗다
	黒(くろ)い	구로이	까맣다
	赤(あか)い	아까이	빨갛다
	黄色(きいろ)い	가—로이	노랗다
	青(あお)い	아오이	파랗다
	明(あか)るい	아까루이	밝다
	暗(くら)い	구라이	어둡다
	派手(はで)だ	하데다	화려하다
	地味(じみ)だ	지미다	수수하다
	田舎(いなか)っぽい	이나깝뽀이	촌스럽다
	品(ひん)が ある	힝가 아루	고상하다
	白黒(しろくろ)	시로꾸로	흑백
	茶色(ちゃいろ)	차이로	밤색
	紫色(むらさきいろ)	무라사끼이로	보라색
	灰色(はいいろ)	하이이로	회색
	緑色(みどりいろ)	미도리이로	녹색

▼ 형용사

1. 형용사의 특징

1. 자립어로 활용(活用)이 있다.
2. 단독으로 술어(述語)가 된다.
3. 주로 사물의 성질이나 상태를 나타낸다.
4. 기본형의 어미는 반드시 ～い로 끝난다.

2. 형용사의 어간과 어미

우리말의 형용사는 의미로 분류하지만, 일본어의 형용사는 어미의 형태(～い)로 분류한다. 일본어 형용사의 어미는 반드시 ～い로 끝난다.

기 본 형	어 간	어 미	의 미
良い	よ	い	좋다
悪い	わる	い	나쁘다
長い	なが	い	길다
新しい	あたらし	い	새롭다
難しい	むずかし	い	어렵다

3. 형용사의 활용

형용사의 활용은 용법에 따라 어미 い가 かっ, かろ, く, けれ로 변하여 다른 여러 가지 말에 접속한다. 단, 동사와는 달리 명령형이 없으며, 의지나 권유의 뜻을 나타낼 수 없다.
참고로 이 책에서는 일본 학교문법의 틀을 달리하여 우리 실정에 맞게 필자의 의도대로 쉽게 활용의 명칭을 부여하였음을 일러둔다.

▽ 형용사

4. 형용사의 활용표

활용형	활용예	의 미	접속어
기 본 형	ながい	길다	기본형
종 지 형	ながい	길다	문(文)을 끝맺음
연 체 형	ながい 時間	긴 시간	체언
정 중 형	ながいです	깁니다	です
과 거 형	ながかった	길었다	た
조 건 형	ながかったら	길었다면	たら
열 거 형	ながかったり	길기도 하고	たり
추측형①	ながかろう	길 것이다	う
추측형②	ながいだろう	길 것이다	だろう
부 사 형	ながく	길게	용언
접 속 형	ながくて	길고	て
부 정 형	ながく ない	길지 않다	ない
가 정 형	ながければ	길면	ば
명 사 형	ながさ	길이	さ、み、け

◆ 형용동사

1. 형용동사의 특징

1. 자립어(自立語)이다
2. 어미의 활용(活用)이 있고, 단독으로 술어가 된다.
3. 기본형의 어미는 だ이고, 문장체에서는 である로도 쓰인다.
4. 사물의 성질이나 상태를 나타낸다. 이 점은 형용사와 동일하지만 어미의 형태와 활용이 다르다.

2. 형용동사와 동사의 구별

일본어 형용사는 우리말과 달리 두 가지 형태가 있다. 앞서 배운 어미가 い로 끝나는 형용사와, 어미가 だ로 끝나는 형용사가 있는데, 이것을 문법에서는 형용동사라고 한다. 형태만 다를 뿐 상태나 성질을 표현하는 점에서는 동일하다. 그러나 형용동사는 어간이 명사적인 성질이 강한 것이 많다. 우리말의 「명사+하다」의 형식으로 명사가 동작성이 있는 것(공부하다, 운동하다 등)은 동사이지만, 상태를 나타내는 경우(편리하다, 유명하다 등)는 형용사가 된다. 따라서 우리말의 「명사+하다」로 되는 형용사의 경우는 대부분 일본어의 형용동사에 해당한다.

> 有名だ(유명하다) · 형용동사　　勉強する(공부하다) · 동사
>
> 便利だ(편리하다) · 형용동사　　運動する(운동하다) · 동사

3. 형용동사의 어간과 어미

기본형	어 간	어 미	의 미
静かだ	静か	だ	조용하다
有名だ	有名	だ	유명하다
好きだ	好き	だ	좋아하다
豊かだ	豊か	だ	풍부하다

4. 형용동사의 활용표

활용형	だ	의 미	접속어
기 본 형	静かだ	조용하다	言い切り
추 측 형	静かだろう	조용할 것이다	う
과 거 형	静かだった	조용했다	た
조 건 형	静かだったら	조용하다면	たら
열 거 형	静かだったり	조용하기도 하고	たり
중 지 형	静かで	조용하고(하며)	
정 중 형	静かです	조용합니다	です
부 정 형	静かで ない	조용하지 않다	ない
연 체 형	静かな とき	조용할 때	体言
가 정 형	静かなら(ば)	조용하면	ば
부 사 형	静かに	조용히	用言

5. 형용동사의 활용 예

有名だ (유명하다)
有名だろう (유명할 것이다)
有名だった (유명했다)
有名だったら (유명하다면)
有名だったり (유명하기도 하고)

有名だ [ゆうめい]

有名で (유명하고, 유명해서)
有名です (유명합니다)
有名で ない (유명하지 않다)
有名な とき (유명할 때)
有名なら(ば) (유명하면)
有名に (유명하게)

▼ 동 사

1. 일본어 동사의 특징

1. 자립어로 활용을 하며 단독으로 술어가 된다.
2. 주로 사물의 동작·작용·존재를 나타낸다.
3. 모든 동사의 어미는 う단(段)으로 끝나며 9가지가 있다.
4. 모든 동사가 규칙적으로 정격활용을 하고, 불규칙적으로 활용하는 변격 동사는 두 가지뿐이다.
5. 자동사와 타동사가 따로 분리되어 있으며, 예외적으로 자·타동사가 한 단어에 포함되어 있는 동사도 있다.

2. 동사의 종류

(1) 5단활용동사(五段活用動詞)

줄여서 5단동사라고도 하며, 어미가 く·ぐ·つ·る·う·ぬ·ぶ·む·す로 모두 9가지가 있다.

書く [ka ku] 쓰다

泳ぐ [oyo gu] 헤엄치다

待つ [ma tsu] 기다리다

乗る [no ru] 타다

言う [i u] 말하다

死ぬ [si nu] 죽다

遊ぶ [aso bu] 놀다

読む [yo mu] 읽다

話す [hana su] 이야기하다

어미가 う단 으로 끝난다

(2) 상1단활용동사(上一段活用動詞)

줄여서 상1단동사라고도 하며 끝 음절이 る이며, る바로 앞의 음절이 い단에 속한 것을 말한다.

見る [mi ru] 보다

起きる [oki ru] 일어나다 ┐── 끝 음절이 る이다

(3) 하1단활용동사(下一段活用動詞)

상1단동사와 마찬가지로 끝 음절이 る이며, る 바로 앞 음절이 え단에 속한 것을 말한다.

寝る [ne ru] 자다

食べる [tabe ru] 먹다 ┐── 끝 음절이 る이다

(4) 변격활용동사(変格活用動詞)

변칙적으로 활용을 하는 동사는 くる(오다)와 する(하다)뿐이다.

3. 동사의 구별 방법

동사의 종류를 구별하는 이유는 각기 활용이 다르기 때문이다. 매우 중요하므로 잘 익혀두어야 한다.

행\단	あ行	か行	が行	さ行	た行	な行	ば行	ま行	ら行	비고
あ段	あ a	か ka	が ga	さ sa	た ta	な na	ば ba	ま ma	ら ra	5단동사결정
い段	い i	き ki	ぎ gi	し si	ち chi	に ni	び bi	み mi	り ri	상1단동사결정
う段	う u	く ku	ぐ gu	す su	つ tsu	ぬ nu	ぶ bu	む mu	る ru	동사 어미
え段	え e	け ke	げ ge	せ se	て te	ね ne	べ be	め me	れ re	하1단동사결정
お段	お o	こ ko	ご go	そ so	と to	の no	ぼ bo	も mo	ろ ro	5단동사결정

4. 동사의 활용

일본어 동사도 우리말의 동사와 마찬가지로 뒤에 접속되는 말에 따라 어미가 변한다. 이것을 활용(活用)이라고 한다.

일본어 동사의 활용형의 용어는 학교문법과 외국인을 대상으로 하는 사회문법으로 구분된다. 이 책에서는 학교문법에서 쓰이는 용어를 이해하기 쉽도록 여러 가지 접속어에 따라 분류하였다.

활용형	접속어	예	의 미
기본형	文을 끝맺음	のむ	마시다
부정형	ない	のまない	마시지 않다
중지형	文을 중지함	のみ	마심
정중형	ます	のみます	마십니다
과거형	た	のんだ	마셨다
조건형	たら	のんだら	마신다면
열거형	たり	のんだり	마시기도 하고
접속형	て	のんで	마시고
연체형	体言	のむ 時	마실 때
가정형	ば	のめば	마시면
명령형	命令으로 끝맺음	のめ	마셔라
가능형	eる	のめる	마실 수 있다
의지형	う、よう	のもう	마시자

5. 동사의 음편

5단동사에서 어미의 형태에 따라 음이 い、っ、ん으로 변하는 것을 음편(音便)이라고 한다.

① 접속조사 て가 이어질 때,
② 과거·완료를 나타내는 조동사 た가 접속할 때
③ た의 조건형인 たら가 접속할 때
④ 동작을 나열할 때 쓰이는 조사 たり가 접속할 때

♥ 동사

(1) い音便

어미가 く, ぐ로 끝나는 5단동사는 어미가 い로 바뀌어 접속조사 て가 접속된다. 단, ぐ로 끝나는 동사는 어미 음의 영향을 받아 で로 탁음화된다.

어 미	て	기본형	て 형
~く	~いて	歩く	歩いて
~ぐ	~いで	泳ぐ	泳いで

(2) つまる音便

어미가 つ, る, う로 끝나는 5단동사에 접속조사 て가 이어질 때 어미는 促音(っ)으로 바뀐다.

어 미	て	기본형	て 형
~つ	~って	待つ	待って
~る	~って	乗る	乗って
~う	~って	会う	会って

(3) はねる音便

어미가 む, ぶ, ぬ로 끝나는 5단동사에 접속조사 て가 이어질 때 어미는 撥音(ん)으로 바뀐다. 이 때 접속조사 て는 撥音의 영향을 받아 で로 변한다.

어 미	て	기본형	て 형
~む	~んで	読む	読んで
~ぶ	~んで	呼ぶ	呼んで
~ぬ	~んで	死ぬ	死んで

(4) 例 外

5단동사 중에 어미가 す로 끝나는 것은 ます가 접속될 때와 마찬가지로 음편을 하지 않는다. 또, 단 하나 行く(가다)는 い音便을 하지 않고 つまる 音便을 한다.

◈ 조동사

1. 조동사란?

조동사(助動詞)란 활용을 하는 부속어로 체언에 접속되는 것도 있지만, 주로 용언에 접속되어 여러 가지 구체적인 의미를 첨가하여, 그 표현의 내용을 보다 확실하게 해 주는 품사이다.

> 1) これは 鉛筆だ。 (이것은 연필이다.)
> 2) 僕は 学校へ 行った。 (나는 학교에 갔다.)
> 3) まるで 夢のようだ。 (마치 꿈과 같다.)

위의 예문 1)의 조동사 だ는 단정의 의미를, 2)의 조동사 た는 과거·완료의 의미를, 3)의 조동사 ようだ는 비유의 뜻을 나타낸다.

2. 조동사의 특징

1. 부속어이다. 부속어란 자립어에 대응하는 것으로 단독으로 문절을 이룰 수 없고, 10품사 중에 조동사와 조사 두 품사가 이에 속한다.
2. 활용이 있다. 같은 부속어 중에서도 조사는 활용이 없고, 조동사는 활용이 있다.
3. 주로 용언에 접속하며 체언이나 조사에도 접속하는 경우가 있다.
4. 술어에 여러 가지 뜻을 덧붙여 그 뜻을 확실하게 하는 구실을 한다.

3. 조동사의 활용상 분류

활 용	조 동 사
동 사	~せる·させる、 れる·られる、 たがる
형 용 사	~ない、 たい、 らしい
형용동사	~そうだ、 ようだ、 だ
특수활용	~ます、 です、 た、 ぬ
무 변 화	~う·よう、 まい

▼ 조 사

1. 조사의 특징

1. 부속어(付屬語)이다.
2. 활용(活用)이 없다.
3. 말과 말에 어떤 관계가 있는가를 나타내기도 하고, 말에 어떤 뜻을 더해 주기도 한다.

2. 격조사

격조사는 그 자체가 접속된 문절이 어떤 자격으로 다른 말에 관계를 미치는가를 나타내는 조사이다. 격(格)이란 자격이란 뜻이며, 체언이 하나의 문 (文) 가운데 다른 말에 대하여 갖는 관계를 말한다.

~が ~이(가)	先生が 教える。 선생님이 가르친다.
~の ~이(가)	天気の よい ときが よい。 날씨가 좋을 때가 좋다.
~の ~의	ぼくの カメラです。 나의(내) 카메라입니다.
~を ~을(를)	書店で 本を 買う。 서점에서 책을 사다.
~へ ~에	朝早く 学校へ 行く。 아침 일찍 학교에 가다.
~に ~에	公園に 遊びに 行く。 전철을 타고 회사에 가다.
~で ~에서	犬を 連れて 公園で 遊ぶ。 개를 데리고 공원에서 놀다.

| ~と
~와(과)

~や
~랑 | りんごと なしを 食べる。
사과와 배를 먹다.

鉛筆や ノート などを 買う。
연필이랑 노트 등을 사다. |

先生 教える 天気 書店 本 買う 朝早く 学校 行く 電車 乗る
会社 犬 連れる 公園 遊ぶ 食べる 鉛筆 買う

3. 접속조사

접속조사는 용언 또는 용언에 접속된 조동사에 접속되어 문절을 만들고
마치 접속사처럼 앞 문(文)과 다음 문(文)을 접속시키는 조사이다.

~ば ~하면	風が 吹けば 遠足は 中止しよう。 바람이 불면 소풍은 중지하겠다.
~ので ~해서	雨が 降ったので 散歩を 止めた。 비가 내려서 산책을 그만두었다.
~ても ~해도	苦しくても 一生けんめい 働こう。 괴로워도 열심히 일하자.
~けれども ~하지만	酒を 飲んだけれども 酔わない 술을 마셨지만 취하지 않는다.
~ながら ~하면서	音楽を 聞きながら 勉強を する。 음악을 들으면서 공부를 하다.
~し ~하고	ラジオも 聞くし、テレビも 見る。 라디오를 듣고 텔레비전도 보다.
~たり ~하기도 하고	酒を 飲んだり 遊んだり する。 술을 마시기도 하고 놀기도 한다.
~て ~하여, 하고	花が 咲いて 実が なる。 꽃이 피고 열매가 맺다.

風 吹く 遠足 中止 雨 降る 散歩 止む 苦しい 一生 働く 酒 飲む 酔う
音楽 聞く 勉強 聞く 見る 酒 飲む 遊ぶ 花 咲く 実

◆ 조사

4. 부조사

부조사는 체언·용언은 물론, 여러 가지 말에 접속하여 구체적인 의미를 첨가해 주는 조사이다. 부조사(副助詞)의 副는 부사(副詞)의 副의 뜻이다. 격조사가 부속한 말의 자격 관계를 나타내는 것이라면, 부조사는 앞의 말이 뒤의 말에 대해서 마치 부사처럼 수식하는 것이다. 또한, 부조사가 주어에 붙기도 하기 때문에 격조사를 대신하기도 한다. 부조사의 접속관계를 보면 다음과 같다.

~は ~은(는)	バラの花は 美しい。 장미꽃은 아름답다.
~だけ ~만(뿐)	ただ 見るだけです。 그저 볼뿐입니다.
~も ~도	赤くも、白くも ない。 빨갛지도 하얗지도 않다.
~さえ ~조차(만)	静かでさえ あれば よい。 조용하기만 하면 된다.
~しか ~밖에	少ししか ありません。 조금밖에 없습니다.
~こそ ~이야말로	だからこそ 成績が よい。 그렇기 때문에 성적이 좋다.
~でも ~라도	人に 見られるでも したら 困る。 남에게 보여지기라도 하면 곤란하다.
~だけ ~만	君にだけ 教える。 너에게만 가르친다.
~ては ~해서는	早く 帰っては いけない。 일찍 돌아와서는 안 된다.
~ばかり ~만, 뿐	こればかりは 駄目だ。 이것만은 안 된다.

花_{はな} 美_{うつく}しい 見_みる 赤_{あか}い 白_{しろ}い 静_{しず}か 少_{すこ}し 成績_{せいせき} 人_{ひと} 見_みる
困_{こま}る 君_{きみ} 教_{おし}える 早_{はや}く 帰_{かえ}る 駄目_{だめ}

5. 종조사

종조사는 체언과 용언, 기타 여러 가지 말에 접속하여 의문·금지·감동·
강조 등의 의미를 나타내는 조사이다. 종조사는 종조사끼리 중복되어 접속
하기도 하며, 문절이 끝기는 부분, 또는 문말에 접속하는 성질이 있다. 그
러나 한 문절의 중간에는 절대로 위치할 수 없고, 다른 조사와 중복하여
접속하는 경우도 반드시 그 뒤에 위치한다. 따라서 종조사는 문말, 문절의
뒤, 또는 중복되는 조사 뒤에 위치하므로 종조사(終助詞)라고 부른다. 종조
사의 접속관계를 보면 다음과 같다.

명　　사	これは 誰の めがねか。 이것은 누구 안경이냐?
동　　사	今、どこへ 行くか。うん、行くとも。 지금 어디에 가느냐? 응, 가고말고
형용사	この 花、美しいね。たいへん 広いな。 이 꽃 예쁘군. 굉장히 넓구나.
형용동사	彼は まじめだよ。ほんとうに 便利だね。 그는 착실해. 정말 편리하군.
접속사	それでね、あれを 見に 行ったんだよ。 그래서 말이야, 그걸 보러 갔던 거야.
조동사	勉強しますよ。あれは 雑誌ですね。 공부하겠어요. 저건 잡지군요.
조　　사	あれはね、怠け者だよ。 저건은 말이야, 게으름뱅이야.
종조사	この 料理、とても おいしいわよ。 이 요리, 매우 맛있어요.

誰　今　行く　花　美しい　広い　彼　便利　見る　勉強　雑誌
怠け者　料理

CD로 다양하게 학습한다.

부록 CD에는 두 가지 기능이 있습니다.

• 이 CD는 일반 오디오 CD의 기능을 합니다. 컴퓨터에선 일반 CD처럼 사용하면서 MP3파일로 다운로드로 가능하고 CD플레이어나 차량용 CD플레이어에서 원어민의 음성과 번역문을 들으실 수 있습니다.

• 이 CD는 RTS CD의 기능도 합니다. CD를 컴퓨터에 넣고 RTS홈페이지에서 로그인을 하면 멀티미디어 어학학습 기능의 팝업창이 뜹니다. 이 팝업창을 통하여 다양한 방식의 학습기능을 체험할 수 있습니다

RTS CD의 기능은?

RTS는 Remote Text Service의 약자로, 온라인 멀티학습이 가능하도록 음성 데이터에 text를 실시간으로 제공 하는 서비스입니다

• 듣기와 읽기를 동시에 할 수 있습니다.
• 문장 또는 의미구 단위로 반복해서 들을 수 있습니다.
• 원하는 단어나 문장만 골라서 들을 수 있습니다.
• 원어와 한글, 원어만, 또는 자막 없이 원하는 대로 듣기 훈련과 받아쓰기 기능이 있어서 받아쓰기 연습도 할 수 있습니다.

RTS Player 학습기능은?

❶ 문자열 표시와 캡션 진행
• 오디오 CD의 Track 재생에 맞추어 서버에서 해당하는 문자열을 내려보낸다
• 문자열을 페이지 단위로 한 페이지에 10줄씩 표시
• 현재 진행 중인 문장을 다른색으로 표시하는 캡션 진행

❷ Sub-Track Only
• Track에 같이 들어 있는 안내 멘트 등은 건너뛰어 Sub-Track만 재생해 주는 특수 기능으로 집중 학습에 대단히 유용한 기능이며 ON/OFF가능하다.
• Sub-Track : 오디오 CD는 Track 단위로 이루어져 있어서 외국어 교재의 부록 CD를 보면 한 Track 안에 여러개의 Dialog Box, Situation 등이 함께 들어 있는데, 논리적으로 이들 소량의 듣기 단위들을 정확하게 구분해주는 것이 Sub-Track이다.

❸ Time Interval

문장재생시 문장과 문장 사이에 원래 Track에는 없는 시간 간격을 삽입하는 기능으로 1초에서 10초까지 임의로 간격을 조절하여 재생합니다.

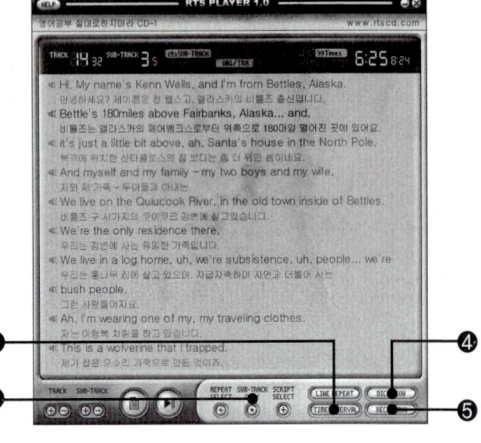

❹ Dictation

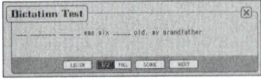

들려주는 문장을 듣고 빈 칸에 단어를 입력하여 정답을 체크해 보며 청취력과 어휘력 등 종합적인 받아쓰기 학습을 할 수 있다.

❺ Recording

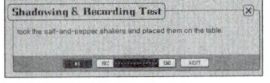

계속 따라 읽는 Shadowing 학습법으로 발음을 익힌 후 본인 음성을 녹음하여 원 음성과 비교 학습을 할 수 있다.

RTS CD의 기능을 활용하려면?

• RTS홈페이지(www.rtscd.com)를 방문해 회원가입하기(무료)
• 구입한 책의 부록 CD를 컴퓨터에 넣기
• 컴퓨터에서 자동으로 실행되는 미디어플레이어를 반드시 종료하기
• RTS홈페이지에서 제일어학 도서명 검색하기
• 검색된 책의 RTS Play 마크를 클릭하여 RTS플레이어 실행하기

※ 제일어학 홈페이지(www.jeilbnl.com)나 RTS홈페이지(www.rtscd.com)를 방문하시면 rts학습에 관한 자세한 정보를 얻으실 수 있습니다. 또 위 그림들은 rts사용법 설명을 위한 견본으로 제작된 것입니다.